내 안에서
행복을
만드는 것들

HOW TO FIND AND LOVE THE TRUE LIFE

내 안에서
행복을
만드는 것들

지은이
하노 벡
알로이스 프린츠

옮긴이
배명자

인생의
진짜
목표를
찾고
사랑하는 법

다산
초당

한국어판 서문

한국의 독자들에게

하노 벡

H A N N O   B E C K

왜 경제학자가 행복을 연구했을까? 지난 몇십 년간 경제 기자로, 경제학 교수로, 경제학자로 짧지 않은 기간을 살아온 내가 왜 행복을 연구하고 그 결과에 몰두했는지에 대한 솔직한 해명부터 시작해야겠다.

몇십 년을 이 세계에서 살아온 여느 사람들과 마찬가지로, 나 역시 운명의 채찍에서 벗어나 있지 않았다. 가까운 사람들과의 관계에서 내린 잘못된 결정이든, 주변 사람의 질병과 죽음이든, 직업에 대한 회의감이든, 운명의 채찍은 개인적이면서 동시에 보편적이다. 그리고 언제나 아프다.

보편적인 삶의 모습들을 겪으며, 또 한편으로는 이면의 경제적 현상을 연구하는 학자로서 짧지 않은 인생을 살아오며 나는 궁금했다. 나는 우리 개인뿐 아니라 많은 사람을 (힘든 상황 속에서도) 행복하게 하고 흡족하게 하는 게 무엇인지 알고 싶었다. 인간은 어떻게 이것을 극복할까? 인간은 이런 경험에서 무엇을 배울까? 철학자, 종교학자, 심리학자들은 뭐라고 말할까? 이런 경험을 일반화할 수 있을까?

작금의 암울한 세계정세를 볼 때 모두가 우울증에 걸려도 이상할 것이 없지만 그렇다고 해서 모두가 우울해하진 않는다. 왜 그럴까? 이런 불공정하고 위험하고 무자비한 세계에서 몇 년 혹은 심지어 몇십 년을 배우고 열심히 일하는 것이 무슨 의미가 있을까? 이런 세계에서 높은 소득과 부는 얼마나 중요할까? 소득, 재산, 높은 사회적 지위가 내면의 비극적 상태를 극복하는 데 도움이 될까? 아니면 그저 무감각해지도록 마비시킬까? 성경은 이렇게 말한다.

> "우리의 연수가 칠십이요 강건하면 팔십이라도, 그 연수의 자랑은 수고와 슬픔뿐이요, 빠르게 지나가니, 마치 날아가는 것 같습니다."
>
> (시편 90:10)

이 말이 우울하게 들리는가? 아니면 이미 알고 있던 진실일 뿐인가? 행복이 각자의 손에 달렸다는 공자의 말이 맞을까? 검은 고양이가 당신 앞에 나타났을 때 그것이 행운이냐 불운이냐는 오로지 당신이 사람이냐, 쥐냐에 달렸다. 다시 말해 우리가 행복하냐, 아니냐는 우리가 인간이냐, 쥐냐에 달렸다는 이야기다.

나는 인생을 살아오며 싸워야 했고, 실패했고, 패배를 인정해야 했다. 그럼에도 포기하지 않았다. 뼛속까지 경제학자이자 돈, 국민총생산 GNP, 여러 이론과 모델에 관심이 많은 나는 최고의 이론과 최고의 모델이 오로지 현실 세계에 관한 논박 가능한 가설을 세우는 데 이용될 뿐임을 잘 알았다. 그럼에도 가장 아름다운 이론을 무너뜨리는 진실이 때로 몰려올 때는 아픔을 어찌할 수 없었다.

나는 더 깊이 행복에 관해 몰두하기 시작했다. 달리 표현하면, 나는 행복을 연구했던 여러 학자가 무엇을 발견했는지 알고자 했다. 고대 철학자의 깨달음, 신앙, 신념이 실증적이고 객관적으로 검증될 수 있을까? 이런 결과들이 일반화될 수 있을까? 아니면 인간은 너무 다양해서 각자 고유한 방식으로 행복하거나 불행해져야 할까?

경제학자로서 스스로를 이해하는 데 매우 중요한 질문이 더 생겼다. 경제는 인간의 행복과 만족감에 어떤 공헌을 할 수 있을까? 경제 분야는 오로지 돈, 멋진 자동차, 그리고 빠른 쾌락만을 추구할까? 경제 분야에 더 깊은 의미를 추구하려는 욕구가 있을까? 인간의 협동과 지위 경쟁은 어떤 관계에 있을까?

나는 지위 경쟁이 위대한 업적의 큰 동력임을 안다. 또한 과도한 지위 경쟁이 인간의 협동을 파괴한다는 사실도 안다. 그러나 경제가 높은 생산성을 가지려면 인간의 협동이 필수조건이다. 경제성장 연구에 따르면, 신뢰는 협력과 성장의 가장 중요한 전제조건에 속한다. 반면 지위 경쟁은 신뢰를 형성하는 최고의 방법은 아니다. 풀어야 할 딜레마다.

다시 질문으로 돌아가보자. 경제학자로서 내가 나 자신을 이해하는 데 던진 매우 중요한 질문은 이랬다. "우리의 행복에 영향을 미치는 여러 요소를 가장 잘 결합하려면 어떻게 해야 할까?" 삶의 다양한 관점을 '한계선'에서(경제용어로 '마지노선'에서) 비교하는 것이 행복의 기술 아닐까?

고대 그리스 사람들은 절제의 미덕을 이미 알았다. 우리의 선조가 일러주듯 인간은 그만둬야 할 때를 알아야 한다. 파티가 절정에 이르렀을 때 자리를 떠야 하는 데는 다 이유가 있다. 나에게 그것은, 행복의 마지노선을 일반적으로 추구할 만한 행복에 맞춤을 의미했다. 매우 이론적으로 들리지만 실제로 매우 실용적이다. 현대적으로 표현하면 이른바 '일과 삶의 균형'을 맞추는 일이다.

그러나 모두가 겪는 불행은 어떻게 해야 한단 말인가? 이 점에서 경제학은 학문으로서 뭔가 더 나은 공헌을 할 수 있다고 생각했다. 모든 비관적인 예언과 나쁜 평판에도 불구하고, 경제학은 분명 세상에 도움이 되어왔다. 하지만 그다지 나쁘지 않다는 점을 위안으로 삼아서는 안 될 일이다.

행복을 연구하면 더 행복해질 수 있을까? 나의 대답은 아주 단순하다. 이 책의 집필이 경제적 성공과 무관하게 나를 행복하게 했다. 그 이유는 단순하면서도 복잡한데 내가 살면서 이미 '알고 있었지만 알지 못했던 것'들을 확인할 수 있었기 때문이다. 나는 가장 중요하고 당연하지만 간과하기 쉬운 사실들을 몸소 확인했다. 가까운 친구와 함께 있고, 함께 일하고, 감정을 공유하면서 행복의 샘이라는 진리를 발견했고, 인간이 할 수 있는 가장 나쁜 일은 사회적 배제이며, 그 결과가 두려움, 우울, 절망을 준다는 점 또한 확인했다. 그리고 다행히도 이것은 일반화가 가능하다.

내가 경제학자로서 그리고 한 인간으로서 이 책을 쓰면서 배운 중요한 통찰들을 당신과 나누고 싶다. 한국의 독자들이 이 책을 읽으면서 내가 집필할 때 얻었던 만큼 많은 행복과 만족감을 얻었으면 좋겠다. 비록 우리가 서로 멀리 떨어져 있더라도 무엇이 되었든 무언가를 위해 애쓰는 당신이 행복하기를, 그것 자체로 행복할 수 있기를, 이 책이 당신의 인생 여정에서 행복한 독서가 되기를 바란다.

차
례

● 한국어판 서문   5

제 1 부 **무엇이 인생을
결정하는가**
행복의 기원을 찾아서

01 **애쓴 삶을 위한 위대한 창조물**   21

일곱 번 인생을 산 사람 | 감정의 균형을 잃고 얻는 보물

02 **어찌할 수 없는 일을 대하는 자세**   26

마음을 읽는 오래된 엇갈림 | 끝나지도, 지킬 수도 없는 약속

03 **욕망을 해석하는 위험한 태도**   31

의미 있는 삶에 따르는 부산물 | 누구도 인생을 보호할 수는 없다 | 어떻게 두
려움의 고통에서 벗어날까 | 우리를 나락으로 빠뜨리는 상상력 | 작은 연못에
사는 큰 물고기의 마음으로

04 **우리는 절반은 정해진 게임을 시작한다**   40

인간의 비밀을 푼 600만 달러짜리 편지 | 절반만 만드는 반쪽짜리 대장장이 |
더 행복하게 태어나는 사람들 | 모두 같은 조건에서도 왜 더 만족할까? | 무엇
이 유전자를 이기는가 | 인생은 가정용 망치로도 충분하다

05 **숫자로 표시되는 마음의 온도**　52

불안감 5만 7,800번, 우울감 7만 856번 | 수치화된 '나'는 객관적일까?

06 **자유 없이 무엇을 꿈꾸는가**　58

전시된 시체가 던지는 질문 | 행복은 대량생산품이 아니다 | 물질만능주의가 만든 삶의 지수 | 만물의 척도가 지닌 치명적인 약점

07 **경제학이 발견한 인간다운 삶**　69

먹고살기 힘들 때 가장 먼저 포기하는 것 | 삶의 질을 측정하는 혁명적인 방아쇠

08 **당신의 인생을 숫자로 표현해보세요**　75

종이 위에 표시되는 불행과 행복 | 10분마다 기분을 측정할 수 있다면 | 140자로 증명한 역사상 가장 불행한 날 | 숫자 만능주의가 부른 비극 | 인생을 뒤흔드는 위험한 숫자

09 **인간을 읽는 가장 간단한 방법**　86

당신은 어떻게 죽고 싶습니까? | 지금 기분은 1입니까, 5입니까? | 경제학자들이 오랫동안 부정해 온 질문 | 마음을 측정하는 명확한 한계

10 **당신의 불행은 얼마짜리입니까?**　95

31억짜리 커피, 70억짜리 바지 | 건강과 연소득의 기이한 관계를 풀다! | 인생의 만족도를 비용으로 환산한다면?

제 2 부

어떻게 불확실한 세상을 헤쳐 나갈 것인가
인생이 주는 혜택을 제대로 누리는 법

01 **풍요롭기 때문에 분주한 사람들**   107

세계에서 가장 부유한 오리는 행복할까? ｜ 거액의 돈이 안내한 지옥의 길 ｜ 공짜 연구, 공짜 공약은 없다

02 **행복 측정계의 상한선은 어디인가?**   113

소득의 한계 효용체감 법칙 ｜ 슬퍼서 가난하고, 가난해서 슬픈 사람들 ｜ 쌓여야 순환이 되는 돈의 역설 ｜ 생산적 질투가 경제를 움직인다

03 **타인의 마음**   123

외로움이 영혼을 먹어치운다 ｜ 행복의 사바나이론 ｜ '친구가 되라'는 자연의 호통 ｜ 행복한 환경에 사는 사람들이 왜 자살을 더 많이 할까?

04 **인생은 '지금, 여기'가 가장 위험하다**   132

"어쩔 수 있나요, 살던 대로 계속 살아야죠." ｜ 일상에서 실천하는 공정함의 원칙 ｜ 생활이 나를 갉아먹을 때 ｜ 인간은 시간을 지어낸다 ｜ 우리는 사탄처럼 거짓말을 한다

05 인생의 진지한 질문을 외면하지 말라   142

위험한 칭찬이 만드는 비극 순간에 지배받지 않는 삶

06 타인의 결정을 버려라   149

선택의 자유는 폭군처럼 우리를 괴롭힌다 교환 가능성을 모조리 포기하라

07 나를 잃지 않는 소비의 기술   154

소비하라, 내가 누군지 알고 싶다면 자신을 잊는 완벽한 몰입을 찾아서

08 완벽하지 않은 것을 신뢰할 수 있는 용기   161

사회를 지탱하는 세 개의 기둥 의심 없는 아름다운 믿음 신뢰가 삶의 질을
결정한다 인간은 누구나 나약하다

09 인생을 사는 단순한 진리   174

결코 끝나지 않을 인류의 갈망 죽음을 피하는 간단한 원칙 나의 불행은 스
스로 선택한 것 좋은 삶을 더 오래도록

제 3 부

왜 우리는
타인의 인생을 사는가
자본주의가 결코 말하지 않는 행복의 조건

01 **운명의 장난을 이기는 행복자본**　　　　　　　　187

"우리는 사회 부적응자였다" | 인생을 결정하는 세 가지 운 | 운명의 힘으로 영원의 끈을 짤 수 없다 | 겁쟁이가 더 행복하다 | 너무 편안하고 너무 좋아서 불행한 사람들

02 **인간이 변하는 이유는 무엇인가**　　　　　　　　　199

인생을 관통하는 패턴이 있을까? | 하루를 좌우하는 리듬이 있다 | 인생의 짐을 벗어던질 때 찾아오는 것들

03 **내가 누군지도 모른 채 중년이 된 사람들**　　　　209

누구도 중년의 위기를 피할 수 없다 | 인생을 과대평가한 좌절한 성공자들 | 살면서 누구나 한 번 겪어야만 한다면

04 **바꿀 수 없는 것을 잊는 사람은 행복하다**　　　　217

일어나지 않은 사건을 기억하는 능력 | 어떻게 과거에 지배받지 않을까 | 우울한 사람은 정확히 기억한다

05 **사회의 기준은 어떻게 만들어지는가** 225

막대한 결과를 낳은 무단침입 │ 정치는 어떻게 행복을 주는가 │ 보수적인 사람이 왜 더 행복할까?

06 **언제나 원하는 걸 가질 수는 없다** 233

투표가 마음에 끼치는 영향력 │ 언제까지 유토피아에 머물러 있을 것인가

07 **멋진 신세계** 239

자유란 언제나 실패할 자유를 의미한다 │ 인간을 행복하게 하려는 헛된 소망 │ 인간의 상상을 실현할 도구가 정치에는 없다 │ '나쁜 것'은 누가 정하는 걸까? │ 모두에게 맞는 프리사이즈 정책은 없다

08 **국가는 당신의 행복을 결코 알 수 없다** 252

더 행복한 세계로 슬쩍 밀어주기 │ 아무도 눈치 못 채게 조종하라 │ 행복을 늘리지 말고 불행을 줄여라 │ 불행을 막는 정치는 어떤 모습일까?

● 에필로그 261
● 역자의 말 263
● 참고문헌 266
● 주석 299

제 1 부

무 엇 이
인 생 을
결 정 하 는 가

행복의 기원을 찾아서

인류가 존재한 이래로
끝없이 추구해온 욕망, 행복.
행복이라는 마음은
어디서 생겨난 걸까?

:
:

행복은 존재하는 걸까?
아니면 편안한 삶을 갈망한
인류의 발명품일까?

인류는 존재 이래로 줄곧 행복을 추구해왔다. 철학을 필두로 생물학, 경제학, 심리학, 사회학, 통계학 등 행복은 인간이 전 생애에 걸쳐 풀어야 할 숙제와도 같았다. 제1부에서는 인류 역사는 왜 행복을 탐구하기 시작했으며 무엇을 알아냈는지 살펴본다.

01

애쓴 삶을 위한
위대한 창조물

일 곱 번

인 생 을 산 사 람

프라네 셸락의 첫 번째 인생은 1962년 1월에 끝났다. 그때까지 그의 인생은 아주 평범했다. 음악학교에서 작곡과 피아노를 배우고, 결혼하여 아들 하나를 낳고, 이혼하고 재혼했다.

프라네 셸락이 1962년 1월 사라예보에서 크로아티아의 항구도시 두브로브니크로 가는 열차에 오르면서 평범한 첫 번째 인생은 끝났다. 사라예보에서 일을 마친 프라네는 피곤했고 집에 가고 싶은 마음뿐이었다. 창밖으로 비가 내렸고, 같은 객차에는 할머니 한 명이 있었다. 기차가 네레트바강 계곡 사이를 지나가고 있을 때, 선로 위의 낙석 때문에 기차가 탈선하여 강으로 추락했다. 프라네는 물속으로 빨려 들어가면서 한 손으로는 할머니를 집고, 다른 손으로는 헤엄을 치려 안간힘을 썼다. 힘이 점점 빠지고 익사 직전이었다. 그때 누군가 그를 강가로 끄집어낸 덕분에 살아남았다. 이날 17명이 목숨을 잃었다.

살아남은 프라네 셀락의 두 번째 인생이 시작되었다. 그의 두 번째 인생은 1년 정도 지속되었다. 기차사고 후 1년이 지났을 즈음, 프라네 셀락은 자그레브에서 리예카로 가는 더글라스 DC-8 비행기를 탔다. 그는 좌석에 앉아보지도 못했다. 스튜어디스와 차를 마시며 농담을 주고받고 있는데 갑자기 비행기 뒷문이 열려 파일럿과 스튜어디스, 그리고 승객 17명과 함께 밖으로 팅겨 나갔다. 파일럿과 스튜어디스 그리고 승객 17명은 사망했다. 그러나 프라네 셀락은 살아남았다. 기적적으로 건초 더미에 떨어져 다친 곳 하나 없이 멀쩡했다. 세 번째 인생이 시작되었다.

세 번째 인생도 그리 길지 않았다. 네 번째, 다섯 번째, 여섯 번째도 마찬가지였다. 세 번째 인생은 그가 탄 버스가 계곡으로 추락하면서 끝났다. 물론 그때도 그는 멀쩡히 살아났다. 네 번째 인생이 시작되었다. 자동차에 두 번씩이나 불이 붙었다. 그러나 그는 죽지 않았고 다섯 번째와 여섯 번째 인생을 살았다. 몇 년 뒤에 산간오지에서 마주 오던 트럭을 피하려다 자동차는 150미터 절벽 아래로 떨어져 폭발했고, 그는 운전석에서 팅겨져 나와 나뭇가지에 걸려 목숨을 건졌다. 다시 새로운 인생이 시작되었다.

프라네 셀락은 총 일곱 번의 인생을 살았다. 그는 행운을 타고난 사람일까, 아니면 불운을 타고난 사람일까? 행복한 사람일까, 불행한 사람일까?[1] 프라네 셀락은 행복했을까? 글쎄……. 그러나 적어도 과학적으로 볼 때 프라네는 세상에서 가장 행복한 사람은 아니다. 과학적으로 세상에서 가장 행복한 사람은 마티유 리카르Matthieu Ricard일 것이다.

감 정 의   균 형 을   잃 고
얻 는   보 물

행복을 과학적으로 측정할 수 있을까? 위스콘신대학의 뇌과학자 리처드 데이비드슨Richard Davidson은 그렇다고 한다. 데이비드슨은 행복을 배울 수 있다고 확신했다. 마라톤을 위해 신체를 단련하듯 행복을 위해 정신을 훈련해야 한다고 믿었다.

티베트의 정신적 지도자 달라이 라마Dalai Lama는 1992년에 데이비드슨을 초대하여 승려들의 감정과 정신을 연구하게 했다. 데이비드슨은 승려들의 몸에 전극을 부착하여 명상할 때 신체에서 일어나는 변화를 측정했다.[2] 명상은 신체에 많은 변화를 일으켰다. 수행을 오래 한 승려들의 뇌에서는 일반인들보다 세 배나 많은 감마파가 생성되었고, 활성화되는 부위도 더 넓었다. 한마디로, 뇌과학적 관점에서 승려들은 일반인보다 더 행복했다.

　데이비드슨이 전극을 부착했던 승려 가운데 유독 한 명이 높은 수치를 보였는데, 미디어는 그를 '세상에서 가장 행복한 사람'이라고 불렀다. 그가 바로 마티유 리카르다. 불교에 심취해 1978년에 승려가 된 마티유 리카르는 온종일 명상을 하며 마음을 갈고닦았고 스스로 행복하다고 느꼈다. 행복을 단련할 수 있다는 생각은 힘을 얻는 듯했고 많은 뇌과학자들이 데이비드슨의 손을 들어주었다. 행복은 배울 수 있고 훈련해야 한다![3]

　그럴듯하게 들린다. 그런데 무엇이 행복인가? 정신의학은 뇌과학과 상반된 시각으로 행복을 진단한다. 정신의학 면에서 보면, 행복은 중추신경계의 이상 증상으로 진단할 수 있다. 행복한 순간에 우리는 합리성을 잃고, 논리적 사고력을 잃고, 감정의 균형을 잃는다. 그러나 다른 정신 질환들과 달리 그 순간에는 아무튼 행복하다.

　자, 다시 생각해보자. 죽음의 고비를 몇 번씩 넘기고 급기야 복권에 당첨된 프라네 셀락의 인생이 행복일까, 아니면 감마파를 생성하는 마티유 리카르의 훈련된 정신이 행복일까? 아니면, 둘 다? 생각이 더 많아지고 복잡해지는 듯하다.

　그러면 이런 질문은 어떤가? 행복의 원형이 존재할까? 아니면 여러 유형의 행복이 있을까?

• 한겨울의 티베트 사찰. 티베트 불교는 무의식을 체험으로 검증하며 마음을 단련할 수 있음을 보여준다.

무의식의 신비 영역을 검증하기 위해서는 몸으로 직접 부딪쳐 체험하고 이해하는 수밖에 없다. 마음의 영역, 무의식의 영역이라 할 수 있는 행복에 관해 오랜 전통과 체험으로 검증된 티베트 불교 신자들의 마음 상태는 진정 내가 무엇을 원하는가에 대한 실마리를 안겨준다.

02

어찌할 수 없는 일을
대하는 자세

철학 쪽으로 고개를 돌리면, 행복관은 더 심오해진다. 비록 적지 않은 위대한 철학자들이 행복 추구를 삶의 궁극적 목적이라고 확신하더라도 말이다.

철학에서 말하는 행복이란 정확히 무엇일까? 그리스 철학자 아리스토텔레스는 행복을 두 종류로 구분했다. 헤도니아Hedonia와 에우다이모니아Eudaimonia. 헤도니아는 감흥을 불러일으키는 쾌락, 강렬하게 끓어오르는 긍정적 감정이다. 사랑에 빠졌을 때, 복권에 당첨되었을 때,

응원하는 팀이 득점했을 때, 데킬라가 흘러넘칠 때, 삼바를 출 때, 웨딩
드레스가 새하얗게 빛날 때 생기는 감정이다. 이런 유형의 행복은 잠시
스치는 길동무로, 끓어오를 때와 똑같이 금방 식는다. 헤도니아는 인생
이라는 길고 어두운 밤에 잠시 반짝이는 불꽃이다.

에우다이모니아는 다르다. 그것은 오랫동안 빛을 내는 삶의 만족감
이며, 종종 성찰을 통해 비로소 느껴진다. 에우다이모니아는 감정과 이
성 모두와 관련된 행복이다. 에우다이모니아는 우리가 조용한 시간에
삶을 관조하며 모든 일이 잘되고 있다고 느낄 때 생기는 만족감이다.
헤도니아는 경험으로 얻고, 에우다이모니아는 결과로 얻는다.

아리스토텔레스는 삶의 궁극적인 목적은 행복 추구이며 그 중심에
는 이런 주관적인 삶의 만족감, 즉 에우다이모니아가 있다고 했다. 헤도
니아는 비행기 사고에서 살아남고 복권에 당첨될 때 느끼는 순간의 기
쁨이고, 에우다이모니아는 감마파를 생성하는 숙련된 명상이다. 일곱
번 산 사람 프라네 셀락의 행복은 헤도니아고, 가장 높은 수치의 행복
을 보인 마티유 리카르의 행복은 에우다이모니아다.

아리스토텔레스가 설명하는 행복은 현대 뇌과학자들이 입증하는
연구결과와 놀랍도록 일치한다. 아리스토텔레스에 따르면, 에우다이모
니아 그러니까 삶의 만족감을 얻으려면 우리는 동물과 구별되는 인간
만의 특별함, 바로 이성을 완성해야 한다. 행복하려면 마티유 리카르처
럼 정신을 훈련해야 한다. 우리는 밤낮으로 정신을 훈련하고 난 다음에
야 오로지 바르게 살 때만이 행복해질 수 있다는 사실을 비로소 깨달

을 수 있다.

그런데 이런 훈련이 우리를 행복하게 할까? 즐거운 사교모임도 없이, 삼바도 없이, 데킬라도 없이, 매일 훈련만 하면 행복할 수 있을까? 구도자의 길을 걷지 않는 이상 몹시 힘든 길이다.

그렇다면 순간의 기쁨을 위해 에우다이모니아를 무시하는 쾌락주의자의 인생은 어떨까? 그런 인생은 어떤 모습일까? 영국의 경제학자 앤드류 오스왈드Andrew Oswald는 히피들의 생활과 가장 유사하다고 봤다. 의무가 없는 자유로운 생활, 자유로운 사랑. 꽤 괜찮을 것 같지 않은가?

하지만 이런 사회에서 자동차는 누가 수리하고, 환자는 누가 치료하며, 마트에 식료품은 누가 공급할까? 이런 사회에서는 많은 문제가 발생할 수 있다. 설령 발생하는 문제들을 해결할 수 있더라도 문제는 여전하다.

미국 철학자 로버트 노직Robert Nozick이 제안한 사고실험은 이러한 사회에 대한 시사점을 준다. 노직은 불쾌감은 전혀 없이 오직 행복감만 느끼게 뇌를 자극하는 거대한 기계를 상상해보자고 제안한다. 그 안에 들어가 살 수 있다면 당신은 그렇게 하겠는가? 아마도 한 번쯤 그 기계에 들어가 보고 싶을지도 모른다. 그러나 우리는 그 안에서 얼마나 견딜 수 있을까?

끝나지도,
지 킬 수 도 없 는 약 속

아마 오래 견디지 못할 것이다. 이유는 간단하다. 당신도 알고 있듯이, 행복은 무뎌진다. 첫 3미터 다이빙은 잊을 수 없는 짜릿한 흥분을 주지만, 같은 수심에 100번째 뛰어들 때는 아무런 감흥이 없다. 모든 일은 반복할수록 행복감은 줄어든다. 익숙해지기 때문이다. 심리학에서는 이런 현상을 '쾌락의 쳇바퀴hedonic treadmill'라고 부른다.

영원히 큰 행복감을 느끼고 싶으면, 행복감을 자극하는 점점 강렬한 새로운 경험을 계속해서 찾아야 한다. 그러면 결국에는 늘 새로운 자극을 찾는 마약중독자처럼 이른바 쾌락중독자가 된다. 이런 쾌락의 자리에는 스트레스만이 남는다. 더 강렬한 새로운 쾌락을 줄 경험들을 찾아야 하는 스트레스. 모든 중독이 그렇듯 이런 갈망의 끝은 우울감이다. 중독자처럼 행복을 사냥하는 사람은 정반대 감정을 얻게 된다.

그런데 왜 우리는 행복감을 지속할 수 없을까? 인간은 그렇게 진화되지 않았기 때문이다. 자연과 진화는, 인간이 더 빨리 이해하고 배울 수 있도록 행복감을 보상으로 이용했다. 우리는 인간 유전자의 보존을 위해 반드시 필요한 행위를 한다. 이를테면 먹고, 마시고, 도망치고, 번식한다. 그리고 자연은 우리가 진화의 뜻대로, 그러니까 우리를 보존하고 확산하는 행위를 계속하게 하려고 행복감을 보상으로 준다.

직접적인 행복은 진화의 창조물이다. 진화는 우리를 쾌락을 추구하고 필요로 하는 존재로 만들었다. 그리고 우리가 삶을 잘 꾸려 나가고 삶의 여러 어려움과 문제들을 잘 해결하면 일종의 보상으로 행복감을 주었다.

행복감은 원래부터 예외 상황으로 마련되었다. 행복감은 법칙이 아니다. 생존을 위해 더는 싸울 필요가 없는 현대인을 위한 것은 더더욱 아니다. 우리가 애쓰고 삶의 문제를 해결하면 우리의 뇌가 주는 보상이다.

20세기 철학자 칼 포퍼 Karl Popper 는 이렇게 표현했다. "인생은 문제 해결이다." 그리고 문제해결은 우리를 행복하게 한다. 하지만 현대 광고 산업은 어떠한가? 이들은 이러한 것들을 깡그리 무시한다. 현대 광고 사업가들은 지킬 수 없는 행복을 약속한 다음 그것으로 먹고산다. 그러면 지켜지지 않은 약속과 해결되지 않은 문제는 모두 어디로 가는 걸까?

너무 걱정하지 않아도 괜찮다. 우리는 행복의 순간을 추구하지만, 거기에 도달하는 일은 드물고, 그것은 그런대로 괜찮다. 지켜지지 않은 약속이 생의 영원한 불행은 아니니까.

03

욕망을 해석하는
위험한 태도

의미 있는 삶에 따르는
부산물

쾌락의 행복 헤도니아에 한해 행복은 지속적이지 않다. 지속적이지도 않고 반복할수록 둔감해지는 행복감을 계속 느끼려면 한 가지 방법밖에 없다. 용량을 높이며 순간적 쾌락을 계속 뒤쫓는 것, 행복 중독자로 전락하는 것. 그리고 이 길은 곧장 지옥으로 이어져 있다.

그러나 우리의 선택지에는 이러한 행복만 있는 건 아니다. 행복의 다른 종류, 에우다이모니아는 어떤가? 수도승 마티유 리카르의 길은 어떤가?

제1부 무엇이 인생을 결정하는가

2,500년 전 세기의 철학자에게 질문해보자. 기원전 384년 스타게이라에서 태어난 아리스토텔레스는 17세 때 아테네로 가서 그리스 3대 철학자 중 한 명인 플라톤의 제자가 되었다(그리스 3대 철학자는 아리스토텔레스, 플라톤 그리고 당연히 소크라테스다). 기원전 347년에 아리스토텔레스는 정치적 혼란으로 아테네를 떠나 여러 곳을 전전하다가 미에자에 도착했다. 그곳에서 당시 13세였던 알렉산더를 가르쳤고, 그 소년은 나중에 알렉산더 대왕이 되어 세계사에 피를 뿌렸다.

아리스토텔레스가 알렉산더에게 미친 영향은 미미한 것 같다. 그러나 그가 현대 철학에 끼친 영향은 아무리 강조해도 부족하다. 아리스토텔레스는 약 2,500년 전에 이미 리처드 데이비드슨이 발표한 연구 결과와 비슷한 결론에 도달했다. '행복은 배울 수 있다.' 아리스토텔레스에 따르면, 우리는 에우다이모니아 행복을 어느 정도까지는 스스로 갈고닦을 수 있다.

누구도

인생을 보호할 수는 없다

아리스토텔레스는 삶에 좋은 일과 나쁜 일이 있음을 인정한다. 많은 나쁜 일들이 그저 우연히 일어나고, 우리는 그것으로부터 완전히 보호되지 못한다. 그 대신 우리는 그것에 대처하는 법을 배울 수 있다.

아리스토텔레스에 따르면 이때 미덕이 중요한 역할을 한다. 인생의 사건들을 수동적으로 받아들이는 대신, 우리의 고유한 능동성을 활용하면 된다. 다만 주의할 한 가지는 다른 사람에게 해를 끼쳐서는 안 된다는 점이다.

아리스토텔레스의 가르침을 온전히 따르려면 무엇보다 극단을 피해야 한다. 극단은 어느 쪽이 되었든 해가 된다. 황금의 중용, 목표는 균형이다. 쾌락사회라니, 말도 안 된다!

아리스토텔레스는 물질적·육체적 평안과 건강을 중요하게 다뤘다. 빈곤, 육체적 질병, 정신적 문제는 행복을 위협하는 요소로 여겼다. 그러나 행복을 위해 부유함이나 아름다움, 그 밖의 외적 조건들을 요구하지 않았다. 외적 가치를 최상에 두면 행복에 도움이 되지 않는다.

아리스토텔레스에게는 보장된 행복 요소가 하나 더 있다. 인생 최고의 헌사, 바로 친구다. 아리스토텔레스가 생각하는 친구는 페이스북이 꾸미는 '유사 친구' 500명이 아니다. 아리스토텔레스가 행복 요소로 말한 친구의 의미는 밖에 나가서 사람을 만나고, 사귀고, 웃고, 울면서 함께 부닥치며 살라는 뜻이다. 최고의 치료법과 치료사도 제공하지 못하는 더 나은 무언가가 그 안에 있다.

오늘날의 행복 연구는 이 고대철학자의 행복 처방을 고스란히 입증한다. 어떤 처방들은 수천 년이 지난 지금도 유효하다.

•   알렉산더 대왕에게 가르침을 주는 아리스토텔레스

인생에서 우연히 일어나는 수많은 일들에서 인생을 보호할 수 없다는 점을 인정해야 한다. 우리는 인생의 사건들을 수동적으로 받아들일 수밖에 없지만 그 대신 그것에 대처하는 법을 배울 수 있다. 세기의 철학자가 주는 인생의 조언, '행복은 의미 있는 삶에 따르는 부산물'이다.

어떻게 두려움의 고통에서
벗어날까

비록 오해를 자주 받긴 하지만, 행복을 이해하는 데 크게 기여한 고대철학자가 한 명 더 있다. 사모스섬 출신의 에피쿠로스다. 에피쿠로스의 반대파는 그를 쾌락의 전도사라고 비방하고, 그가 세운 학교이자 정원에서 난교파티를 즐긴다는 소문을 퍼뜨렸다. 그러나 이런 소문은 에피쿠로스와 거리가 멀었다. 그가 정원 입구에서 손님들을 맞이했던 학교 현관에는 이렇게 적혀 있었다.

> "낯선 이여, 들어오라! 친절한 주인이 빵과 물을 가득 준비하
> 고 그대를 기다린다. 이곳에서는 그대의 욕망이 부추겨지지
> 않고 진정되리라."

에피쿠로스는 헤도니아 행복을 우선순위에 두는 사람, 그러니까 쾌락주의자로 분류된다. 그러나 에피쿠로스가 염두에 둔 쾌락은 당신이 지금 떠올렸을 그런 쾌락이 아니다. 에피쿠로스를 따르는 사람들, 즉 에피쿠로스학파는 무절제한 방탕에 행복이 있다고 믿지 않았다. 난교파티를 명확히 거부했다. 그들이 말하는 쾌락은 고통과 두려움으로부터의 자유, 불행이 없는 상태에서 온다. 특히 죽음의 두려움이 에피쿠로스철학의 핵심 주제인데, 에피쿠로스학파는 이 두려움을 훈련으로 극

복하고자 했다.

그들은 삶에서 죽음의 두려움을 추방하려 애쓰는 대신 이겨내는 사고전략을 발달시켰다. 그리하여 행복은 정신의 문제가 되고, 사고방식과 마음 자세의 문제가 된다. 인간은 생각으로 두려움 안에 들어갈 수 있고 같은 방법으로 다시 두려움에서 나올 수 있다. 그러므로 여기에서도 행복은 배울 수 있고 배워야 하며, 훈련의 문제다.

에피쿠로스학파가 상상하는 궁극의 행복은 모든 사람이 서로 친절하게 대하고 대화하고 악기를 연주하고 음악을 듣는 '에피쿠로스의 정원'이다. 오늘날의 록콘서트나 클럽의 시끄러운 소음과는 거리가 멀다.

아리스토텔레스뿐만 아니라 에피쿠로스도 두려움, 고통, 역경 같은 부정적인 일에 눈을 감지 않는다. 이런 불행이 닥쳤을 때 행복에 도움이 되는 방식으로 대처하는 훈련을 매일 함으로써 행복을 싹틔운다. 그러므로 불행은 행복한 삶의 구성요소이지, 장애물이 아니다. 이 관점에서 보면 오늘날 행복이 왜 그렇게 어려운지 해명된다. 매일매일 삶의 역경에 대처하는 법을 배울 때, 그곳에 행복이 있다는 사실을 우리는 잊고 살았다. 그렇다면 이 험한 비탈길을 빨리 벗어날 수 있는 지름길이 있을까? 없다.

험한 비탈을 벗어날 지름길은 없지만 행복을 방해하는 독은 있다. 바로 우리의 이웃이다.

우리를 나락으로 빠뜨리는 상상력

리카르드 오버벡은 이웃과 담소를 나누고 있었다. 그때 또 다른 이웃 베른하르트 빙켈만이 뛰어와 도끼로 오버벡을 마구 내리쳤다. 오버벡과 빙켈만 사이에 난투가 벌어졌고, 오버벡은 빙켈만의 손에서 겨우 도끼를 빼앗았다. 그러나 빙켈만은 곧바로 쇠막대기를 집어 들어 다시 오버벡을 공격했다. 오버벡은 죽을힘을 다해 집으로 도망쳤다. 경찰은 이 참혹한 사건을 이웃 간의 전형적인 다툼으로 보았다.[4]

오버벡뿐만이 아니다. 수백억 달러 자산을 가진 사람들조차도 사소한 몇 가지 이유들 때문에 이웃과의 분쟁을 피해가지 못한다. 유명모델 클라우디아 쉬퍼는 고작 소나무 두 그루 때문에 F1 자동차경주의 슈퍼스타 미하엘 슈마허의 전 매니저인 빌리 베버와 다퉜고,[5] 페이스북 설립자 마크 저커버그는 담벼락으로 이웃의 전망을 막아 반발을 샀고,[6] 팝스타 로비 윌리엄스는 집을 재건축하다가 레드 제플린의 기타리스트 지미 페이지와 분쟁을 겪었다.[7]

우리는 왜 이웃과 다툴까? 자르브뤼켄대학의 심리학자 폴커 린네베버 Volker Linneweber 는, 이웃 간의 분쟁이 생기는 대부분의 이유는 이웃의 왕성한 활동에 대한 질투 때문이라고 보았다. 이웃이 내는 소음이나 조망권 방해나 훼손 때문이 아니라, 자신은 슬프고 우울한데 이웃이 즐거워 보이기 때문에 화가 나서 폭발한 결과라는 것이다.[8]

질투를 조장하기로 유명한 독일 황색지 《빌트》는 질투가 발휘하는 강력한 힘을 매우 잘 알고 이용할 줄 안다.《빌트》가 실시한 질투에 관한 설문조사에서 응답자의 약 절반이 이웃이나 친구의 재산에 질투를 느꼈고, 여행(32.6%), 멋진 집(30.7%), 직업적 성공(27.7%), 화목한 가정(26.9%)에도 질투를 느꼈다.[9]

> "이웃에 대한 질투는 갈등과 소송을 낳을 뿐 아니라, 우리를
> 불행하게 만든다."

19세기 덴마크 철학자 쇠렌 키르케고르Søren Kierkegaard는 질투의 위험성을 강조하며 경고했다. 그는 또한 비교에 관해서도 매우 단호한 태도를 취한다.

> "다른 사람과 비교하는 것은 스스로 행복을 단념하는 행위
> 다. 비교는 불만을 낳고 불만은 불행을 낳는다."

이웃의 차가 더 크고 좋은가? 이웃이 더 부유하고 더 행복해 보이는가? 불행해지는 데는 단 몇 초면 충분하다. 불행해지고 싶다면 유명인, 이웃, 친구와 자신을 비교하면 된다.

이미 우리는 매일 그렇게 하고 있다. 우리의 일상 모든 곳에 스며든 광고는 계속해서 비교를 권하고, 우리는 이 비교를 당연하게 여긴다. 그리고 비교 때문에 불행해진다. 더 심각한 사실은 이웃이 실제로 더 잘

사느냐가 아니라 그럴 거라는 추측만으로 벌써 불행해진다는 점이다.

작은 연못에 사는
큰 물고기의 마음으로

진실은 중요하지 않다. 남이 나보다 더 행복하고 더 성공했고 더 부유하다는 상상이면 불행해지는 데 충분하다. 사회과학자들은 이것을 '지위 경쟁'이라 부르고, 저술가 알랭 드 보통 Alain de Botton은 '지위불안'이라고 불렀다. 어찌 부르든 간에 우리의 행복에 별 도움이 안 된다는 사실만은 자명하다. 우리는 과연 이런 그물을 피할 수 있을까?

피할 수 있다! 이 그물을 피하고 싶다면, 연못만 제대로 찾아가면 된다. 작은 물고기가 큰 연못에 있는 것보다 큰 물고기가 작은 연못에 있는 게 낫다. 비교하더라도 당신이 비참한 패배자가 될 위험이 없는, 당신과 비슷한 수준의 친구를 찾아라. 높은 곳에서 빛나는 부자, 빼어난 미남미녀, 말 한마디로 수백 명이 머리를 조아리는 권력자와 스스로를 비교하지 마라. 그런 비교는 당신의 행복에 전혀 도움이 안 된다.

고대와 현대 철학자들의 행복에 관한 통찰은 최신 행복 연구 결과물과 일치한다. 말하자면 우리는 행복이 무엇인지 확실히 직관적으로 이해한다. 그렇다면 생물학자들은 과연 행복에 대해 무슨 이야기를 할까? 600만 달러짜리 편지에서 시작해보자.

04

우리는 절반은
정해진 게임을 시작한다

독감으로 기숙사 침대에 누워 있던 마이클 크릭Michael Crick에게 편지 한 통이 배달되었다. 1953년 3월 19일에 작성된 이 편지는 마이클의 아버지가 보냈는데, 60년 뒤에 무려 600만 달러의 가치가 있다고 평가받았다. 이 편지 안에 생명의 비밀이 담겨 있었기 때문이다.

마이클의 아버지 프랜시스 크릭Francis Crick은 물리학을 전공했고, 동료들 사이에서 수다스럽고 짜증나는 인물로 통했다. 제2차 세계대전 기간에 그는 영국 해군을 위해 바다 지뢰를 개발했고, 그 후 케임브리지대학의 박사과정생이 되었지만 사랑받는 존재는 아니었다. 케임브리지대학의 지도교수는 그에 대해 이렇게 말했다. "프랜시스는 35년 동안 쉬지 않고 많은 이야기를 했지만, 쓸 만한 게 전혀 없었다."

그러나 이는 잘못된 평가였다. 프랜시스 크릭은 케임브리지대학에서 제임스 왓슨James Watson을 만나면서 인생의 새로운 국면을 맞았다. 짐이라 불렸던 왓슨은 어린 시절 이미《퀴즈 키즈》라는 라디오 퀴즈쇼에서 우승했고, 열다섯 살 때 시카고대학 동물학과에 진학했지만, 화학과 물리학 수업을 전혀 듣지 않았다. 그들의 동료였던 화학자 어윈 샤가프Erwin Chargaff는 두 사람을 과학계의 광대라고 불렀다.

그런데 과학계의 두 광대가 생명의 비밀을 풀었다. '집에 오면 모형 하나를 보여줄게. 사랑하는 아빠가.' 크릭은 아들에게 보낸 편지를 이렇게 맺었다. 그가 말한 모형이란 두 개의 사슬이 나선 형태로 서로 꼬여 있는 모형이었다. 생명의 모형, 이중 나선 모양의 DNA 구조로 1962년에 프랜시스 크릭과 제임스 왓슨은 모리스 윌킨스Maurice Wilkins와 함께 노벨 생리의학상을 수상했다.[10]

디옥시리보 핵산Deoxyribo Nucleic Acid의 약자인 DNA는 생명의 주춧돌로서, 개별 생명체의 유전 정보를 담고 있다. 그러니까 우리의 DNA가 바로 우리 자신이다. 그러면 크릭과 왓슨이 모형화에 성공한 바로 그 DNA가 우리의 행복감 또한 규정한다는 뜻일까? 유전자는 행복에 대해 무엇을 알려줄까? 그것을 어떻게 연구할 수 있을까?

절반만 만드는
반쪽짜리 대장장이

1996년, 데이비드 리켄David Lykken과 어크 텔레겐Auke Tellegen을 비롯한 몇몇 연구자들에 의해 논란은 시작됐다. '만약 일란성 쌍둥이의 행복과 삶의 만족도가 다르면, 행복은 단순히 DNA의 문제가 아닐 것'이라는 생각에 다다른 이들은 실제로 연구에 착수했기 때문이다.

리켄과 텔레겐은 미네소타주에 사는 일란성 및 이란성 쌍둥이들의 행복과 삶의 만족도를 조사했다. 쌍둥이 사이에 유사성이 있을까? 대답은 50 대 50이었다. 유전자는 주관적인 행복감에 약 절반 정도 책임이 있다. 더 간단히 말하면, 행복의 절반은 DNA가 결정한다.

제비 한 마리가 봄을 열지 않듯이 연구 하나가 최종판결이 될 수는 없지만, 여러 쌍둥이 연구들이 이 결과를 증명한다. 예를 들어 네덜란드 연구진에 따르면, 삶의 만족도는 유전자가 38퍼센트를 결정하고, 나머지 62퍼센트는 개인의 생활환경에 따라 달라진다.[11] 주관적 행복감에 미치는 유전자의 영향력이 대략 35퍼센트에서 50퍼센트라는 것이 오늘날 일반적인 견해다.[12]

우리의 행복은 최대 절반까지 유전자에 좌우된다. 그러나 이런 연구들은 행복감의 차이를 해명할 때, 쌍둥이가 함께 성장했는지 떨어져 성장했는지 혹은 소득, 가족 관계, 종교 등 다른 요소들은 고려하지 않았다.

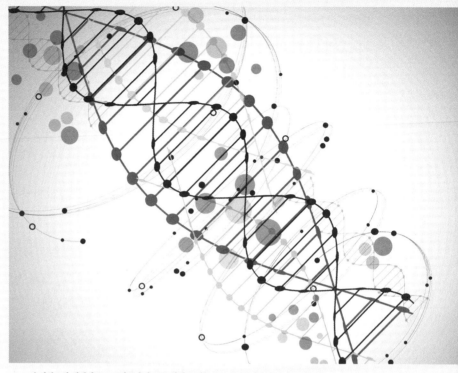

• 유전정보의 매개체 DNA. 이중나선 구조 형태를 띄는 DNA는 유전자의 본체를 이룬다.

최대한 조심스럽게 접근하더라도, 유전자가 우리의 행복 일부를 결정한다는 증거는 명확하다. 스스로 행복을 만드는 행복 대장장이라고 생각하며 살아온 인간에게 이 발견은 충격적이었다. 유전자가 행복의 절반을 결정한다면, 우리는 행복의 절반만 만드는 반쪽짜리 대장장이다.

유전자가 행복을 좌우한다는 생각은, 인간의 가까운 친척인 유인원에게도 적용된다. 과학자들은 동물원 침팬지의 주관적 행복감을 연구했고, 침팬지의 행복감 역시 유전자가 결정하고 심지어 유전될 수도 있음을 발견했다. 그뿐만이 아니다. 침팬지의 주관적 행복감도 집단 내에서 갖는 지배력에 좌우된다. 인간도 마찬가지일까?[13]

최대한 조심스럽게 접근하더라도, 유전자가 우리의 행복 일부를 결정한다는 증거는 명확하다. 스스로 행복을 만드는 행복 대장장이라고 생각하며 살아온 인간에게 이 발견은 충격적이었다.

유전자가 행복의 절반을 결정한다면, 우리는 행복의 절반만 만드는 반쪽짜리 대장장이다. 그러나 컵에 물이 절반밖에 없을 수도 있고, 동시에 절반이나 있을 수 있다! 행복의 절반이 우리 손에 달려 있다.

더 행복하게
태어나는 사람들

크릭과 왓슨의 발견 이후 연구 방법이 크게 개선되어, 어떤 유전자가 행복을 결정하는지 연구하는 단계까지 이르렀다. 면봉으로 구강을 한 번 닦아내기만 하면 충분하다. 행복을 결정하는 유전자 하나가 '모노아민산화효소 A Monoamin oxidase-Type A'다. 줄여서 MAOA라고 부르는데, 이 유전자는 여성의 행복을 결정한다. 이 유전자의 유형에 따라 여성은 더 행복하거나 MAOA-L 덜 행복하다.[14] 이 유전자의 유형은 스트레스 요인에 반응하는 유전자와 관련이 있다. MAOA-L 유형의 여성은 긍정적 사건에 더 강하게 반응하고 스트레스 상황에서 상처를 덜 받는다. 간단히 말하면, MAOA-L은 행복감을 강화하고, 상급자의 호출이나 배우자와의 싸움을 좀 더 편안하게 받아들이게 해준다. 당연히 상급자의 호출이나 배우자와의 싸움이 더 행복하게 하지 않는다면 말이다.

그러나 MAOA-L은 남성을 행복하게 하진 않는다. 이 유전자와 남성의 행복감 사이의 관계는 아직 입증되지 않았다. 그러므로 여성과 남성의 행복이 서로 다를까? 여성과 남성은 세계를 다르게 경험할까? 어느 정도는 그런 것 같다. 그러나 이런 연구에서 조사한 사람의 수가 너무 적어서, 연구 결과들의 신뢰성이 종종 비판을 받고 의문이 제기되곤 했다. 그래서 2016년에 178명의 학자가 참여하는 대규모 연구가 시작되었다. 20만 명 이상의 정보를 철저하게 과학적으로 분석한 결과, 결과는 같았다.[15] 행복은 유전자와 관련이 있다.

연구자들은 주관적 행복감의 차이를 만드는 유전자 유형 세 가지를 찾아냈고, 더불어 우울증을 유발하는 유전자 두 가지와 신경증에 관여하는 유전자 열한 개를 발견했다. 특히 세로토닌 전달유전자 5-HTTLPR는 주관적 행복감에서 큰 역할을 하는 것 같다.[16] 세로토닌은 뇌의 생화학물질로서 특히 기분에 영향을 미쳐 편안함, 마음의 평온, 만족감을 주고, 두려움, 공격성, 슬픔을 줄인다.

제1부 무엇이 인생을 결정하는가

그러므로 세로토닌 전달유전자가 행복감에 중요한 건 당연하다. 흔히 행복호르몬에 대해 이야기하며, 세로토닌이 많이 든 바나나와 초콜릿을 먹으라고 충고한다. 그러나 안타깝게도 널리 알려져 있는 것과는 달리 여기에 들어있는 세로토닌이 곧장 뇌로 가지는 않는다. 바나나와 초콜릿은 맛있지만, 행복을 직접 전달하지는 않는다.

모 두 같 은 조 건 에 서 도
왜 더 만 족 할 까 ?

첫 실마리만 잘 풀면 스웨터 전체가 술술 풀리는 법이다. 연구자들이 잡은 실마리 하나가 북유럽의 나라로 우리를 안내한다.

이 나라의 이름은 900년경 어떤 돌에 새겨졌다. 4만 2,916제곱킬로미터 영토에 570만 명이 살고, 406개의 섬이 있고, 7,314킬로미터에 달하는 해변이 펼쳐져 있고, 평균 풍속이 7.6미터인 나라, 덴마크. 덴마크 국민들은 국경일에 「여기 사랑스러운 나라가 있다 Der er et yndigt land」라는 제목의 국가國歌를 부른다.

덴마크인의 가장 고유한 특성은 휘게 Hygge다. 휘게는 편안함, 공동체, 안전 그리고 친구나 사랑하는 사람들과 함께 있을 때 느끼는 감정을 말한다. 행복 면에서만 보면 휘게를 가진 덴마크인들이 세계 정상이다.[17]

행복학자들은 오랫동안 개별 국가의 행복을 연구하기 위해 세계 곳곳을 다녔고, 많은 국제적 연구 결과가 덴마크인을 세계에서 가장 행복한 국민으로 거듭 인정했다. 그러나 이런 결과는 덴마크의 고유한 패션, 음악, 국민소득, 정치, 자전거문화가 다른 나라들과 명확한 차이가 나기 때문이 아니다. 덴마크와 다른 나라의 사회적 경제적 차이는 행복 차이를 설명하기에 충분하지 못하다.

그렇다면 무엇으로 덴마크인의 행복을 설명할 수 있을까? 혹시 유전자가 설명해줄까? 실제로 한 연구가 놀라운 결과를 보여주었다. 덴마크인과 유전적 차이가 클수록 평균 행복감이 더 낮았다.[18] 다시 말해 덴마크인과 유전적 유사성이 적을수록 불행하다는 뜻이다. 물론 이런 연구 결과는 조심스럽게 다뤄야 하지만, 국가 간의 유전자 차이가 주관적 행복감에 약 8퍼센트 영향을 미친다는 과학적 증거 또한 있다.[19]

수많은 연구를 볼 때, 행복에 미치는 유전자의 영향은 부정할 수 없다. 그런데 어떻게 영향을 미치는 걸까? 무슨 일이 일어날까? 학자들은 유전자가 우리를 행복하게 혹은 불행하게 만드는 직접적인 방법과 간접적인 방법, 두 가지 방법이 있다고 추측한다.[20]

직접적인 방법은 뇌를 통하는 것이다. 생화학적 반응으로 행복감과 불행감을 만들어낸다. 다시 말해, 유전자는 뇌가 외부 영향에 어떻게 반응할지를 결정한다. 뇌의 반응에 따라 우리는 스트레스를 받거나 편안하게 느끼거나 슬퍼하거나 기뻐한다. 말하자면 유전적으로 타고난 낙천주의자와 염세주의자가 있다.

뇌에 미치는 유전자의 직접적인 영향은 우리 힘으로 어쩔 수 없지만, 간접적 영향은 뇌에서 일어나는 생화학적 반응처럼 완전히 고정되지는 않는다.

무엇이
유전자를 이기는가

뇌가 미치는 간접적인 영향은 세계 여러 국가의 다양한 생활양식에서 실마리를 찾을 수 있다. 어떤 지역에서는 사람들이 개인주의적 생활양식으로 살아간다. 자유와 개인 그리고 자아실현을 중요하게 생각한다. 또 어떤 지역에서는 공동체, 집단, 사회적 조화와 적응을 토대로 하는 집단가치체계를 만든다. 예를 들어 앵글로색슨 국가들은 자유와 자아실현에 더 가치를 두는 반면, 아시아 국가들은 집단을 더 중시한다.

노스웨스턴대학의 연구진은 세로토닌 전달유전자 SLC6A4와 관련된 이론을 발달시켰다.[21] 이 유전자는 짧은 인자와 긴 인자 두 가지 유형이 있고, 특히 두려움에 관여한다. 짧은 인자를 가진 사람은 겁이 많고 위험을 더 두려워하고 부정적인 영향을 쉽게 받고 나쁜 뉴스에 더 민감하다. 그래서 우울증에 더 잘 걸린다. 긴 인자를 가진 사람은 매사에 긍정적이고 심리적 부담을 잘 견딘다.

이 연구와 다양한 사회질서 사이에 무슨 연관이 있을까? 답은 아주

• 　어른이 되면 더 큰 망치를 들고 인생의 문제를 해결할 수 있다고 생각한다. 하지만 그것은 착각이다. 인생에 일어나는 일들 대부분은 가정용 망치로 충분하다.

유전자 이론대로라면 아시아 사람들은 서양 사람들보다 덜 행복해야 한다. 그러나 사례 연구에서는 아시아 사람들의 행복도가 더 높았다. 연구자들은 아시아의 집단주의 성향과 서양의 개인주의 성향에서 그 이유를 찾았다. 집단주의 사회는 우울증에 빠진 사람들을 개인주의 사회보다 더 잘 보호할 수 있다.

단순하다. 동아시아 사람들에게는 짧은 인자가 광범위하게 퍼져 있고, 개인주의가 강한 지역에는 긴 인자를 가진 사람이 많았다. 이 결과로만 보면, 아시아 사람들이 덜 행복하고 더 많이 정신 질환을 앓아야 한다. 그러나 실제 사례 연구는 그 반대를 보여준다. 아시아 사회가 개인주의 성향이 강한 사회보다 심리적으로 더 안정되어 있었다.

인생은
가정용 망치로도 충분하다

연구자들은 이런 차이를 사회구성원리 때문이라고 본다. 쉽게 말해 집단주의 사회는 공동체를 문화의 핵심으로 제시함으로써, 유전적으로 타고난 높은 정신 질환 확률에 대비했다. 집단주의 사회는 우울증에 빠졌거나 심리적으로 불안한 사람을 개인주의 사회보다 더 잘 보호할 수 있다. 이 이론대로라면, 다양한 사회 유형은 다양한 유전자에 대한 인간의 응답이며, 동시에 인간이 유전자의 힘에 조금이나마 대항할 수 있음을 의미한다.

이것을 공동진화이론 혹은 공진화라고 부른다. 이 이론의 핵심은 유전자와 문화가 서로 영향을 미친다는 점이다. 인간은 주어진 유전자에 맞춰 문화를 발달시킬 뿐 아니라, 문화 또한 유전자에 반향을 일으킨다. 예를 들어 결혼 후 전통적으로 남성이 여성의 집으로 들어가는

사회와 여성이 남성의 집으로 들어가는 사회는 서로 다른 유전자 특징을 보여준다.[22]

문화와 유전자 사이의 이런 관계는, 우리가 행복해지는 데 이용할 수 있는 공간을 열어준다. 유전자의 영향을 받든, 유전자에 영향을 끼치든, 우리는 행복에 상당한 영향력을 갖고 있다는 반증이 되니까.

물론 유전자연구로 보면 우리 손에는 행복을 만들 거대한 해머가 아니라 작은 가정용 망치가 들렸다. 비극적으로 들리는가? 반드시 그렇지도 않다. 한 번 생각해보라. 큰 해머로 벽에 못을 박다 실수라도 하면 그 피해가 얼마나 크겠는가? 우리의 유전자는 이것을 방지한다. 인생에 일어나는 일들 대부분은 가정용 망치면 충분하다.

인간의 사회적 행동방식과 규범의 총합으로서 문화는 또한 유전자와 환경을 중재하는 역할을 한다. 우리는 사회적 존재다. 그러나 주의하자. 문화의 영향이 언제나 행복에 도움이 되진 않는다. 연구자들은 프랑스인들이 다른 유럽 국가에 비해 행복감이 낮은 이유를 문화적 요인으로 설명한다.[23] 이것은 해명이 필요하고, 아마도 이 해명에는 심리학의 도움이 필요하다.

제1부 무엇이 인생을 결정하는가

05

숫자로 표시되는
마음의 온도

근친상간, 강간, 오이디푸스 콤플렉스, 자살 충동, 거세 공포······. 심리학은 어둠의 학문처럼 보인다. 심리학자 데이비드 마이어스David Miers 가 방대한 심리학 논문 모음인 「심리학 초록집 Psychological Abstracts」에 실린 초록들을 살펴보았더니,[24] 1887년부터 2000년까지 분노를 표제어로 하는 논문이 8,072개였고, 불안은 5만 7,800개, 우울증은 7만 856개에 달했다.

그에 반해 행복은 소박하다. 행복을 표제어로 하는 논문은 2,958

개, 삶의 만족은 5,701개, 기쁨은 851개에 불과했다. 부정적 감정과 긍정적 감정 사이의 비율이 14대 1인 셈이다. 불안, 우울, 분노를 열네 번 말할 때, 긍정적 감정은 단 한 번 언급되었다. 이 비율은 치료와 예방 부문의 비율인 7대 1보다도 더 큰 차이다. 심리학자들은 부정적 감정을 더 많이 가진 집단처럼 보인다. 정신분석의 대스타 프로이트의 말을 빌려 이렇게 말할 수도 있겠다.

> "천지창조 계획에는 인간을 행복하게 하려는 의도가 포함되지 않았다고, 사람들은 말하고 싶어 한다."[25]

그러나 이런 경향은 오래전에 바뀌어 심리학도 행복 연구에 동참한다. 심리학은 생물학보다 먼저 행복의 원인을 연구하기 시작했다. 심리학의 행복 연구는 처음에는 신랄한 비판을 받았는데, 사람에게 직접 행복감을 물어보는 설문 방식에 의존했기 때문이다. 이 응답을 얼마나 신뢰할 수 있을까? 그리고 응답한 감정을 비교하는 게 가능하기나 할까?

이러한 비난에 맞서 설문방식을 숫자로 바꾸었고, 그 방법은 효과가 있는 듯했다. 1부터 5까지 숫자로 체크하는 표준화된 질문지에 행복의 크기를 표시하면, 이 숫자로 행복의 크기를 비교할 수 있다. 그러나 응답자가 숫자로 표시한 주관적 행복이 현실과 일치할까? 어떤 사람은 너무 비관적이라 모든 걸 어둡게 보고, 또 어떤 사람은 장미빛 안경을 쓰고 있어서 세상이 아름답게만 보이는 건 아닐까?

연구자들은 이 문제도 해결했다. 응답자가 경험한 그대로 느끼고 말하는지를 확인하는 방법을 고안한 것이다.[26] 연구자들은 객관적인 삶의 질과 응답자의 주관적인 행복감을 비교한다. 이 비교를 위해 연구자들은 응답자의 생활환경을 조사한다. 어디에 사는가? 도시인가 시골인가? 주변에 공원이 있는가? 녹지는 얼마나 있나? 교통소음은 없나? 재정 상태는 어떠한가?

연구에 따르면, 객관적 생활환경을 토대로 주관적 행복감의 약 60퍼센트를 예측할 수 있다. 간단히 말해서 행복에 도움이 되는 환경에 사는 사람이, 스트레스를 주는 아름답지 못한 환경에 사는 사람보다 더 행복하다는 사실이다.

심리학은 2,000년 전 철학자들이 구별한 순간적인 행복감(헤도니아)과 충만한 삶(에우다이모니아)을 학술적으로 증명했다. 그전까지 직관의 영역에 있었지만 심리학자들은 헤도니아와 에우다이모니아 사이에 깊은 연관이 있다는 사실을 밝혔다. 충만한 삶을 사는 사람은 순간적인 행복감도 자주 경험하고, 삶에 만족하지 못하는 사람은 순간적인 행복감도 느끼지 못한다. 둘의 연관성을 숫자로 표현하면, 약 80퍼센트다. 연구 사례 가운데 약 80퍼센트가 순간적인 행복감과 충만한 삶을 함께 누렸다.[27] 행복이 행복을 부른다.

수치화된 '나'는
객관적일까?

심리학자에게 성격을 검사 받아본 적이 있는가? 우리의 성격 특징에 관해 묻는 심리학자들의 질문을 보면, 그들이 가장 중요하게 여기는 행복요인이 무엇인지 짐작할 수 있다. 가령 심리학자들은 이런 것들을 묻는다.

> "당신은 수다스러운 편입니까? 다른 사람을 비판하는 경향이 있습니까? 일 처리가 철저한 편입니까? 기분이 가라앉았거나 살짝 우울하십니까? 내향적인 편입니까? 덜렁거리고 게으른 편입니까? 매사에 꼼꼼하지 못하다는 이야기를 자주 듣습니까? 자주 싸움에 연루되십니까? 부끄러움이 많고 행동할 때 주저하는 편입니까? 종교적입니까?"

이 외에도 훨씬 더 많은 질문들을 던진다. 이런 질문을 통해, 인간의 대표적인 다섯 가지 성격 특성인 이른바 '빅 파이브big 5'가 드러난다. 이 다섯 가지가 성격연구의 표준 모형이며, 이 다섯 가지 보편적 성격 특성으로 인간을 묘사할 수 있다는 생각을 토대로 수많은 성격연구가 진행된다.

다섯 가지 성격 특성의 첫 글자만 모아 OCEAN(대양)이라고 한

제1부 무엇이 인생을 결정하는가

다.[28] 개방성 Openness, 성실성 Conscientiousness, 외향성 Extraversion, 친화성 Agreeableness, 신경성 Neuroticism. 경험에 열려 있는 개방성은 호기심이 많고 상상력이 풍부하다는 뜻이다. 성실성은 신뢰할 만하고 꼼꼼하다는 뜻이고, 외향성은 사교적이고 다정하며 낙관적이라는 뜻이다. 친화성은 대인관계가 원만하고 겸손하며 공감 능력이 뛰어나다는 뜻이고, 신경성은 겁이 많고 쉽게 긴장하고 예민하다는 뜻이다.

다섯 가지 특성 중 네 개가 삶의 만족도와 비례한다(그 네 개가 무엇인지는 굳이 말하지 않아도 되리라). 나머지 하나의 신경성은 반대로 행복과 반비례한다. 심리학자 마틴 셀리그먼 Martin Seligman은 자신의 책 제목에서 다음과 같이 표현하기도 했다. '비관주의자에게는 키스하지 않는다.'(마틴 셀리그먼의 「학습된 낙관주의 Learned Optimism」의 독일어 번역본 제목)

각각의 성격 특성이 행복에 기여하는 정도를 숫자로 표현할 수 있을까? 주목할 만한 시도가 있었다. 삶의 만족도를 10점 만점 기준으로(매우 불만족은 1점, 매우 만족은 10점) 조사하면 정서적으로 안정된 사람, 즉 신경성이 낮은 사람은 7.41로 평균보다 만족감이 높다. 간단히 말해 정서적으로 안정된 사람은 평균보다 약 5퍼센트 더 행복하다. 반면에 외향성이 높은 사람은 3.7퍼센트, 대인관계가 원만한 사람은 0.8퍼센트, 개방적인 사람은 1.7퍼센트, 성실한 사람은 3.5퍼센트 더 행복하다.[29]

이처럼 성격 특성에도 유전자가 영향을 미친다.[30] 우리는 선사시대 조상과 유전자의 영향을 피해갈 수 없다. 그러나 앞에서 이미 말했듯이, 행복을 좌우하는 절반의 열쇠는 우리 자신이 쥐고 있다.

행복은 운명이 아니다. 비록 많은 요소가 유전적으로 정해졌지만, 우리가 영향을 미칠 수 있는 여지 또한 존재한다. 그리고 낙관성은 학습할 수 있다. 낙관성이 행복한 삶에 확실히 도움이 된다는 걸 의심할 사람은 없으리라.

06

자유 없이
무엇을 꿈꾸는가

전 시 된 시 체 가

던 지 는 질 문

런던 유니버시티 칼리지 최고의 관광명소는 시체보관소다. 더 정확히 말하면, 검정색 재킷에 갈색 바지를 입고 노란색 모자를 썼으며 손을 무릎에 올리고 의자에 앉아 있는 시체다. 그리고 산책용 지팡이가 무릎에 기대져 있다. 나무 캐비닛 안에 앉아 있는 시체로 남은 이 남자의 이름은 철학과 경제학의 거장 제레미 벤담Jeremy Bentham이다.

제레미 벤담은 천재 어린이였다. 1748년에 태어난 그는 말도 하기 전에 알파벳을 쓸 줄 알았고, 다섯 살이 채 안 되어 라틴어를 배웠다.

아버지는 이런 부지런함을 칭찬하며 빨간 조끼를 상으로 선물했다. 칭찬할 때마다 건넨 상들이 효과를 냈고, 벤담은 16세에 옥스퍼드대학을 졸업했다. 그는 변호사 수업을 금세 끝내고, 철학과 사회개혁에 관심을 쏟고, 급진적 사유를 했다.

벤담은 18세기와 19세기에 강력한 사회개혁을 요구했던 이른바 급진주의자였다. 그의 요구 중 많은 것들이 어찌나 급진적이었던지 지금도 몇몇 나라에서는 시행할 수조차 없을 정도다. 보통선거, 여성참정권, 사형제 폐지, 동성애 합법화, 언론의 자유, 동물권……. 당시에는 대단히 혁명적인 생각이었다.

급진적인 사람이든 아니든, 누구나 약간의 허영 혹은 기괴한 생각을 가지기 마련인데, 그래서인지 벤담은 유언장에 기이한 내용을 남겼다. '뉴질랜드 마오리족의 방식으로 시체를 보존하여, 좋은 양복을 입혀 의자에 앉혀 후손들에게 남겨달라.' 그리하여 제레미 벤담의 시체는 양복을 입고 의자에 앉아 오늘날까지 우리에게 놀라움을 준다.

벤담의 머리는 밀랍으로 만든 모형인 이유는 보존과정에서 원래 머리를 제대로 살리지 못했기 때문이다. 벤담의 원래 머리는 1948년까지 무릎에 올려져 있었고, 그 후 별도의 상자에 담겨 보관되었다. 그의 머리는 1975년에 다시 옮겨졌는데, 런던 킹스칼리지 학생들이 훔쳐 달아났기 때문이다. 학생들은 몸값으로 복지기관에 기부할 100파운드를 요구했다. 그러나 학생들은 결국 10파운드에 타협했다.

머리가 납치당하기도 했던 이 재능 많은 급진주의자가 행복과 무

제1부 무엇이 인생을 결정하는가

슨 관계란 말인가? 또 경제학과는 어떤 관계가 있을까? 이것을 이해하려면 당시 많은 논란과 관심을 일으켰던 벤담의 생각, 최대다수의 최대행복을 알아야 한다. 1776년에 출판된 『정부론 단편A Fragment on Government』 서문에서 벤담은 이렇게 밝혔다.

> "최대다수의 최대행복은 옳고 그름의 판단 기준이다."

이 사상을 따르는 학파를 '공리주의'라고 부른다. 공리주의는 심리학이 관심을 가지는 개인의 행복이 아닌 모두의 행복, 전체 사회의 행복을 다룬다. 그러므로 그들의 질문은 '어떻게 하면 한 사람을 행복하게 할까'가 아니라 '어떻게 하면 최대한 많은 사람을 최대한 행복하게 할까'이다. 사실, 정치가가 해야 하는 질문이 바로 이것이다. 정치가는 "정치가로서 나는 어떻게 해야 최대한 많은 사람을 최대한 행복하게 할 수 있을까?"를 고민해야 한다.

여기서 한 발짝만 더 나가면 경제학에 다다른다. 경제학자의 목표도 최대한 많은 사람을 행복하게 하는 것이다. 그리고 벤담 시대의 공리주의 윤리학자들은 경제학자로서 경제학 교재를 집필했기 때문에, 최대다수의 최대행복 이론은 경제학자에게도 도달했다. 행복이 경제학자를 만났다.

행 복 은
대량생산품이 아니다

벤담은 시작에 불과했다. 철학적 배경을 가진 다른 경제학자들이 벤담의 생각을 수용했다. 특히 핵심 개념인 '유용성'을 적극적으로 수용했다. 유용성, 라틴어로 '유틸리타스utilitas', 영어로 '유틸리티utility'. 그래서 벤담의 추종자를 유틸리타리안utilitarian, 실리주의자, 공리주의자라고 부른다. 이런 경제학 이론에서는 이익이 중심이며, 이익의 극대화가 목적이다. 나중에 복잡한 수학 모델로 전환되는 이 목적의 이면에는, 최대한 많은 사람에게 행복과 기쁨을 주자는 벤담의 생각이 자리 잡고 있다.

그러나 공리주의는 처음부터, 행복은 대량생산품이 아님을 강조했다. 사람은 다 다르고, 각각 추구하는 행복도 다르다. 당시 경제학자들역시 이런 다양성을 국가로부터 존중받고자 했다. 공리주의 이념에 따르면, 인간은 제각각 다르므로 국가는 모든 국민을 행복하게 할 수 없고, 다만 개개인이 각자의 행복을 다듬고 추구할 수 있도록 조건만 마련해 줄 수 있다. 당시 경제적·사회적 조건에서 볼 때, 이런 생각은 매우 급진적이고 혁명적이었다.

당시 태동하던 자유주의의 뿌리에 바로 이런 생각에 담겨 있다. 국가가 모든 국민을 행복하게 할 수 없다. 그러므로 국민 각자가 행복을 추구할 수 있게 조건만 마련할 수 있다면, 최대다수의 최대행복으로 가는 길에서 가장 중요한 토대는 자유다. 자기 의견을 말할 수 있는 자유, 각자의 기준에 따라 삶을 구성할 수 있는 자유, 타인과 연대하여 조직을 만들 수 있는 자유. 이런 기본적인 자유가 없으면 개인은 행복을 추구할 수도 찾을 수도 없다. 그러므로 공리주의 관점에서 행복은 오직 자유 안에서만 가능하다.

그러나 당시 철학자와 경제학자들은, 타인의 행복이 위험하면 개인의 행복 추구 역시 위험하다는 것을 알았다. 공리주의의 논리적 귀결이다. 그러므로 최대다수의 최대행복을 추구하려면, 다수에게 많은 자유를 허락해야 하지만, 동시에 권력과 영향력과 재산을 가진 사람이 타인의 자유와 행복 추구를 위험에 빠뜨리지 못하게 막아야 한다. 이런 생각 역시 당시에는 혁명적이었는데, 권력과 영향력과 재산의 지나친 독점이 최대다수의 최대행복으로 가는 길의 큰 장애물이므로, 논리적 귀결로 정치가 근대 복지정책과 공정거래정책에 앞장서야 한다는 뜻이었기 때문이다.

실제로 공리주의자들은 권력, 재산, 소득을 정당하게 분배하는 방법을 고민했다. 공리주의자들은 최대다수의 최대행복을 진지하게 받아들였다. 또한 그들은 이것을 실현하기 위해 권력자에게서 돈, 영향력, 재산을 빼앗는 생각도 서슴지 않았다. 공리주의자는 어쩔 수 없이 사회 개혁자로 변신해야 했고, 당시에는 그것이 혁명적이고 급진적이었다.

그러나 최대다수의 최대행복에는 난제가 하나 있다. 행복을 측정하지 않으면, 언제 최대다수의 최대행복에 도달했는지 어떻게 알겠는가?

행복으로 가는 가장 주요한 토대는 자유다. 의견에 대한 자유, 타인과 연대할 수 있는 자유, 각자의 기준에 따라 삶을 구성할 수 있는 자유, 이러한 자유는 행복 추구의 가장 최우선으로 여겨진다. 타인의 행복이 위험하면 개인의 행복 역시 위험해진다.

그렇다면 행복을 어떻게 측정할까? 벤담 시대에도 다양한 측정 방법이 제안되었다. 비록 시간이 많이 지난 후에 비로소 올바른 방법으로 판명되었지만, 당시 기술로는 실현할 수 없는 제안이었다. 말하자면 18세기에는 행복을 측정할 수 없었다. 그래서 당시 경제학자는 행복을 제쳐두고, 행복을 위한 다른 척도를 찾아 나섰다. 그렇게 물질주의 시대가 시작되었다. 한쪽 다리가 부러진 채로.

물질만능주의가 만든
삶 의 지 수

1636년 햄프셔 출신의 윌리엄 페티는 한 영국 상선의 잔심부름꾼으로 고용되었다. 그러나 그는 배에 오래 머물지 못했다. 페티의 다리가 부러지자 선원들은 그를 프랑스 해변에 버렸다. 그렇지만 페티는 운이 좋았다. 뛰어난 언어능력 덕분에 예수회 학교에 숙소를 얻었고, 그곳에서 수학, 천문학, 항해술을 배웠다. 페티는 재능이 다양했다. 그는 한동안 영국 왕립해군에서 복무했고, 인쇄기와 오늘날 카타마란이라 불리는 배를 발명했으며, 그 후 의학을 공부하여 해부학 교수가 되었다가 나중에는 음악 교수로 재직했다.

1655년 페티는 아일랜드 측량과 지도제작을 의뢰받았다. 크롬웰이 가톨릭 반란군의 저항을 진압한 후, 전리품 분배를 위해 아일랜드 전

영토를 목록화해야 했다. 페티가 작성한 토지의 소유 및 가치 목록은 한 나라의 전체 국민경제에 관한 최초의 방대한 자료다.

페티는 임무를 완수했고, 1만 파운드를 보수로 받아 아일랜드의 대지주가 되었다. 윌리엄 페티가 수백 명과 했던 일을, 오늘날 독일에서만 2,000명이 넘는 사람이 한다. 그들 대부분이 비스바덴에서 일한다. 비스바덴에는 독일연방통계청이 있고, 이곳에서 독일국가경제를 측정하고 계산하고 분류하고 목록화한다. 연방통계청이 계산하고 분류하는 재화의 양은 윌리엄 페티가 다뤘던 것보다 월등히 많지만, 통계청 업무는 기본적으로 페티의 성과를 기초로 한다.[31]

비스바덴에서 독일 국민경제 전체를 측정하기 전에, 위대한 여러 학자가 페티의 생각과 방법을 다듬었다. 프랑스 왕의 애첩 마담 드 퐁파두르의 주치의였던 프랑수아 케네가 1749년에 페티의 작업을 정교하게 다듬었다. 케네는 국가 경제의 재화와 돈의 흐름을 인체의 혈액순환과 같은 구조로 보았다. 이 생각은 사회주의 우상 마르크스와 20세기 대표경제학자 케인스John Keynes에 의해 더욱 발전하였고, 마침내 20세기에 공식적인 표준화된 방법으로 도입되어 한 국가 경제의 실적을 측정하고 계산했다. 영국 경제학자 리차드 스톤Richard Stone은 전체 국민경제의 돈과 재화 흐름을 계산하는 더 발전된 방법을 만들어, 1984년 노벨경제학상을 수상했다. 이 모든 과정의 최종 결과로 모든 것의 척도가 되는 수치 하나가 나온다. 국내총생산이라 불리는 GDPGross Domestic Product다!

통계학자, 경제학자, 정치인이 매일 국내총생산이라는 말을 사용하고, 뉴스에도 GDP라는 말이 자주 등장한다. GDP의 정치적·경제적 의미는 아무리 강조해도 부족하다. 국내총생산은 국가, 경제체제, 생산력을 비교하는 잣대이며, 국내총생산에 맞추어 국가예산, 세금수입, 경제정책, 재정정책이 수립되고, 생산 및 투자 프로그램이 계획된다. 국내총생산은 정치의 영역도, 통계학 영역도 아니다. 국내총생산은 만물의 척도다.

만물의 척도가 지닌
치명적인 약점

국내총생산은 쉽게 말해, 한 국가 안에 있는 기업들이 1년 동안 생산한 모든 상품과 서비스의 총합이다. 국내총생산은 한 나라의 생산량과 거기서 나온 가치를 보여준다. 국내총생산은 한 나라의 경제 능력을 보여주는 지표다. 상품과 서비스 생산이 많은 나라는 부유하고 안락하게 산다. 그러므로 그들은 추측건대 상품과 서비스를 적게 생산하는 가난한 나라보다 더 행복할 것이다.

국내총생산을 행복 측정 도구로 쓸 수 있을까? 그렇게 되면, 높은 국내총생산이 부유함을 의미하고 그것이 다시 더 많은 행복을 의미한다. 그러나 이것은 다다익선이라는 지극히 물질주의적 관점이다.

여기 어디에 행복이 있는가? 정말로, 생산하고 소비하고 분배하는 상품으로 우리의 행복을 측정하고 싶은가? 행복은 상품, 자동차, DVD, 핸드폰, 호화 휴가, 특권층만 누리는 화려한 행사 그 이상이다. 그렇지 않은가? 게다가 오늘날에는 국내총생산이 담아내지 못하는 생활영역이 많다. 요리부터 청소, 보육에 이르는 각 가정의 가사노동, 불법 노동, 자원봉사 등은 통계청에서 계산되지 않는다.

환경의 질, 국가와 지역의 사회적 평등, 노동 및 생활조건, 정치체제, 안전 등 우리 삶을 어느 정도 행복하게 하는 다른 요소들은 또 어떤단 말인가! 국내총생산이 한 국가의 행복감이나 삶의 만족도와 관련이 있다고 봐도 될까?

부분적으로는 그런 것 같다. 불경기에 전체 경제가 침체하면, 국민의 행복도 확실히 떨어진다.[32] 특히 실업은 행복감을 막대하게 떨어뜨린다. 그것은, 실업이 초래하는 소득 감소가 주는 행복감 상실보다 훨씬 강도가 세다.[33]

국내총생산이 한 국가의 행복과 밀접한 관련이 있는 이유는 복지제도 때문이다. 부유한 나라는 제대로 된 건강보험과 교육서비스를 제공하고, 더 나은 공직체계를 갖추고 있고, 부정부패가 적고, 최소한의 환경의식도 갖고 있다. 이런 것 말고도 삶의 만족도에 중요한 다른 요소들도 많다. 국내총생산은 국가 경제 능력의 중요한 지표로 오랫동안 통용될 것이다. 그러나 삶의 만족도에 대해서는 아주 조금만 알려줄 뿐이다.

국내총생산의 이런 약점은 너무 분명해서 무시할 수가 없다. 다른 모든 측정 방법과 측정 과정도 같은 약점을 갖고 있고, 그래서 경제학자들은 오랫동안 행복을 눈에서 놓치고 그 대신 상품을 헤아리고, 인간은 행복감을 주는 행위를 한다는 견해에 몰두했다. 20세기에 들어와서 비로소 상품 대신 삶의 질을 측정하는 새로운 행복 연구방법이 등장했다.

07

경제학이 발견한
인간다운 삶

20세기에 있었던 두 번의 세계대전은 인류가 경험하지 못한 끔찍한 파괴와 최악의 경제위기를 낳았다. 전쟁 시기와 전후 복구 시기에는 행복 연구가 진행될 수 없었다. 행복 추구보다 생존이 당장 급했기 때문이다. 1960년대에 이르러서야 비로소 학자들이 다시 인간의 행복에 대해 연구하기 시작한 건 당연하다.

전후 복구가 대체로 끝나면서 사람들이 다시 안전함을 느끼고 물질적 풍요가 최고에 이른 1960년대와 1970년대에 행복 연구의 시대가 도

제1부 무엇이 인생을 결정하는가

래했다. 환경오염, 새로운 전쟁위기, 석유파동, 대량실업, 인플레이션, 사회변동 등의 새로운 문제들이 인류를 괴롭혔다. 경제학자가 유일하게 신뢰하는, 복지와 행복의 나침반인 국내총생산으로 이 모든 것을 측정할 수 있을까? 소비가 전부일 수는 없다. 행복, 만족, 삶의 질은 상품 및 서비스의 소비 그 이상이다.

삶의 질이라는 새로운 개념이 등장했다. 이 개념과 함께 삶의 만족과 행복에 관한 18~19세기 공리주의적 사고가 부활했다. 그러나 약간의 변화가 있었는데, 이 또한 윌리엄 페티William Petty 덕분이다.

페티의 아일랜드 조사 이후 통계학은 학문으로 자리 잡았고, 컴퓨터 덕분에 정보수집과 분석가능성이 폭발적으로 증가했다. 비록 당신이 현재 알고 있는 컴퓨터와 당시의 컴퓨터가 전혀 다르더라도, 어쨌든 당시의 컴퓨터는 공리주의자들이 꿈도 꾸지 못했던 것을 계산하고 조사할 수 있었다. 행복 측정이 한 발짝 더 다가왔다. 사회지표의 시대가 도래했다.

경제지표의 동생쯤 되는 사회지표 개념은 1966년 미국 예술과학아카데미가 처음 도입했다. 지표란 수위, 온도, 속도 같은 것들을 보여주는 수치다. 경제지표는, 국내총생산이라는 가장 중요한 지표에서 알 수 있듯이, 경제 상황을 보여주는 각종 정보다. 마찬가지로 사회지표는 한 사회의 상황을 반영하는 수치나 자료로서, 국민의 생활상을 그려낸다.

사회지표는 단순히 이론 차원이었고, 실질적인 활용은 불가능해 보였다. 사회학자, 사회심리학자, 정치학자, 경제학자, 정치가 등 여러 분야의 전문가들이 한 국가의 행복과 복지 상태를 보여주는 측정 가능한 지표를 찾고 있었다. 국민의 건강 상태를 알고 싶으면 기대수명, 간병 및 요양이 필요한 사람 수, 건강 관련 지출액 등의 자료를 조사하고 이 수치를 바탕으로 국민의 건강 상태를 가늠한다. 한 국가의 평등 수준이 궁금하면, 임금불평등 자료, 사회복지지출, 빈곤층 규모 등을 종합하여 결론을 내린다.

사회지표는 사회구성원에게 중요한 것과 그들에게 만족과 행복을 주는 것을 포괄해야 한다. 이를테면 건강, 직업, 환경, 소득, 교육, 노인부양 등이 여기에 포함된다. 사회지표가 담아내야 할 삶의 영역은 무수히 많고, 바로 이 점이 사회지표의 문제다. 사회지표로 해명해야 할 영역이 많다는 것은 그만큼 많은 사회지표가 계속 나와야 한다는 뜻이다. 숫자 더미에서 인간과 사회 상황을 읽어낼 수 있고, 그렇게 하고 싶은 사람이 몇이나 되겠는가?

초기의 뜨거웠던 열기는 금세 사그라들었다. 사회지표 역시 한 국가의 행복과 복지 상태를 보여주지 못했다. 너무 많은 영역의 너무 많은 사회지표는 나무 앞에서 행복이라는 숲을 보지 못하게 했다. 이런 상황에서 국내총생산의 장점이 두드러졌다. 이 개념은 이미 전 세계에 널리 퍼졌고 국제적 표준이 되었다. 게다가 단 하나의 수치로 표현된다. OECD(경제협력개발기구)가 2년마다 발표하는 6개 영역의 25개 지표 속에서 헤매고 싶은 사람이 어디 있겠는가? 그런 지표들을 읽으면 비록 지식은 조금 늘겠지만, 더 영리해지진 않는다.

제1부 무엇이 인생을 결정하는가

• 네덜란드 암스테르담 국립미술관 내 도서관. 고대부터 현대까지 인간이 쌓은 수많은 정보의 더미는 우리에게 무엇을 안겨주는가?

이미 정보는 차고 넘친다. 오히려 너무 많은 영역에 너무 많은 사회지표가 문제다. 숫자 더미에서 인간과 사회 상황을 읽어낼 수 있고, 그렇게 하고 싶은 사람이 몇이나 되겠는가? 늘 명심해야 한다. 숫자 더미에 파묻히면 행복이라는 숲을 보지 못하게 된다.

사회지표는 여전히 행복에서 멀리 떨어져 있었고, 이론 면에서도 경제학자는 행복과 거리를 두었다. 경제학자는 점점 더 형식에 치우쳤고, 모형, 공식, 자료배열에 치중했다. 경제학자가 만드는 복잡한 공식들은 이해하기도 어렵고 출판 가치도 없었다. 경제학은 형식주의에 빠진 학문으로 전락할 위험에 처했다. 그러나 1970년대 중반부터 상황이 바뀌기 시작했다. 심리학자가 경제학 문제에 관심을 두기 시작했고, 경제학자가 경제학 연구에 심리학을 접합시키기 시작했다. 행복이 경제학에 다시 돌아왔다.

삶의 질을 측정하는
혁명적인 방아쇠

행복의 귀환은 1976년 미국의 경제학자 티보르 스키토프스키Tibor Scitovsky가 쓴 『기쁨 없는 경제』라는 다소 도발적인 제목의 책과 함께 시작되었다. 티보르 스키토프스키는 이 책에서 행복은 상품의 구매, 소비, 사용, 소유 그 이상이라고 비판했다. 상품, 소비, 부는 측정할 수 있다. 하지만 행복은? 측정할 수 있을까? 경제학자들은 측정할 수 없다고 말한다. 경제학자들은 인간의 행동을 관찰할 때만 행복을 규정할 수 있다고 본다. 관찰된 행동을 통해 인간이 원하는 것을 추론할 수 있다는 것이다. 경제학자들은 이것을 '현시선호이론revealed preference theory'이

제1부 무엇이 인생을 결정하는가

라고 부르며, 이것을 기초로 이론을 구축했다.

이런 견해와 이론은 이미 1970년대에 끓어오르고 있었지만, 거대한 변화가 일어나기까지는 20여 년의 세월이 필요했다. 아무리 늦게 잡아도, 경제학자들의 최고 명예인 노벨경제학상을 심리학자 대니얼 카너먼Daniel Kahneman이 수상한 2002년에 이 이론이 공식화되었다.

카너먼의 연구는 몇몇 다른 경제학자와 심리학자의 연구 결과와 함께 경제학에서 작은 혁명과도 같았다. 심리학적 아이디어들이 경제학에 진입했기 때문이다. 행동경제학이 경제학의 새로운 분야로 자리 잡았다. 행복이 1990년대 이후 심리학을 경유하여 이제 경제학으로 다시 돌아왔다. 영국의 저명한 경제지인 《이코노미스트》도 2005년에 「경제학이 자신의 감정을 발견했다」는 제목의 특집을 다루기도 했다. 같은 해에 나온, 영국 경제학자 리처드 레이어드Lord Richard Layard의 책 『행복의 함정』도 매우 중요한 역할을 했다. 18세기와 19세기에 철학자와 경제학자가 처음 제시했던 주제가 다시 출발점에 섰다. 행복 연구가 경제학으로 귀환했다.

행복 측정의 진보가 이 혁명의 중대한 방아쇠였다. 연구자들이 인간의 머릿속을 들여다보기 시작했다. 드디어 행복을 측정할 수 있게 되었다!

08

당신의 인생을
숫자로 표현해보세요

기기 하나를 떠올려보자. 일정한 속도로 풀리는 종이 위에, 바늘이 물결 모양의 곡선을 그린다. 곡선은 이 기기를 착용한 사람의 행복을 측정한다. 이 사람이 얼마나 행복한지 혹은 얼마나 행복했는지 알고 싶으면 종이에 그려진 곡선을 보면 된다.

행복을 측정하는 기기는 '쾌락계량기'라 불렸고, 아일랜드 경제학자 프랜시스 에지워스Francis Edgeworth의 발상이었다. 사실 에지워스는 대부분의 경제학과 학생들에게 '공포의 에지워스 상자'로 더 유명한데, 이

상자를 이해하려면 경제학에 대한 깊은 애정과 관심이 있어야 한다. 그러나 행복 연구에서는 에지워스의 다른 기기, 그러니까 벤담도 이미 생각했던 쾌락계량기가 더 중요하다.

쾌락계량기는 착용자의 행복감을 계속해서 묻고 기록하는 행복 측정기다. 18세기와 19세기 공리주의자들은 행복이 측정 가능하다고 믿었기 때문에 이 기기는 행복 연구의 성배와도 같았다. 에지워스 역시 행복을 측정할 수 있다고 믿었다. 1870년 당시에 마침내 온도와 전기를 측정할 수 있게 되었다. 그러니 유용성, 만족 혹은 행복이라고 측정하지 못할 이유가 뭐란 말인가? 그러나 100년 이상이 지나서야 비로소 쾌락계량기 제작이 시작되었다. 드디어 놀라운 일이 벌어졌다. 행복을 과학적으로 측정한다!

행복 측정의 첫 번째 방법은 영상기법인데, 이른바 CT라 불리는 컴퓨터 단층촬영으로 인간의 두뇌 활동을 측정한다. 피험자를 기다란 통 안에 눕힌 뒤 뇌의 혈류를 측정하는 방법이다. 통 안에 누운 사람에게 예를 들어 거금의 당첨금 소식을 전하면, 이 기기는 피험자가 더 행복해졌다고 알려준다. 동시에 뇌의 특정 부위에서 혈류량이 늘어나는데, 이것을 측정할 수 있다.[34] 다시 말해, 뇌에서 행복을 시각화하고 측정한다. 당연한 논리적 귀결로, 두뇌 활동을 측정함으로써 언젠가는 행복도 측정할 수 있게 되리라.

10분마다 기분을
측정할 수 있다면

혈압계를 다는 게 더 간단할 수도 있겠다. 행복한 나라일수록 고혈압 문제가 적다는 연구 결과가 있다. 그렇다면 혈압계로 한 나라의 행복을 측정하거나 적어도 행복 연구의 결과를 이 변수로 재확인할 수 있지 않을까?[35]

경험표집법experience sampling method, ESM은 쾌락계량기와 거의 흡사하다. 피험자들은 일종의 휴대용 컴퓨터를 받고, 이 컴퓨터는 피험자에게 방금 무엇을 했고, 어디에 있으며, 누구를 만나는지, 그리고 지금 기분이 어떤지 등을 하루에 여러 번씩 묻는다. 예를 들어 꽉 막힌 도로에 갇혀있을 때 지금 무엇을 하고 있고 기분이 어떤지 컴퓨터가 물어본다면, 교통체증과 행복의 상관관계에 대한 신뢰할 만한 정보를 얻게 된다(둘이 어떤 관계인지 굳이 말하지 않아도 알리라).

비슷한 방법으로 일상재구성법Day Reconstruction Method이 있다. 피험자들이 일기를 쓴다. 하루 동안 있었던 개별 경험들을 세세하게 적고 그때의 기분과 감정의 강도를 기록해야 한다.

이게 다란 말인가? 개인의 행복을 기록하는 기기를 늘 가지고 다니는 기본 생각은 그럴듯하지만, 과연 누가 그렇게 할까? 그리고 이런 연구에 피험자로 자원할 사람이 있기나 할까? 온종일 기기를 들고 다니며 10분마다 자신의 기분을 설명하려면 상당히 수고스럽고 귀찮지 않

제1부 무엇이 인생을 결정하는가

을까?

그런데 그렇지 않은 모양이다. 수백만 명이 이런 기기를 가지고 다닌다. 그것도 매일. 그들은 이 기기를 손에서 놓지 못한다. 그리고 기기에 대고 계속해서 자신의 기분을 설명한다. 또한, 전 세계의 다른 사람들에게도 자신의 기분을 알린다. 2009년 6월 25일에도 그랬다.

140자로 증명한
역사상 가장 불행한 날

2009년 6월 25일 12시 26분, 로스앤젤레스 응급구조센터에 긴급 전화가 걸려왔다. 발신자는 심정지와 호흡정지 환자를 신고했다. 대단히 위급한 상황이었다. 몇 분 후 구급차가 홈비 힐스의 저택 앞에 도착했다. 당시 출동했던 구급대원이 나중에 진술하기를, 환자는 창백하고 영양실조 상태였다고 한다.

"처음에는 호스피스 환자인 줄 알았다." 3급대원은 보고서에 이렇게 기록했다. 보고서에 따르면, 집 안에 있던 한 사람이 자신을 주치의라고 소개했고, 환자의 수면을 돕기 위해 "로라제팜 극소량을 투약했다"고 말했다. 환자는 근처 UCLA 의료센터로 이송되었고, 의료진은 환자를 살리기 위해 애썼지만 소용없었다. 로스앤젤레스 시각으로 14시 26분. 팝의 황제 마이클 잭슨Michael Jackson이 사망했다는 뉴스가

나왔다.[36]

전 세계가 슬픔에 빠졌다. 수백만 명이 인터넷으로 몰려갔다. 사망 직후 구글에서 마이클 잭슨을 검색하면 에러 메시지가 나왔는데, 너무 많은 사람들이 한꺼번에 검색한 나머지 구글이 해커들의 공격으로 오해했기 때문이다. 사망에 대한 첫 번째 소문이 돌았을 때, 마이클 잭슨 관련 트윗이 급속히 증가하여 전체 트윗의 12퍼센트에 달했고 순식간에 22퍼센트를 넘어섰다. 대중문화 관련 트윗의 90퍼센트가 마이클 잭슨을 다뤘다.[37] 전 세계가 슬퍼했고, 트위터 계정이 있는 사람들은 그 슬픔을 전 세계와 나누었다.

팝 황제가 죽었을 때 팬들은 슬퍼했고, 슬픔을 트위터 내 140자로 요약해서 핸드폰에 입력한 후 전 세계에 알렸다. 마이클 잭슨이 죽었을 때 트위터 이용자 수백만 명이 이렇게 했다. 자신의 슬픔을 140자로 적어서 전 세계와 공유했다.

트위터 이용자들은 슬픔뿐 아니라 기쁨, 자랑, 흥분 등 모든 감정을 전 세계에 알린다. 버몬트대학의 피터 도즈Peter Dodds와 크리스 댄포스 Chris Danforth는 트위터에 잠재된 행복 연구의 가능성을 발견했다. 두 사람은 소셜미디어, 블로그, 트위터에서 '행복한' '슬픈' '대단한' '비열한' 등의 키워드를 면밀하게 조사하여 각 키워드에 행복 점수를 부여했다. 각각의 단어에 1점부터 9점까지 점수를 배당했다. 다량의 설문자료를 토대로, 예를 들어 '승리의 환호'에는 8.87점, '낙원'에는 8.72점, '팬케이크'에는 6.08점, '허영'에는 4.30점, '인질'에는 2.20점, '자살'에는 1.25점을

제1부 무엇이 인생을 결정하는가

배당했다.[38]

나머지는 산수문제다. 도즈와 댄포스는 매일 트위터에 등장하는 다양한 단어들을 세고, 등장 횟수에 행복 점수를 곱하여 모두 더했다. 이 값이 소셜미디어에 나타난 행복 수치다. 디지털세계의 공개 행복 일기를 모아 전달하는 홈페이지 헤도노미터 hedonometer.org에 올라와 있는 도즈와 댄포스의 결과는 놀랄 만하다.

지난 7년 동안 세상은 얼마나 행복했을까? 마이클 잭슨의 사망일은 아주 슬픈 날이었는데, 그날의 행복 수치는 9점 만점에 5.92점이었다. 이때보다 행복 수치가 더 낮은 사건이 있다. 미국 코네티컷주 샌디훅 초등학교의 총기 난사(5.88점), 2012년 보스턴 테러(5.88점), 2016년 댈러스 사건(5.87점). 트위터가 평가한 2016년 최악의 슬픈 사건은 올랜도 나이트클럽 총기 난사로, 행복 수치는 5.84점이었다. 2016년에 행복 수치가 5.87점으로 대단히 낮았던 날이 있는데, 바로 트럼프가 대통령으로 선출된 날이다. 이 수치는 2016년 7월 7일 경찰 다섯 명이 숨지고 아홉 명이 다친 텍사스주 댈러스 총기 난사 때와 비슷하다. 정치는 종종 사람들을 불행하게 한다.

2011년 5월 2일은 무려 최근 세계사에서 가장 불행했던 날이나 마찬가지였다. 포세이돈의 창이 높이 솟은 날!(오사마 빈 라덴 피살 작전명이 '포세이돈의 창 작전Operation Neptune Spear'이었다.)

숫자 만능주의가 부른
비극

　2011년 5월 2일, 군용 헬리콥터 네 대가 아프가니스탄 북부 잘랄라바드 미국 군사기지에서 이륙했다. 목적지는 파키스탄 이슬라마바드 근처 아보타바드. 기내에는 미국 엘리트 군인들과 폭발물을 탐지할 군견 한 마리가 탔다. 헬리콥터는 파키스탄의 레이더망을 피하기 위해 낮게 비행했다. 전해지기로 이 헬리콥터는 스텔스 장치가 있는 신형 헬리콥터였다. 두 대가 착륙했는데, 한 대는 파손되었다. 그러나 이 38분의 과정은 지금까지 명확히 밝혀지지 않았다. 헬리콥터에서 뛰어내린 군인 24명의 헬멧에 카메라가 부착되었는데도 말이다. 카메라가 찍은 사진들이 실시간으로 백악관 상황실로 전송되었고, 그곳에서 미국 대통령이 포세이돈의 창 작전의 진행 상황을 실시간으로 확인했다. 언젠가 "제로니모 EKIA"라는 함성이 들렸다. 제로니모는 이번 작전의 표적 이름이고, EKIA는 "Enemy killed in action(적이 살해되었다)"을 뜻한다. 세계가 찾던 오사마 빈 라덴이 살해되었다.[39]

　2011년 5월 2일 현지시각 11시 35분에 오바마 대통령이 기자회견장에서 국가의 주적 1호의 죽음을 알렸을 때, 트위터를 비롯한 소셜미디어들이 재빨리 이 소식을 전 세계에 퍼트렸다. 도즈와 댄포스의 트위터 쾌락계량기가 알린 이 날의 행복 수치는 5.93점이었다. 마이클 잭슨이 죽었을 때의 5.92점보다 아주 살짝 높다. 그리하여 오사마 빈 라덴

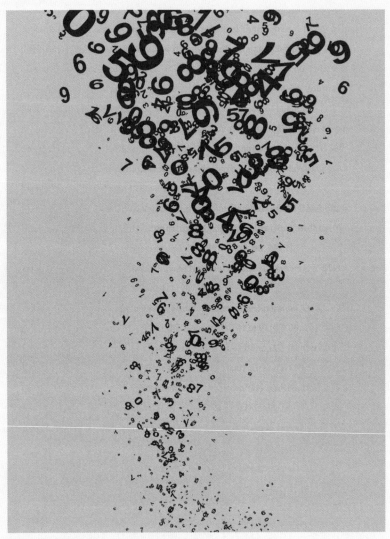

• 숫자의 소용돌이. 숫자는 이제 행복감과 만족감까지도 측정하려 한다.

마트의 가격표, 주유소의 기름값, 세금고지서, 집세, 혈압……. 우리의 일상은 숫자로 가득하다. 숫자에 파묻혀 질식할 지경이다. 숫자로 표현할 수 없는 것을 측정할 수 있는 새로운 수치를 만들려고 한다. 모든 것을 수치화 하는 시대. 숫자로 환산한 우리의 인생은 얼마일까?

의 사망일이 지난 7년 동안 가장 슬픈 날이 되었다.

이 분야 전문가가 아니더라도, 이런 결과에 담긴 문제를 쉽게 알아차릴 수 있다. 이날은 가장 슬픈 날이 아니다. 트위터에서 빈 라덴의 죽음을 그렇게 슬퍼한 게 아니다. 빈 라덴과 연관된 911테러 희생자를 떠올리고 슬퍼한 것이다. 911테러에 대한 기억이 2011년 5월 2일을 가장 슬픈 날로 만들었다. 주관적 행복을 측정하는 모든 방법의 문제가 바로 이것이다. 온갖 사건들이 행복 측정에 강한 영향을 끼치고, 그런 측정치는 곧 무용지물이 된다. 예를 들어 2010년 10월 24일에 미국 드라마 「로스트」 최종회가 방영되었을 때, 트위터 쾌락계량기는 트위터 이용자의 행복감 감소를 명확히 드러냈다. 6.03점으로 두 달 전에 발생한 칠레 지진 때보다 낮았다.

직접적으로 행복을 측정하는 이런 쾌락계량기의 문제는, 그것이 실제로 무엇을 측정하는지 정확히 알 수 없다는 점이다. 앞에서 살펴봤듯이 철학은 행복감과 충만한 삶, 헤도니아와 에우다이모니아, 순간적 쾌락과 장기적 만족을 구분한다. 그렇다면 우리가 지금까지 다뤘던 측정기들은 어떤 행복을 재는 것일까? 솔직하게 말하면, 대부분 그것을 알 수 없다.

그뿐이 아니다. 사람들 혹은 나라들의 행복을 서로 비교할 수 있을까? 어떤 백만장자가 주가 폭락으로 불쾌한 하루를 보냈다면, 이날 어떤 실업자가 축구팀을 응원했고 마침 그 팀이 승리했다면(혹은 패배했다면), 실업자의 행복감과 백만장자의 행복감을 비교할 수 있을까? 혹은

제1부 무엇이 인생을 결정하는가

독일 연금생활자의 행복감과 브라질 해변을 걷는 청년의 행복감을 비교할 수 있을까? 어떤 연금생활자의 현재 행복감과 나무에 올라 이웃을 약 올리던 그의 어린 시절 행복감을 비교할 수 있을까? 한마디로, 행복을 숫자로 표현할 수 있을까? 그리고 그것은 얼마나 위험할까?

인생을 뒤흔드는
위험한 숫자

행복, 삶의 만족도 그리고 인생에서 중요한 다른 수많은 것들이 측정이 안 된다. 숫자로 표현할 수 없기 때문이다. 그러나 우리의 일상은 숫자로 가득하다. 마트의 가격표, 주유소의 기름값, 세금고지서, 집세, 혈압……. 우리는 숫자에 파묻혀 거의 질식할 지경이다. 그리고 이제 행복감과 만족도까지도 측정하려 한다. 숫자로 표현할 수 없는 것을 측정할 수 있는 새로운 수치를 만들려 한다.

첫 번째 질문. 우리는 그런 수치가 필요한가? 어쩌면 우리의 행복감과 만족도를 생체인식 신분증에 기입하고 그것을 기준으로 평가하는 상상을 누군가 하고 있을지도 모른다. 보험회사, 의사, 마케팅전문가에게는 환상적인 아이디어다. 하지만 우리에게는 악몽이다. 두 번째 질문. 그게 가능할까? 지금까지 살펴본 것처럼 회의적이다.

그러나 다른 시각으로 볼 수도 있다. 신체적 수치를 측정하고 그것을 치료나 진단에 이용하기 시작하면서 의학은 커다란 진보를 이뤘다. 당연히 이 수치들은 신분증에 기록해서도 안 되고 제삼자가 함부로 봐서도 안 된다. 물론 다른 모든 수치와 마찬가지로 의학적 수치도 오남용될 수 있다. 그럼에도 널리 인정되듯이, 신체적 수치가 없으면 어떤 전문적인 의학적 치료도 불가능하다.

행복감과 만족도의 측정은 어떨까? 우선, 측정된 수치의 철저한 보안과 익명화가 보장되어야 한다. 그리고 정확히 밝혀진 목적에만 이용되어야 한다. 이것이 보장되었을 때, 두 번째 질문이 생긴다. 사람들의 차이가 반영된 믿을 만한 정보를 주는 유의미한 측정 방식이 과연 있을까?

쾌락계량기의 실현이 코앞까지 왔다. 그러나 모든 측정 방법이 결정적인 마지막 한 걸음을 내딛지 못하고 있다. 차라리 다른 방법이 더 나은 것처럼 보인다. 사람들에게 얼마나 행복한지 직접 물어보는 게 차라리 낫지 않을까? 그것을 알아보는 아주 간단한 질문이 있다. 당신은 어떻게 죽고 싶습니까?

09

인간을 읽는
가장 간단한 방법

당신은

어떻게 죽고 싶습니까?

사람들은 어떻게 죽고 싶을까? 전 독일 총리 헬무트 슈미트Helmut Schmidt는 '무사히' 죽고 싶었다. 시인 페터 륌코르프Peter Rühmkorf는 '축복 속에서 달콤하게', 배우 힐데가르트 크네프Hildegard Knef는 '죽고 싶지 않 았다'.

독일 대표 일간지 'FAZ(프랑크푸르트 알게마이네 차이퉁)'의 앙케이트 는 전통이 깊다. 19세기 파리 살롱에서 가장 인기 높았던 사교 놀이였 던 이 앙케이트에, 이제 일간지 주말판에서 유명인들이 온갖 질문에 대답한다. '당신의 취미는 무엇입니까? 당신이 좋아하는 화가, 작가, 작곡가는 누구입니까? 당신의 최대 실수는 무엇입니까? 당신이 꿈꾸는 행복은 무엇입니까? 당신이 생각하는 가장 큰 불행은 무엇입니까? 당신은 무엇이 되고 싶습니까?'

응답은 흥미롭고, 재밌고, 상투적이고, 시시했다. 1980년 이후의 설문지를 분석한 1998년 보도에 따르면, 대부분의 응답자가 취미로 독서와 스포츠를 적었고, 최고의 군사적 업적으로 '평화'를 꼽지 않았고, 가장 경멸하는 역사적 인물은 히틀러와 스탈린이고, 가장 갖고 싶은 재능은 노래와 음악이었다.[40]

어느 것이 진심이고 어느 것이 장난으로 지어낸 것인지, 그리고 단지 대중에게 좋은 인상을 남기려고 대답한 것인지 구분하기 어렵다. 좋아하는 작곡가가 한물간 스타 디터 볼렌Dieter Bohlen이라고 고백할 사람이 어디 있겠나. 바흐Bach라고 대답하며 뻐기고 싶지 않겠나.

FAZ 앙케이트는, 사회학에서 널리 사용하고 행복 연구에도 이용되는 설문법의 잠재력을 보여주지만, 또한 한계도 드러낸다. 앙케이트는 '얼마나 행복한지' 직접 묻는다. 당사자보다 더 잘 아는 사람이 어디 있겠나! 한 나라와 그 국민이 얼마나 행복한지를 알아보기 위해 설문지를 통해 직접 물어보는 방식은 정말이지 간단하지만, 정말 그렇게 간단한 문제인 걸까?

심리학자들은 조망이 가능한 수의 사람들에게 직접 묻고 그들의 대답을 분석했다. 당사자에게 묻지 않고 그 사람의 심리상태를 어떻게 알

제1부 무엇이 인생을 결정하는가

수 있겠나? 그런데 언젠가 질문이 생겼다. "소규모에서 통하는 방식이 대규모에서 통하지 말라는 법은 없잖아?"

지금 기분은
1입니까, 5입니까?

독일 일간지 FAZ 앙케이트를 거대한 양식으로 확대해 놓은 설문 조사가 있다. 세계가치관조사 wvs는 1981년부터 바야흐로 거의 100개 나라 국민에게 그들의 안녕을 묻는다. 설문지에는 250개 질문이 있고 인터뷰가 동반된다. 예를 들어 독일에서는 약 1,300명이 일정한 간격을 두고 이 설문지에 응답한다. 삶의 만족도를 묻는 결정적인 질문은 다음과 같다.

현재 당신의 인생에 얼마나 만족하십니까? '완전 불만족'이 1점, '완전 만족'이 10점이라면 당신의 인생 만족도에 몇 점을 주겠습니까?

이 질문 아래에 1에서 10까지 단계별로 배열된 카드가 제시된다. 1은 '완전히 불만족스럽다'를 뜻하고 10은 '완전히 만족한다'를 뜻한다. 이 질문은 대단히 단순하다. 그러나 장기간에 걸쳐 여러 나라에서 계속 반복적으로 질문된다는 사실과 합쳐지면, 이런 단순함이 오히려 기발해 보인다. 이 질문 외에 249개 질문이 가치관, 성별, 건강, 가족 관계, 자녀 수, 직장생활, 대략적인 소득수준 등을 묻는다. 250개 질문에는 행복감을 묻는 문항도 있다.

모든 걸 합쳤을 때 당신은 얼마나 행복하십니까?

① 매우 행복하다 ② 그럭저럭 행복하다 ③ 아주 행복하진 않다 ④ 전혀 행복하지 않다

행복감과 삶의 만족도를 묻는 두 질문은, 앞에서 이미 다뤘던 헤도니아와 에우다이모니아, 순간적인 행복감과 충만한 삶에 관한 철학의 메아리다. 2,000년이 더 지났지만 우리는 여전히 똑같은 견해를 갖고 있다.[41] 전반적인 삶의 만족 이외에, 설문지는 더욱 세밀하게 묻는다. '건강에 얼마나 만족하는가? 가계재정상태에 얼마나 만족하는가?' 이것을 영역만족도라고 부른다. 세계가치관조사의 질문들은 여타 설문지의 안내판 구실을 한다.

행복감을 먼저 물으면, 이어서 무엇이 그들을 행복하게 하는지 정할 수 있다. 이를테면 높은 소득에 자주 표시하면, 그들을 행복하게 하는 요소가 높은 소득이라는 뜻이 된다. 그렇지 않은가? 이것이 행복공식을 세울 수 있는 열쇠일까?

　　　　　　　　　　　　　　제1부　무엇이 인생을 결정하는가

경제학자들이 오랫동안
부정해 온 질문

모든 것이 간단하고 쉬워 보인다. 어쩌면 너무 간단하고 너무 쉬워 보인다. 설문방법을 반박할 만한 근거들이 많이 있지만 이미 오래전부터 설문조사는 이렇게 진행돼왔다.

그런데 대답을 그대로 믿어도 될까? 간단한 질문으로 한 나라 전체의 만족도를 결정할 수 있다고 정말로 확신할 수 있을까? 무엇이 인간을 행복하게 하고 충만하게 하는지 대답에서 걸러낼 수 있을까?

설령 이런 것들이 가능하더라도, 행복에 대한 대답과 다른 측정치를 합치는 단계에서, 무엇이 행복하게 하는지 특정할 수 있을까? 만약 부유한 사람들이 주로 행복하다고 대답했다면, 돈이 행복하게 한다는 뜻일까? 이런 질문들에 경제학자의 대답은 오랫동안 명확하게 '아니오'였다. 반면 심리학자들은 약간 머뭇거리며 '그렇다'고 대답했다.

경제학자는 왜 '아니오'라고 했을까? 경제학 관점에서 중요한 지점 하나. 설문지 응답에는 아무런 비용이 들지 않는다. 설문지에는 비용과 수고를 들이지 않고 혹은 결과를 책임질 필요 없이 순간적인 기분에 따라 맘대로 대답할 수 있다. 경제학자들은 매력적인 자극을 중시하는데, 그들이 보기에 설문지에는 자신의 '진짜' 행복감을 신중하게 잘 생각해서 대답할 만큼 매력적인 자극이 없다. 매력적 자극의 결여는 다른 효력을 낼 수 있다. 이를테면 대답이 암시적 질문에 쉽게 조작될 수 있다.

혹은 설문지에 담지 않았거나 담을 수 없는 외적 요소에 대답이 좌우될 수 있다.

가령 설문에 응답하는 가정에 방금 아기가 태어났다고 해보자. 아기는 분명 행복 문항에 영향을 미칠 것이다. 엄격히 따지면 거의 모든 것이 영향을 미친다. 어젯밤 기분, 축구경기결과, 심지어 날씨도 응답에 영향을 줄 수 있다.

그러나 이런 영향을 차단하는 통계적 기술과 방법이 있다. 바야흐로 연구자들은 행복감과 만족도 측정이 충분히 신뢰할 만하고 안정적임을 입증해 보일 수 있다.

그럼에도 또 다른 문제가 있다. 당신이 북극으로 여행을 갔다고 상상해보라. 당신에게는 일반적인 온도계 대신에 '극단적으로 춥다'를 1로, '극단적으로 따뜻하다'를 10으로 나타내는 눈금자가 주어졌다. 당신은 북극에서 체감 기온을 눈금자에 표시할 수 있을 것이다. 그러나 다음 행선지로 이탈리아 남부로 여행을 갔다고 해보자. 그러면 눈금자에 표시하기가 어려워진다. 북극보다 확연히 더 따뜻하기 때문이다. 북극에서 등록한 숫자와 비교할 만한 숫자를 10까지 밖에 없는 눈금자에서 찾아낼 수 있을까? 정말로?

보통 온도계라면 문제없다. 절대적인 기온 차이를 이른바 표준수치로 직접 측정할 수 있기 때문이다. 0도와 10도 혹은 20도 사이의 간격이 명확한 의미를 갖는다. 20도는 10도보다 두 배로 따뜻하다. 그러나 행복 측정을 위한 눈금자에서는 그렇지가 않다. 1과 5의 차이는 단지

제1부 무엇이 인생을 결정하는가

'~보다 크다'로만 이해될 수 있다. 만족도에 5점을 준 사람이 1점을 준 사람보다 다섯 배가 행복하다고 말할 수 없다.

그렇기 때문에 지역과 국가의 행복을 비교하는 것은 매우 까다로운 일이다. 순위로만 표시할 수 있는 행복과 만족 수치를 마치 표준수치인 양 5점으로 대답한 사람은 복을 타고난 사람이고 1점으로 대답한 사람보다 실제로 다섯 배가 행복한 것처럼 이해한다면, 물론 비교가 쉬워질 터이다. 그러나 그것은 확실히 문제가 많은 방법이다. 그런데 연구자들이 그렇게 했다.

마음을 측정하는
명확한 한계

온도계에는 한계가 없다. 하지만 행복 측정기에는 한계가 있다. 행복 연구의 눈금자는 1에서 10(삶의 만족도) 혹은 1에서 4 또는 5(행복)로 한계가 정해져 있다. 만약 오늘 너무 행복해서 최고점 4를 주었는데, 내일 더 행복해지면 어떻게 해야 할까? 더는 측정할 수 없는 막다른 골목이 아닌가!

해결책이 있을까? 행복 연구의 선구자인 사회학자 루트 벤호벤Ruut Veenhoven이 1996년에 '행복수명 Happy Life Years'이라는 새로운 지수를 제안했다. 행복수명지수는 한 나라의 평균 기대수명에 삶의 만족도를 곱

- 무엇이 인간을 행복하게 하고 충만하게 하는지 질문과 대답으로 걸러낼 수 있을까?

행복에 대한 대답과 다른 측정치를 합치는 단계에서, 무엇이 행복하게 하는지 특정할 수 있을까? 만약 부유한 사람들이 주로 행복하다고 대답했다면, 돈이 행복하게 한다는 뜻일까? 이런 질문들에 경제학자의 대답은 오랫동안 명확하게 '아니오'였다. 반면 심리학자들은 약간 머뭇거리며 '그렇다'고 대답했다.

해서 얻는다. 예를 들어 어떤 나라의 평균 기대수명이 70세이고 삶의 만족도가 5라면, 행복수명 지수는 35다(수명으로 이해할 수 있도록 삶의 만족도 5를 10으로 나눈 다음 곱했다). 다시 말해 이 나라의 국민들은 평균적으로 35년을 행복하게 산다. 이제 이 수치를 다른 나라들과 비교할 수 있다.

이걸로 끝일까? 그렇지 않다. 비록 여러 나라의 행복수명을 비교할 수 있지만, 소득수준이 서로 다른 나라들을 어떻게 해야 할까? 행복수명을 이해했다면, 당신은 이 문제의 해결책도 금세 알아차렸으리라. 행복소득 지수Happy Income Index를 비교하면 된다. 평균 기대수명 대신에 1인당 국민소득을 삶의 만족도에 곱한다. 앞의 사례처럼 삶의 만족도가 5이고 1인당 국민소득이 4만 유로라면, 행복소득 지수는 2만 유로가 된다(소득으로 이해할 수 있도록 역시 삶의 만족도 5를 10으로 나눈 다음 곱했다). 다시 말해 이 나라의 행복은 국민소득 2만 유로의 가치가 있다. 이제 우리는 소득수준이 다른 여러 나라를 비교할 수 있다. 그리고 행복 연구의 다른 질문에도 답할 수 있다. 이를테면, 행복소득과 행복수명 사이에 관련이 있을까?

행복 연구에 설문방법을 쓸 수 있다. 그러나 지표에서 너무 많은 것을 읽어내려 해선 안 된다. 또한, 국민총생산이나 사회지표 같은 객관적인 지표가 없으면, 행복 연구 역시 멀리 가지 못한다.

그럼 이제 어떻게 해야 할까? 어렵게 알아낸 행복감과 만족도로 무엇을 할까? 일단 커피를 한 잔 마시자.

10

당신의 불행은
얼마짜리입니까?

커피 한 잔이 스텔라 리벡Stella Liebeck을 유명인으로 만들었다. 더 정확히 말하면 세상을 놀래킨 뜨거운 커피 한 잔이! 1992년 당시 79세였던 스텔라 리벡은 맥도널드에서 '그' 커피를 샀다. 커피를 마시고 갈 시간이 없어 차 안에서 커피를 받았다. 그녀는 커피를 받아 무릎 사이에 끼웠고, 운전석에 앉은 손자가 서둘러 출발했다. 그 바람에 스텔라 리벡은 소송 역사에 이름을 남겼다. 무릎에 끼웠던 커피가 흘러넘쳤고 그녀는 다리에 화상을 입었다. 스텔라 리벡은 맥도널드를 상대로 소송을 냈고 이겼다. 뉴멕시코법원은 맥도널드에 290만 달러(약 31억 원) 배상을 선고했다.

흘러넘친 뜨거운 커피에 대한 290만 달러 배상은, 지금까지 미국에서 있었던 우스울 정도로 사소한 피해에 거액의 배상이 선고된 소송 사례 중에서 가장 기이하고 유명하다. 그녀의 이름은 상 이름에도 쓰였다. 배상금을 받기 위한 기이하고 우스꽝스러운 소송에 주는 이른바 '스텔라 리벡 상'이 2007년까지 있었다. 어떤 소송들이 이 상을 받았을까?

워싱턴에 사는 판사 로이 피어슨은 빨래건조기가 그의 바지를 먹어버렸을 때 법정으로 달려가 배상금으로 650만 달러(약 70억 원)를 요구했다. 마시 메클러는 마트 앞에서 다람쥐의 공격을 받았고 위험한 다람쥐에 대해 미리 경고하지 않은 마트에 5만 달러(약 5,400만 원)를 요구했다. 메디슨카운티에 사는 메리 우바우디는 자동차회사 마쓰다를 고발했다. 마쓰다가 안전띠 사용설명서를 주지 않았기 때문에 사고를 당했다고 주장했다.[42]

하나 같이 황당한 이야기들이다. 하지만 여기에 중요한 핵심이 있다. 불운을 어떻게 배상해야 할까? 어떤 사람이 교통사고로 심하게 다쳐서 다시는 일할 수 없게 되었다고 가정해보자. 그러면 법원은 사고 책임자가 이 사람에게 얼마를 배상해야 할지 정해야 한다. 이제는 숫자를 거론할 수밖에 없다. 그리고 이 숫자 뒤에는 화폐단위가 붙어야 한다. 불행을 법적으로 배상받으려면 불행에 가격표를 달아야 한다.

너무 속물처럼 들리는가? 물질적 피해든 비물질적 피해든 불행을 어떻게 돈으로 환산한단 말인가! 그러나 때때로 우리는 그렇게 할 수밖에 없다. 당연히 돈으로 배상한다고 피해가 사라지는 건 아니다. 원래 상태로 돌아갈 수 없다. 여기서 중요한 핵심은 단지 피해자에게 합당한 배상을 하는 일이다. 그리고 이제 질문이 생긴다. 얼마가 합당한 배상액일까?

합당한 배상액을 정하려면 피해자의 기분을 사고 이전처럼 다시 좋게 하는 데 얼마가 필요한지를 정확히 따져야 한다. 스텔라 리벡이 펄펄 끓는 커피를 다리에 쏟기 직전처럼 다시 행복해지려면 얼마가 필요할까? 경제학에서는 이것을 '변상적 소득변동'이라 부른다. 비록 피해자의 건강상태를 원래대로 돌려놓지는 못하지만, 그 대신 삶의 만족도만큼은 사고 이전 수준에 도달하도록 소득변동으로 '변상하는' 것이다.

이것이 행복 연구와 무슨 상관일까? 아주 많다. 변상적 소득변동은, 삶의 만족도에 영향을 미치는 사건들에 가격표를 붙일 수 있게 한다. 가격은 어떻게 정해질까?

건강과 연소득의
기이한 관계를 풀다!

영국 경제학자 앤드류 클락_{Andrew Clark}과 앤드류 오스왈드_{Andrew}

Oswald, 그리고 네덜란드 경제학자 베르나르트 반 프라크Bernard van Praag 는 각자 변상액 정산법을 개발했다.[43] 정산의 출발은 막대한 양의 자료 다. 먼저 한 국가 내에서 삶의 만족도를 설문한다. 설문은 삶의 만족도 에 영향을 미치는 소득, 식구 수, 나이, 건강 상태 같은 일련의 객관적 지표들에 좌우된다.

이 모든 자료를 모았으면, 소득을 비롯한 모든 객관적 요소와 삶의 만족도 사이의 통계적 연관성을 조사한다. 가령 소득이 100유로 오르 면 삶의 만족도가 얼마나 오르는지 계산하고, 그다음 건강이 한 단계 나빠지면 삶의 만족도가 얼마나 내려가는지를 계산한다. 이제 100유 로 소득 향상이 삶의 만족도를 얼마나 높이는지 알기 때문에, 건강의 악화에도 불구하고 삶의 만족도를 그대로 유지하려면 소득을 얼마나 높여야 하는지 계산할 수 있다. 그것이 변상적 소득변동이다.

그래서? 소득을 얼마나 높여야 할까? 예를 들어 영국에서 건강이 '아주 좋다'에서 '좋다'로 한 단계 낮아진 상태에서 삶의 만족도를 그대 로 유지하려면 연소득이 1만 2,000파운드(약 1,800만 원) 더 높아져야 한다.[44]

다시 말해서 건강이 '아주 좋다'에서 '좋다'로 한 단계 나빠지는 불 행의 가격은 영국의 경우 연소득 1만 2,000파운드다. '아주 좋다'에서 '그렇게 좋은 건 아니다'로 두 단계 나빠지는 가격은 4만 1,000파운드 (약 6,000만 원)다. 이것만 보더라도 건강이 얼마나 소중한지 알 수 있다!

695438 134658

불행을 법적으로 배상받으려면 불행에 가격표를 달아야 한다. 끓는 커피를 다리에 쏟기 직전처럼 행복해지려면 얼마가 필요할까? 상사에게 폭언을 듣기 전처럼 행복해지는 비용은 얼마일까? 병원의 오판으로 건강이 악화된 사람이 행복해지는 데는 얼마가 들까? 당신이 불행하게 보낸 하루의 가격은 얼마일까?

　영역별 만족도를 토대로 행복을 돈으로 환산하는 방법도 있다. 예를 들어 질병이 건강만족도를 얼마나 낮추는지 살핀다. 건강만족도가 떨어지면 삶의 만족도도 떨어진다. 삶의 만족도가 떨어지면, 이것을 다시 원래대로 돌려놓기 위해 건강만족도를 높이려면 소득을 얼마나 올려야 하는지 계산할 수 있다.

　이런 방식으로 삶의 만족도 하락을 비용으로 환산할 수 있다. 예를 들어 당뇨의 '비용'은 서독 노동자 평균 급여의 59.3퍼센트에 해당한다. 만성 기관지질환의 '비용'은 평균 급여의 30.1퍼센트에 달한다.[45]

　삶의 만족도에 미치는 모든 요소가 이런 식으로 돈으로 환산할 수 있다. 영국에서 실업의 '비용'은 2만 3,000파운드(약 3,400만 원)이고, 결혼이 주는 행복의 크기는 6,000파운드(약 900만 원)를 벌 때와 똑같다.

　아주 정확하고 과학적으로 들리지 않는가? 혹여 당신의 결혼은 1,000만 원이 채 안 된다고 말하고 싶은가? 당연히 그럴 수 있다. 숫자는 모든 응답자의 평균치에 불과하기 때문이다. 개개인에게 이런 수치들은 기본적으로 만족스럽지 않을 것이다. 평균 수심이 5센티미터인 냇물에서도 익사할 수 있는 법이니까.

　이런 평균값으로 무엇을 할 수 있을까? 거의 모든 통계와 마찬가지로 이것 역시 다른 평균값과 비교되어 국민 전체에 대해 뭔가를 말해

준다. 절대가치는 별로 중요하지 않다. 더 중요한 것은 비교 가능성이다. 예를 들어 건강 악화의 행복비용이 실업의 행복비용보다 확연히 높다는 걸 앞에서 확인했다. 그리고 이런 수치들을 토대로, 예를 들어 건강이 직장생활보다 1.8배 더 중요하다고 해석할 수 있다. 건강 악화로 인한 막대한 비용은 4만 1,000파운드(약 6,000만 원)이고 실업의 비용은 2만 3,000파운드(약 3,400만 원)이기 때문이다. 우리는 이제 행복요소와 그것의 비용을 더 잘 비교할 수 있다.

또한 이 수치들을 통해 우리는 삶의 결정적인 사건들이 행복의 상승과 하락에 막대한 영향을 미친다는 것을 알 수 있다. 어떤 사건들은 그것과 연결된 소득하락이나 상승을 훨씬 뛰어넘을 만큼 행복에 영향을 미친다. 우리는 돈으로 환산하여 비교하는 데 아주 익숙하다. 그러므로 특정 사건이 삶에 미치는 중요성을 명확히 하는 데도 돈으로 환산하는 것이 도움이 된다.

돈으로 환산한 자료들은 우리에게 또 다른 가르침을 준다. 행복과 관련된 일을 돈으로 환산함으로써 그것을 소득, 옷, 술, 휴대전화 요금 등과 비교할 수 있다. 예를 들어 건강 악화에 4만 1,000파운드가 든다면 헬스클럽 비용이 달리 보인다. 물론 신형 스포츠카에 들어가는 비용도 달리 보인다. 이런 방식으로 우리는 자신이 종종 엉뚱한 일에 집중하고 있음을 깨닫게 된다.

어떻게
불확실한 세상을
헤쳐 나갈 것인가

인생이 주는 혜택을
제대로 누리는 법

개별 인간은
상처를 아주 쉽게 받는
나약한 존재다.
어떻게 우리는 나약함을 지탱하며
살아가야 하는가.

:
:
:

고된 현실에서
위기를 견디게 하는 힘은
어디에서 나오는 걸까?

우리는 왜 불행할까? 무엇이 우리를 행복하게 할까? 과학자들은
다양한 행복 요소를 실험하고 조사하고 연구하여, 무엇이 우리
를 행복하게 하고 불행이 어떻게 집안으로 들어오는지, 어떻게 우
리의 일상을 침범하는지 보여준다. 제2부에서 당신은 행복하기
위해 무엇을 해야 하고 무엇을 하지 말아야 하는지 배우게 될 것
이다.

01

풍요롭기 때문에
분주한 사람들

그의 재산이 실제로 얼마인지는 논란이 많다. 1,300경京, 5해垓, 9자秄, 5양穰, 29구溝, 50극極(이것을 숫자로 표현하면 0이 무지막지하게 많이 붙는다. 50,000,000,000,000,000,000,000,000,000,000,000,000,000,000,000,000) 혹은 7만 2,000세제곱미터 크기의 금고를 가득 채울 만큼 많다. 정확한 액수로 표현할 수 없을 만큼 많다. 오리 세계의 인터넷백과사전 '더키피디아'는 세계에서 가장 부유한 오리의 재산 변동 상황을 정밀하게 알려준다. 그러나 한 가지 질문에는 답을 주지 않는다.

세계에서 가장 부유한 오리는 행복할까?

돈이 많다고 무조건 행복한 건 아니라고 사람들은 말하지만, 부자 오리를 그린 만화가는 돈과 주식도 행복 요소에 속한다고 기꺼이 덧붙인다. 물론 지성인들은 돈을 모든 재앙의 뿌리로 여기고, 돈을 경멸하는 것이 최고의 자세라고 생각하지만 말이다. 콜롬보 형사를 연기했던 명배우 피터 포크Peter Falk는 "돈이 많다고 무조건 불행한 건 아니다"라고 말한다. 어쩐지 이 말이 더욱 그럴듯하게 들린다.

정치는 끊임없이 돈을 두고 다툰다. 부부와 연인도 마찬가지다. 돈이 너무 없어도 불행하다. 이미 수없이 입증된 사실이다. 그렇다면 역으로 돈이 많으면, 그러니까 어마어마하게 많으면, 가령 50극이면, 행복해야 마땅하다. 그렇지 않은가?

돈은 거의 신비한 요물처럼 묘사되기도 하는데 적어도 부분적으로는 실제로도 그렇다. 예를 들어 돈은 신체적 통증을 완화할 수 있다. 방금 돈다발을 센 사람은 뜨거운 물에 손을 담가도 통증을 덜 느낀다. 반면에 돈다발이 아니라 종이다발을 센 사람은 통증을 더 많이 느낀다. 뿐만 아니라 돈은 극단적인 마음 상태까지 완화시킨다. 또 다른 실험은, 돈이 버림받은 기분을 이겨낼 수 있게 하고 더 나아가 죽음의 공포도 줄여준다는 것을 보여준다. 돈은 거의 마약과 같다.[1]

그러나 돈에는 어두운 면도 있다.[2] 돈은 인간을 이기적으로 만든다. 돈이 많을수록 다른 사람과 나눌 마음이 줄고, 남을 속이는 경향이 있으며, 경제적인 면에서만큼은 자신이 강하다고 느낀다. 돈을 중시하는 사람은 자선사업에 기부하는 일이 거의 없고, 돈에 관심이 없는 사람들보다 남을 돕는 일에 신경을 덜 쓴다. 우리는 주위 사람과 돈을 나눠 갖지 않는다. 하지만 초콜릿은 흔쾌히 나눠 먹는다. 실제로 돈은 지불수단 그 이상이다. 돈이 모든 걸 할 수 있다면, 행복도 주지 않을까?[3] 가령 복권에 당첨되면? 당사자에게 직접 물어보자.

거액의 돈이 안내한
지옥의 길

뉴저지에 사는 에블린 아담스는 복권에 두 번이나 당첨되어 총 540만 달러(약 58억 원)를 받았다. 그러나 그녀는 행복해지지 않았다. 그녀는 카지노에서 재산을 탕진하고 투자에 수없이 실패하며 그야말로 돈을 허공에 날려 버렸다. 그녀는 캠핑카 주차장에서 가난한 생을 마감했다. 3,530만 달러(약 382억 원) 잭팟을 터트린 조나단 바르가스는 반라의 여자들이 뒤엉켜 싸우는 여자레슬링에 투자했고 실패했다. 10대에 복권에 당첨된 칼리 로저스가 받은 190만 파운드(약 27억 원)는 그녀를 성형수술, 마약, 파티 그리고 세 번의 사살시도로 안내했다. 오늘날 그녀는 돈이 저주였다고 말한다. 자! 돈이 행복을 줄까?[4]

복권당첨자와 보통 사람 그리고 사고로 하반신마비가 된 사람을 비교하는 실험이 있었다. 결과는 놀라웠다. 복권당첨자는 보통 사람들보

　제2부 어떻게 불확실한 세상을 헤쳐 나갈 것인가

다 더 행복해지지 않았다. 보통 사람과 복권당첨자는 사고로 중증 장애인이 된 사람보다 아주 조금만 더 행복했다.[5] 게다가 1,000파운드에서 12만 파운드를 복권당첨금으로 받은 사람은 당첨 후 2년이 지났을 때도 소액 당첨자나 보통 사람들보다 정신적 스트레스를 확실히 덜 받는다는 실험결과도 있다.[6] 행복에 최적인 당첨금 액수가 따로 있어서, 무지막지하게 많은 당첨금이 오히려 불행하게 하는 걸까?

거액의 당첨금이 장기적으로 불행하게 한다고 가정해보자. 갑작스러운 돈복이 어떻게 불행을 가져올까? 인간은 말 그대로 이를 악물고 번 월급보다 복권당첨금을 쉽게 흥청망청 쓰는 경향이 있다. 복권당첨자는 앞으로 뭘 할지 아무런 계획도 없이 무턱대고 직장을 그만두고, 쓰고 싶은 대로 흥청망청 돈을 쓴다. 자동차, 집, 보석, 요트, 거기다 거액의 당첨금은 모험적 투자를 권하거나 당첨자의 돈을 빼먹으려는 수많은 친구와 조언자들을 끌어당긴다. 하지만 적당히 많은 당첨금은 스트레스를 줄여준다. 인생을 극적으로 바꾸기에는 적은 돈이지만 보다 안정적으로 삶을 꾸릴 수는 있다.

거액이 행복을 주지 않는다면 재산을 줄이면 될 텐데 왜 그렇게 하지 않는 걸까? 재산을 줄인다고 행복이 줄어들진 않을 텐데 말이다. 안 그런가? 기내에서 소변을 본 배우이자 소신 있는 공산주의자에게 물어보자.

공 짜 연 구,
공 짜 공 약 은 없 다

"아버지는 공산주의자였고, 모스크바 라디오방송을 즐겨 들었죠. 그것이 내 문화적 배경이 되었고요." 이런 문화적 배경에 자유로운 소변권도 있었나 보다. 프랑스의 전설적 배우 제라르 드파르디외Gerard Depardieu는 승객으로 가득한 기내에서 소변을 보고 이런 구호를 외쳤다. "나는 소변을 보고 싶다! 나는 소변을 보고 싶다!" 그는 정말이지 유쾌한 사람이다. 그의 세 번째 구호는 이랬다. "나는 부자세를 내고 싶지 않다! 나는 부자세를 내고 싶지 않다!"

공산주의자의 아들이라는 점을 고려하면 흥미로운 가치관이라는 생각이 들겠지만, 공산주의와 무관하게 자란 사람이라면 충분히 이해할 수 있으리라. 프랑스 전 대통령 올랑드François Hollande가 자신을 뽑아준 유권자들에게 약속했던 부자세대로라면, 모든 백만장자는 세금을 75퍼센트씩 내야 한다. 드파르디외가 세금을 낮춰줄 새 고향을 찾던 중에 추억 속의 러시아를 발견하고 푸틴Vladimir Putin으로부터 러시아 시민권을 받은 것은 당연해 보인다. 수많은 프랑스 유명인들이 드파르디외의 뒤를 따랐고, 프랑스 사람들에게 '레드카펫을 깔아주겠다던' 영국전 수상 캐머런David Cameron의 손짓은 별 성과를 거두지 못했다.[7]

올랑드는 부자들을 무엇보다 선거전략으로 압박했다. 그러나 그것은 결국 제 발등을 찍는 도끼였다. 부자세는 2년 뒤에 조용히 사라졌다.

그러나 부자세를 지지하는 사람들은 그런 세금의 정당성을 주장하기 위해 행복경제학을 제시하고 그것을 최초로 발견한 리처드 이스털린 Richard Easterlin의 이름을 딴 이른바 '이스털린 역설'을 제시한다.[8]

이스털린 역설을 간단히 설명하면 이렇다. 연구에 따르면, 1인당 소득이 지난 50년간 모든 국가에서 명확히 높아졌음에도 서구 산업국가의 평균 행복 수준은 크게 변하지 않았다. 많아지는 소득에 비례해서 행복의 크기도 커질 거라는 전통 경제학의 한계를 심리적·사회적 요인이 포함된 분석으로 보완해 제시하려 했다. 이스털린의 역설은 한마디로 '돈이 행복하게 하는 건 아니다'는 것이다.

이 연구가 맞으면, 부자세 정책안은 타당하다. 특정 수준의 소득부터는 거액의 세금을 징수하거나 수준 이상의 소득을 모두 몰수해도 부자들의 행복은 줄지 않는다. 그뿐이 아니다. 경제성장 목표도 낮출 수 있다. 특정 수준부터는 소득증가가 행복을 늘리지 않기 때문이다. 더 행복해지지도 않는데 군이 부자가 될 이유가 뭐란 말인가. 그렇게 보면 75퍼센트 부자세는 오히려 부적합하다. 100퍼센트로 올려야 한다.

이렇듯 행복 연구 뒤에는 공격적인 정책제안이 있을 수 있으므로 더 깊고 치밀하게 연구해야 한다. 이런 정책이 어떤 결과를 낳을지 잠시만 생각하면 금세 의심이 든다. 특정 소득부터 모두 몰수된다면 어떻게 될까? 사람들이 더 행복해질까? 절대 그렇지 않다. 그렇다면 사람들이 불행해질까? 직관적으로 추측하건대 틀림없이 그럴 것이다. 그렇다면 이스털린 역설은 어떻게 되는 건가?

02

행복 측정계의
상한선은 어디인가?

소득의

한계 효용체감 법칙

이스털린 역설이 주장만큼 타당하진 않은 것 같다. 최신 연구들은 소득과 만족감이 무관하다는 주장을 의심한다. 예를 들어 130개국을 망라하는 연구에서 소득과 삶의 만족도 사이의 명확한 관련성을 입증하고 있고, 몇몇 다른 연구들도 이런 결과를 재확인한다.[9] 어떤 연구들은 이스털린 역설에 사용된 자료의 질을 비판한다.[10] 2010년의 한 연구에 따르면 행복감과 무관한 소득증가는 없다. 삶의 만족도에 영향을 미치지 않는 특정 수치의 국내총생산은 없다. 다만 소득이 증가할수록

제2부 어떻게 불확실한 세상을 헤쳐 나갈 것인가

만족도의 증가 폭이 감소하는데, 이것은 소득의 한계효용체감의 법칙이라는 전통적 견해와 일치한다.[11] 돈이 많을수록 만족감의 증가 폭은 줄지만, 그것이 불행을 의미하진 않는다.

다른 통계자료를 보면 이스털린 역설의 실증적 기반이 흔들린다. 예를 들어 1971년과 1995년 사이에 미국의 범죄율이 극적으로 증가했다가 그 후 다시 극적으로 낮아졌다. 이 기간에 미국인의 행복감에는 큰 변화가 없었다.[12] 이스털린 역설의 논리대로라면 이 현상은 범죄율과 행복감이 무관하다는 반증이어야 마땅하다. 정말 그럴까? 그렇지 않다.

(우리가 이미 살펴봤던 것처럼) 소득의 상한선은 없는데, 행복감을 측정하는 눈금자에는 상한선이 있다는 점에서 이스털린 역설이 등장하게 된 중대한 이유를 찾을 수 있다. 간단히 말해서 다음과 같은 일이 생길 수 있다. 1974년에 당신은 1부터 5까지의 눈금자에서 당신의 행복을 표시할 때 5점을 주었다. 20년 뒤에 당신의 소득은 명확히 늘고 20년 전보다 더 잘 산다. 이때 당신에게 다시 얼마만큼 행복한지 묻는다.

그러나 눈금자가 여전히 5가 최대 수치라면, 이제 당신의 행복 수준을 어떻게 표현해야 한단 말인가! 비록 당신이 더 행복하게 잘 살더라도, 눈금자에서는 20년 전과 똑같은 수준으로 행복하게 된다. 설령 20년 전에 당신이 만점짜리 행복은 있을 수 없다고 생각했기 때문에 4점을 주었더라도 문제는 여전하다. 당신은 과연 20년 뒤에 5점을 줄 수 있을까?

소득에는 상한선이 없는데, 설문에 응답하는 사람들이 행복감을 표현하는 숫자에는 상한선이 있다. 이 둘의 조합에서 이스털린 역설이 나올 수 있다. 또한 전체 주민이 아니라 개인을 본다면, 이스털린 역설은 바람과 함께 사라진다.

슬퍼서 가난하고,
가난해서 슬픈 사람들

그렇다면 역시 소득이 높으면 더 행복하다는 걸까? 확실히 그런 것 같다. 한 국가 내에서 특정 시점까지 소득과 함께 삶의 만족도가 오르는 것을 보면, 기본적으로 부자가 더 만족하며 산다는 결론에 도달할 수밖에 없다. 어느 정도까지는 돈이 역시 행복에 도움이 되고 슬픔도 줄인다.

물론 행복은 슬프지 않은 것 이상이고, 슬프지 않다고 행복한 것도 아니다. 그럼에도 슬프지 않으면 행복에 도움이 된다. 그리고 돈이 슬픔을 줄인다. 미국에서 나온 자료가 그것을 입증한다. 소득이 높은 사람이, 생계비를 걱정하는 이웃보다 슬픔을 덜 느낀다.[13]

어째서 돈은 슬픔을 줄이고 더 나아가 우리를 행복하게 할까? 여러 이유가 있다. 우선 높은 소득은 건강하게 잘 먹게 하고 의료혜택도 보장한다. 이것은 더 나은 건강을 의미한다. 어떻게 행복하지 않을 수 있겠는가? 또한 높은 소득은 사고, 재난, 예기치 못한 문제들에 잘 대비하게 한다. 부자는 가난한 사람보다 불의의 사고를 덜 두려워한다. 사고 비용을 댈 돈이 넉넉히 있기 때문이다. 돈이 없는 사람은 혹여 자동차가 고장 날까, 냉장고가 멈출까, 매일 노심초사해야 한다. 부자는 그런 걱정 없이 편히 잠든다. 높은 소득의 이런 행복효과를 여러 연구가 입증한다.[14]

돈이 행복하게 한다면, 얼마가 있어야 할까? 행복을 주는 최적의 금액이 있을까? 평균적으로 80퍼센트 정도의 사람들이 '돈이 행복을 준다'고 믿는다.[15] 한 설문조사에서 '정말로 행복하려면 매년 얼마를 벌어야 하겠냐'고 물었을 때, 평균 16만 1,810달러(약 1억 7,000만 원)라고 답했다.[16] 그리고 놀랍게도 13개국 중에서 독일 응답자는 연 소득 7만 6,345유로(약 1억 원)로 가장 적은 금액을 말했다. 말하자면 독일인은 '정말로 행복하기 위해' 가장 적은 돈이 필요하다. 프랑스인은 10만 1,766유로(약 1억 3,000만 원), 이탈리아는 15만 6,484유로(약 2억 원)였고, 가장 많은 돈이 필요한 나라는 두바이로 매년 24만 5,774유로(약 3억 2,000만 원)가 필요했다.[17]

노벨상 수상자 대니얼 카너먼과 앵거스 디턴Angus Deaton은 행복에 영향을 미치는 소득의 두 가지 효과를 발견했다.[18] 미국의 경우, 소득이 오름에 따라 삶의 만족도(1부에서 다룬 에우다이모니아 행복)가 올라갔다. 더 많은 돈이 더 많은 만족을 준다. 반면 감정적 행복(1부에서 다룬 헤도

행복은 슬프지 않은 것 이상이고, 슬프지 않다고 행복한 것도 아니다. 그럼에도 슬프지 않으면 행복에 도움이 된다. 그리고 돈이 슬픔을 줄인다. 혹여 자동차가 고장 날까, 냉장고가 멈출까, 집세가 감당할 수 없을 만큼 오르지나 않을까, 불시에 몸이 아프지는 않을까⋯⋯. 슬픈 걱정을 매달고 사는 것보다 사고 비용을 댈 돈이 넉넉한 편이 낫다.

니아 행복)은 약 67,000유로(약 8,800만 원)까지만 높아졌다. 간단히 말해서 돈은 일반적으로 삶의 만족도를 높이지만, 일상에서의 감정적 행복에는 특정 금액까지만 공헌한다.

쌓 여 야 순 환 이 되 는

돈 의 역 설

돈은 또한 불행하게 할 수도 있다. 특히 소득보다 소비가 많으면 그렇다.[19] 소비 욕구를 자제하고 저축하는 사람이 더 행복하게 산다. 행복하냐 아니냐를 결정하는 것은 돈 그 자체가 아니라, 돈을 어떻게 쓰느냐다. 소비 기술은 어디에 돈을 쓰느냐 뿐만 아니라 얼마를 쓰느냐의 문제기도 하다. 어쩔 수 없는 경우가 아니라면, 소득 전부를 소비하거나 빚을 지는 것은 좋은 소비 기술이 아니다.

저축과 행복은 쌍방향으로 영향을 준다. 네덜란드 연구가 보여주듯이, 행복한 사람들이 적게 소비하고 많이 저축한다.[20] 이것은 마치 고양이가 제 꼬리를 무는 형세다. 행복한 사람이 저축하고, 저축이 행복하게 한다. 이것을 학술용어로 '순환적 인과관계'라고 한다. 원인에 의해 결과가 나오고, 그 결과가 다시 원인이 되어 인과관계가 순환한다.

돈과 관련해서도 우리는 다시 덴마크 철학자 키르케고르를 만난다. '비교하지 말라'는 그의 행복 처방은 돈에도 적용된다. 여러 연구에서 돈의 명확한 효과 하나가 드러난다. 직장동료, 친구, 이웃과 소득을 비교하는 사람은 더 불행하고, 비교 강도가 셀수록 더 불행하다.[21] 자신의 소득이나 재산을 이웃과 비교하면 돈은 우리를 불행하게 한다. 학자들은 이런 경우를 '지위 경쟁'이라 부르고, 일반인은 '질투'라고 부른다. 우리는 비교하기 때문에 다른 사람을 질투한다. 이런 태도를 후천적으로 학습했느냐 선천적으로 타고났느냐는 중요하지 않다. 중요한 것은 우리가 비교하고 질투한다는 사실이다.

불행해지기는 어렵지 않다. 이웃이 당신보다 월등히 잘 사는 동네로 이사하면 된다. 혹은 당신보다 훨씬 부자인 친구를 사귀면 된다. 반대로 더 행복해지고 싶다면, 나보다 더 잘사는 친구와 이웃을 사귀지 않게 주의해야 한다.

삶의 만족도와 소득의 연관성에 관한 일이면, 우리의 성격도 한몫한다. 여러 연구에 따르면, 신경증 요소가 많은 사람, 그러니까 겁이 많고 감정적으로 불안정한 사람들은 소득이 높을수록 더 행복해진다. 반면에 감정적으로 안정된 사람은 그렇지 않다. 내적으로 안정된 사람은 행복해지기 위해 돈이 필요치 않다. 비록 성격을 맘대로 고를 수는 없지만, 더 행복해지기 위해 마음을 다스릴 수는 있다.[22] 마음의 훈련이 필요하다고 생각될 때는 때때로 달라이 라마와 세계에서 가장 행복한 마티유 리카르를 생각하라.

제2부 어떻게 불확실한 세상을 헤쳐 나갈 것인가

생산적 질투가
경제를 움직인다

비교가 특정 종류의 질투를 유발하는 건 좋은 일일 수도 있다. 질투가 긍정적일 수 있단 말인가? 그것은 관점에 달렸다.

아버지와 아들이 길을 따라 걸을 때 리무진이 지나간다. 이때 아버지가 아들에게 말한다. "3년 뒤에는 저 사람도 걸어갈 거야." 이것은 비생산적 질투다. 아버지는 다르게 말할 수도 있었다. "3년 뒤에는 우리도 저런 자동차를 탈 거야." 이것은 다른 종류의 질투, 생산적 질투다. 이런 질투는 동기부여 효과를 낸다. 질투가 나고 그래서 그것을 갖기 위해 노력한다. 첫 번째 질투는 자기파괴 효과를 내지만, 두 번째 질투는 그 반대 효과를 낸다. 질투가 우리의 행복에 구체적인 영향을 미친다. 인생을 좌우하는 두 가지 질투 중에 어느 질투가 지배적일까?

소득불균형과 행복에 관한 실험결과들이 일치하지 않는다.[23] 어떤 연구들은, 소득분배의 불균형이 부정적 비교감정을 깨우고 그리하여 주관적인 삶의 만족도가 떨어진다는 결과에 도달한다.[24] 이때 부정적 비교감정이란 비생산적 질투를 가리킬 것이다.

그러나 어떤 연구들은 정반대의 결과에 도달한다. 소득분배의 불균형과 주관적 행복이 아주 강하게 연결되어 있어서, 불균형이 상승하면 평균 행복 수준도 높아진다.[25] 어떻게 이런 정반대의 결과가 나올 수 있을까?

다른 대륙이어서 그렇다. 옛날에 유럽에서는 직장동료의 평균소득과 자신의 소득을 비교하고 질투로 반응했다. 불균형이 높을수록 삶의 만족도가 낮았다.[26] 유럽 국가들에서는 질투요소가 불균형의 동기부여 잠재력보다 더 큰 역할을 한다는 가설과 일치한다.[27]

반대로 동유럽 개혁국가들과 미국에서는 질투가 야망을 불러일으킨다. 사람들이 질투를 통해 더 열심히 일할 의욕을 갖는다. 동료의 평균소득이 주관적 행복에 긍정적 영향을 미친다. 말하자면 이곳에서는 생산적 질투가 지배적이다. 합당하게 이곳에서는 옛날 유럽 국가들보다 경제적 동력이 더 크다.[28] 생산적 질투는 부를 가져오고, 반대로 비생산적이고 파괴적인 질투는 경제 활기뿐 아니라 많은 것을 마비시킨다. 소득불균형이 사람들에게 매우 다르게 인식되고 평가되고 응용된다. 어떤 사람은 그것을 분발의 계기로 삼고, 어떤 사람은 그냥 배 아파한다.

소득불균형을 어떻게 경험하느냐는 개인과 국가적 특성에 달렸다. 불균형에 대한 질투의 종류, 사회적 표준, 사회제도가 큰 역할을 한다. 더 단순하게 표현하면, 불균형이 행복 수준을 높이느냐 낮추느냐는 국민성에 달렸다. 정해진 자연법칙은 없는 것 같다.

소득과 행복에 관해, 이제 마지막 관점이 하나 남았다. 자유! 자유가 행복하게 한다는 것은 누구나 인정하는 명제이고 실험으로도 검증되었다. 행복을 만끽할 시간이 돈보다 더 중요하다. 달리 표현하면, 돈보다 시간을 중시하는 사람이 더 행복하다.[29]

시간을 돈으로 살 수 있을까? 만약 그렇다면 어떻게 살 수 있을까? 아주 간단하다. 일을 줄이면 된다. 하지만 그만큼 소득도 준다. 높은 소득과 많은 시간 둘 중 어느 하나도 포기할 수 없을 때 더 많은 시간을 얻기 위한 더 간단한 방법이 있다. 가사도우미를 고용하라. 그러면 돈으로 시간을 사게 된다. 이것을 보고 보통 사람들은 돈으로 시간을 사고 그리하여 행복도 산다고 믿는다. 고단한 직장 일을 끝낸 하루 끝에 매일 같이 하는 다림질을 즐거워하고, 욕실 청소에서 희열을 느끼고, 빨래가 기쁘다면야 이야기가 달라지겠지만 말이다. 그런 사람이 어디 흔한가?

03

타인의
마음

외로움이
영혼을 먹어치운다

비네토우와 올드 셰터핸드, 토드와 코퍼, 쉴러와 괴테, 어니와 버트, 로럴과 하디, 아스테릭스와 오벨릭스, 마르크스와 엥겔스, 붐과 벤델린, 홈즈와 왓슨……. 가상이든 실존이든 널리 알려진 단짝들은 아주 많다. 우정을 찬미하는 노래가 수없이 불려졌고, 불려지고 있으며, 앞으로도 불려질 것이다. 가상의 우정인 문학이나, 가상과 다름없는 우정인 쇼비즈니스는 그렇다 치자. 살면서 세기의 단짝을 만나기란 아주 운이 좋은 경우에 속하고, 사람과 사람 사이의 관계는 늘 좋을 수만은 없는 현실 속에서 학문은 우정을 어떻게 바라볼까? 행복 연구도 우정의 찬가를 부를까?

미국의 한 연구에 따르면, 행복 순위 상위 10퍼센트에 속하는 사람들은 사회적 관계가 돈독하고 혼자인 적이 거의 없었다.[30] 이들은 삶의 만족도가 최고점에 있고, 부정적인 감정보다 긍정적인 감정을 더 많이 느끼고, 나쁜 경험보다 좋은 경험을 더 많이 떠올렸으며, 자살 생각은 한 번도 해본 적이 없었다. 또한 외향적 성향이 강했고 신경이 덜 예민했다. 반면에 행복 순위 중하위권에 속하는 사람들은 사회적 관계가 약하고 혼자 보내는 시간이 많았다.

심지어 어느 연구에서는 행복의 가장 중요한 요소가 우정이라는 것을 확인한다.[31] 우정을 중시하는 사람들은 건강 만족도가 높았고, 안전하다고 느꼈으며, 자신이 성취한 것에 만족했다. 우정을 중시하는 미혼자가 우정에 큰 의미를 두지 않는 기혼자보다 더 행복하다. 행복과 사회적 관계는 늘 동반한다.

행복한 사람이 돈독한 사회적 관계를 갖는지, 아니면 사회적 관계가 돈독한 사람이 행복한지는 연구자들도 명확히 답할 수 없다. 여기서도 '순환적 인과관계'의 문제가 대두된다. 친구가 행복하게 할까, 아니면 행복한 사람이 좋은 친구를 많이 사귈까?

친한 친구가 둘 이상이 되면 즉시 삶의 만족도가 명확히 높아지고 계속해서 상승한다. 간단히 말해서 친한 친구가 많을수록 더 행복하다. 또한 친한 친구를 만나는 빈도는 통계적으로 삶의 만족도에 중대한 영향을 미친다.

역으로 사회적 고립과 외로움은 삶의 의미를 앗아가고 삶의 만족도를 떨어뜨린다.[32] 실증적 연구들이 입증하듯이, 외로운 사람은 삶의 기쁨을 잃고, 인생의 의미에 회의를 느낀다. 왜 그럴까?

행복의
사바나이론

우리의 감정생활과 사회생활의 기원을 연구하고 해명하려 애쓰는 진화심리학이 대답을 준다. 그리고 여기에 행복의 '사바나이론Savana Theory'이 적용된다. 사바나이론은 지금의 우리와 사바나 조상의 결정적 차이를 인구밀도로 본다. 인류 역사에서 대부분의 기간을 숲에서 수렵과 채취로 살아온 인간은 비좁은 곳에서 복작거리며 살수록 덜 행복하다. 그러나 지금의 우리는 어떤가? 사바나 조상과 달리 가까운 친구들과 많은 시간을 보내고, 이것이 다시 행복을 준다.[33]

간단히 말해서 멸치 떼처럼 사는 건 싫지만 가까운 친구들은 필요하다. 과학자들이 계속해서 찾고 있는 이런 보편적인 진실들이, 몇몇 예외적인 결과가 지나치게 주목을 받은 나머지 보편적 의미가 퇴색되는 것 같다. 가령 특출나게 똑똑한 사람들은 친구와 자주 만날수록 행복 수준이 낮아진다는 결과가 그렇다. 여전히 명확히 해명되지 않은 수수

께끼일 뿐 보편적 진실이라 말할 수는 없다.

사람들 무리 속에 있으면 불행한데, 친구들 무리 속에 있으면 행복하다. 진화적 관점에서 보면 해명이 된다.[34] 인간은 생존하려면 협력해야 한다. 그러나 다른 한편으로 인간은 경쟁과 비교를 좋아한다. 이런 지위 경쟁은 협력만큼이나 큰 역할을 한다.[35] 경쟁이 없으면 진보도 없고, 혁신도 없으며, 발명자에게 명예와 명성과 지위를 선사할 새로운 아이디어도 없다.

우리가 협력하면서 동시에 경쟁하는 까닭이 여기에 있다. 우정은 생존에 필수적인 조건인 '협력'의 유산이고, '경쟁'은 인류의 진보를 위해 반드시 필요한 동기부여에 속한다. 그래서 우리는 행복과 만족의 형식으로 보상을 받고, 때때로 타인에 대한 질투와 시기 형식으로 벌을 받는다.

심지어 동물과도 협력할 정도로 협력은 진화적으로 매우 중요하다. 우리는 말, 돌고래, 하이에나, 코끼리, 원숭이, 침팬지에게서 오랜 우정을 느낀다.[36] 이때 인간과의 유사성이 중요한 구실을 하지만, 유사성이 전혀 없는 동물에게도 우정을 느낀다. 과거에 협력했을 때 가졌던 긍정적 감정을 깨우기 때문이리라. 힘을 합해 서로 돕는 건 기분이 좋다. 진화는 협력이 종족 보존에 봉사한다고 여기기 때문이다. 우리는 이런 좋은 기분을 원하고, 그래서 협력한다.

'친구가 되라'는
자연의 호통

이 과정은 사람과 사람 사이에 우정을 다지는 데도 중요한 역할을 할 수 있다. 신경과학은 뇌에 단단히 정박한 우정을 보여준다.[37] 인간과 동물의 뇌에 우정을 지지하는 특별한 신경망과 순환이 있는지 명확히 알 수 없지만, 하나는 명확하다. 우정은 협력의 자매이고 둘은 진화의 필수 아이템이라는 점이다. 우리는 자연의 호통으로 친구가 되었다.

우정이라고 다 같은 우정이 아니다. 이 지점에서 다시 인간의 특별함이 등장한다. 남자들끼리의 우정에서는 무엇보다 스포츠와 지위 상승이 중요하고, 성별이 섞인 우정은 대개 파트너 선택에 봉사한다.[38] 성별이 섞인 우정에서, 남자들은 예상한 대로 여자의 신체적 매력을 중시하고, 여자들은 남자의 경제력과 신체 능력에 가치를 둔다. 이것이 비록 정치적으로 올바르지 않을지 모르지만, 진화는 '정치적으로 올바른 게' 뭔지 모른다.

그러나 우정은 많은 걸 할 수 있다. 부정적인 일을 겪을 때 우정이 버팀목이 되어 준다.[39] 우정은 심지어 당장의 스트레스도 줄일 수 있다.[40] 고대 로마의 유명한 정치가이자 웅변가이자 철학자인 키케로Marcus Cicero는 이미 모든 걸 알고 있었다. "우정을 나누면 행복이 더욱 빛나고 불행은 완화된다."[41] 우정의 가치는 위대한 철학자만이 체험할 수 있는 것이 아니다. 우리도 안다. 좋은 친구는 이야기를 잘 들어주고 감정적 지지를 보낸다. 친구와 이야기를 나누면 기분이 한결 좋아진다. 인간은 신경과학자들이 부르듯 '초사회적 존재'다. 자연은 무엇보다 사람들 무리 속에서 잘 지내게 하려고 우리에게 대뇌를 만들어준 것 같다.[42]

행복한 환경에 사는 사람들이
왜 자살을 더 많이 할까?

우정은 행복을 두 배로 만든다. 친구에게 지지를 받고 기쁨을 함께 나누면 정말로 두 배로 행복해진다. 친구들과 행복을 나눌 수 있으면, 그것이 우리를 더 행복하게 한다.[43]

감정은 전염된다. 그뿐만이 아니다. 감정을 자극하는 비디오를 보기만 해도 우리의 감정은 자동으로 재빨리 감정적 환경에 적응한다.[44] 티슈를 들고 슬픈 이별 영화를 본 적이 있는 사람이라면 모두가 이것을 안다.

감정의 적응도가 이토록 빠르다면 행복의 전염도 또한 빠르지 않을까? 99퍼센트라고 어물쩍 말할 필요도 없다. 100퍼센트 전염된다! 미국의 심장병 연구인 이른바 '프래밍햄 심장연구Framingham Heart Study'가 의도치 않게 이런 결과를 발견했다. 이 연구는 1983년부터 2003년까지 20년 넘게 4,739명을 관찰하여 행복한 집단과 불행한 집단으로 나

위대한 철학자 키케로는 "우정을 나누면 행복이 더욱 빛나고 불행은 완화된다"고 말했다. 하지만 사람들 무리 속에서 잘 지내는 데는 협력만큼이나 경쟁 또한 필수요소다. 경쟁이 없으면 진보도 없고, 혁신도 없으며, 명예와 명성, 지위 또한 없다. 지위 경쟁은 협력만큼이나 큰 역할을 한다. 인간은 사회적 존재라는 말로는 부족하다. 인간은 '초사회적 존재'다.

누었다. (1에서 4까지의 눈금자로 측정한) 행복은 세 단계에 걸쳐 전염되었다. 말하자면 친구의, 친구의, 친구에게까지 행복이 전염될 수 있다.

혹시 행복한 사람과 불행한 사람이 그냥 끼리끼리 모인 게 아닐까? 아니다. 연구진이 확인한 것처럼, 정말로 행복이 전염되었다. 행복한 사람과 살면 앞으로 더 행복해질 확률이 높아진다. 그러나 시간과 장소의 거리에 따라 전염성은 낮아지고, 흥미롭게도 거의 매일 보다시피 하는 직장동료 사이에는 전염되지 않는다.[45] 쉽게 갈등을 겪을 수 있는 직장동료와 감정을 공유하는 친구가 되기는 어렵기 때문이리라.

친구 사이의 이런 전염성에는 어두운 면이 있다. 행복뿐 아니라 부정적인 감정도 전염된다. 애석하게도 나쁜 습관도 전염된다. 친구들이 담배를 피우면 당신도 담배를 피울 확률이 매우 높고,[46] 친구들이 비만이면 당신의 몸무게도 늘어날 확률이 높다.[47] 12세에서 14세까지의 청소년들조차 이런 전염 효과를 입증한다.[48] 조사에 따르면, 비만 청소년은 정상 체중 친구보다 과체중 친구를 사귈 확률이 2.5배 높다. 그래서 '두터운 우정'이라는 개념이 생겼을까?[49] 역으로 체중감소도 친구 사이에 전염이 되는지는 아직 조사된 결과가 없지만, 충분히 예상할 수 있다. 더욱 극적인 사실은 자살 의도까지 전염될 수 있다는 것이다.[50]

행복의 전염도가 이토록 높다면, 행복하다 느끼지 않는 사람을 행복하다 느끼는 사람들 틈바구니에 집어넣으면 되는 문제 아닐까? 그러면 모두가 더불어 행복한 마음으로 살아갈 수 있지 않을까? 애석하게도 그렇지 않다. 아이러니하게도 불행한 환경보다 행복한 환경에서 자살이 더 빈번하게 일어난다.[51] 불행한 사람들 틈에 있는 것보다 행복한 사람들 틈에 있을 때, 행복 격차를 더 크게 느끼기 때문이다. 이는 불행한 사람을 더 불행하게 하는 꼴이 된다.

앞서 우리가 살펴보았듯 인간은 생존하려면 협력해야 하는 한편 경쟁과 비교를 좋아하기 때문이다. 이러한 인간의 복잡성은 행복을 찾는 우리의 여정을 더 요원하게 만드는 것만 같다.

복잡한 행복의 여정에서 의심의 여지없는 길 하나를 확보할 수는 있다. 우정은 행복의 중심요소에 속한다는 점이다. 또한 말로 전할 필요 없이 같은 경험을 다른 사람과 함께하면 즐거움이 두 배가 된다.[52] 아무리 혼자가 편해도 축제와 파티는 집단으로 즐겨야 재밌다. 그러니 소파에서 불행을 노래하고 있다면 일어나서 친구들 속으로 들어가라.

04

인생은 '지금, 여기'가
가장 위험하다

"어 쩔 수 있 나 요,

살 던 대 로 계 속 살 아 야 죠."

"살던 대로 계속 살아야죠." 충격적인 사건을 당한 사람의 입에서
나온 태연한 발언이다. 독일의 쾰른 시민인 이 여성은 집에서 60번째
생일파티를 열 생각이었다. 그러나 2016년 카니발주간의 월요일 밤, 예
기치 않은 사고가 생겼다. 그녀는 잠자리에 들었다가 굉음에 놀라 잠에
서 깼다. 주변이 심하게 흔들렸고 벽에 걸린 액자가 바닥으로 떨어졌다.
그녀는 지진이 났다고 생각하고 서둘러 현관문으로 달려 나갔다. 놀란
그녀를 맞이한 건 콘크리트 파편들이었다.

지진이 아니었다. 아빠 차를 빌려 탄 채 술집투어를 나간 18세 소녀가 독거노인의 부엌을 향해 돌진한 거였다. 집주인은 처음 있는 일도 아니라며 태연하게 말했다. 이미 여러 번 자동차들이 집으로 돌진했었고, 가장 최근인 2004년에는 택시도 사고를 냈었다. 몇 차례의 놀라운 사고에도 불구하고 그녀는 집을 포기하지 않았다. "살던 대로 계속 살아야죠." 그녀는 심하게 망가진 집으로 다시 들어갔다.[53]

　　자동차가 집 안으로 돌진한다고? 이런 일은 예상보다 훨씬 자주 일어난다. 2016년 8월에 자동차 한 대가 몬타바우어엘겐도르프에 있는 주택으로 돌진하여 현관문과 벽을 부쉈다. 운전자는 경상을 입었지만 집에는 다행히 아무도 없었다.[54] 2015년 10월 토요일 이른 아침, 22세 운전자가 제어하지 못한 자동차는 존스벡에 있는 어떤 주택의 창문을 들이받았고 벽 일부를 무너뜨리고 나서야 거실에서 비로소 멈춰 섰다.[55] 이 사고에서도 집주인이 운 좋게 거실에 없었다.

　　여기서 의문이 하나 생긴다. 우리의 일상에서 가장 위험한 장소는 어디일까? 도로? 직장? 관중으로 꽉 들어찬 축구장? 아니다. 가장 위험한 곳은 집이다. 독일연방 직업안전보건협회BauA에 의하면 독일에서 2014년에 산재로 971명이 사망했는데, 그중 465명이 도로에서, 42명이 학교사고로(그중 33명이 등하굣길에) 사망했다. 교통사고로 사망한 사람은 총 3,581명이었다. 이 해에 9,044명이 사망한 이유가 있으니, 바로 집안일을 하면서다. 편안한 집에서 일어난 사고는 2014년에 315만 건으로 추정된다. 그 어떤 분야에도 뒤지지 않는다. 집만큼 위험한 곳이 없다. 거실로 돌진한 자동차는 소소한 사고에 속한다. 내출혈, 낙상, 화재, 찰과상, 비전문가에 의한 수리, 고장 난 수도관, 숯불 사고, 고장 난 잔디 깎기 기계, 날카로운 가지치기 가위……. '집이 무덤'이라는 속담은 통계로 볼 때 맞는 말이다.

그러나 내 집이 제일 편하고, 내 집은 행복의 보금자리이고, 내 침대는 황금만큼 소중하다. 집을 칭송하고 찬양하는 관용어구들은 무수히 많다. 그런데 가장 위험한 곳이 집이라니, 이걸 어떻게 받아들여야 할까? 정말로 다른 어떤 곳이 아닌 집이 제일 편하고 집에 있을 때가 제일 행복할까? 정말 그런지 스스로에게 물어야 하리라. 당신의 편안한 집은 행복을 약속하고, 그 약속을 정말 지키는가?

일상에서 실천하는
공정함의 원칙

하나만 짚고 넘어가자. 집안의 행복은 무엇에 달렸을까? 가정생활에서 중요한 것들이 줄줄이 떠오른다. 배우자와 섹스, 자녀, 돈, 가사, 일과……. 그러나 가정생활에서 다툼을 유발하는 것은 섹스도 아니고 가사도 아니다. 대개가 돈이고, 이때 '얼마를 버느냐'는 중요치 않다.[56]

돈은 정치에서처럼 가정생활에서도 우리를 고전적인 분배문제 앞에 세운다. 누가 무엇을 얼마큼 가져갈 것인가? 누가 소비를 결정하고,

누가 누구를 위해 무엇을 살 것인가? 가정이 돈 문제를 어떻게 처리하는지 연구할 때, 심리학은 '금전 권한'을 살핀다. 그리고 여기에 큰 차이가 있다.[57]

금전 권한과 행복이 무슨 상관일까? 관련이 아주 많다. 가장 최근에 자식들과 돈 문제로 다툰 게 언제인가? 그때 당신은 행복했나? 당신은 얼마나 자주 돈 때문에 싸우는가? 잦을수록 당신은 더 불행하다. 당신과 다툰 상대방도 불행하다. 그렇지 않은가?

관점을 바꿔 물을 수도 있다. 행복한 부부와 불행한 부부는 소비 결정에서도 차이가 날까? 당연히 명확한 차이가 있다.[58] 행복한 부부는 돈에 대해 덜 다툰다. 왜 그럴까?

아주 간단하다. 행복한 부부는 상대방의 욕구와 소망을 더 많이 배려하고, 누가 무엇을 얻는지 재빨리 계산하지 않고, 때때로 상대방이 더 이익을 보도록 양보한다. 이익과 손해는 어차피 장기적으로 균형을 이룬다고 믿기 때문이다. 불행한 부부는 소비 때마다 흥정한다. "당신이 새 옷을 산다면, 나는 새 드릴을 사겠어."[59] 돈에 관한 논쟁이 벌어지더라도 행복한 부부는 불행한 부부보다 더 짧게 끝내고 갈등도 남기지 않는다.

그뿐만이 아니다. 행복한 부부는 불행한 부부보다 더 자주 같은 걸 원하고, 늘 의논해서 구매를 결정한다. 불행한 부부는 주로 한 사람이 구매하고, 이어서 정말로 그것을 샀어야 했는지, 같이 의논해서 결정했더라면 더 좋지 않았겠나를 두고 다툰다. 그러면 다툼은 주도권 논쟁으로 번진다. 불행한 부부는 자주 다투고, 서로에게 주의를 기울이지 않고, 구매 결정을 의논하지 않고, 그것이 불행을 강화하고, 그래서 더 자주 다투게 된다. 악순환이다.

배우자와 돈 때문에 싸우는 게 지긋지긋하다면, 정확히 이렇게 하라. 매사에 공정하되, 존중하는 마음으로 다정하게 대화하고, 상대방의 말을 귀 기울여 들어라. 그러면 당신과 배우자의 삶 모두 행복해진다. 연구에 따르면, 서로에 대한 존경, 동맹, 다정한 대화, 공정한 태도, 평등한 권한이 돈에 관한 부부싸움을 줄인다.[60]

그리고 몇 가지 관계규칙에 주의하면, 배우자의 외도도 막을 수 있다. 혹시 설거지와 외도가 관련이 있다는 이야기를 들어본 적 있는가?

생활이 나를
갉아먹을 때

인터넷 시대에는 바람피우기도 아주 쉽다. '바람을 피우고 싶나요? 비교사이트가 최고의 회사를 소개합니다' '몰래 만나기가 쉬워졌다! 모든 취향 완벽 구비!' '아무도 모르게 바람피우기!' 검색창에 단어 하나만 입력해도 무수한 정보가 쏟아진다. 외도 포털사이트 '애슐리 메디슨'은 '인생은 짧다. 외도를 즐겨라'고 홍보한다. 하지만 모든 것이 비밀일 수는 없는 법. 비밀스러운 이 시장에서 기회를 본 해커들은 이 사이트를 해킹하여 협박했다. 애슐리 메디슨은 사이트를 접든지 아니면 고객의 이름, 주소, 성적 취향, 신용카드 거래내역 등을 공개해야 하는 기로에 섰다.[61] 때때로 인생은 짧을 뿐만 아니라 위험하고 또 값비싸다.

사람들은 왜 바람을 피울까? 적어도 여자들의 경우, 대답이 하나 있다. 놀랍게도 가사노동 때문에 바람을 피운다. 프랑스에 본사가 있고, 여자들이 운영하며, 고객에게 외도 상대를 소개해주는 에이전시 '글리든Gleeden.com'이 그렇게 말한다. 이 에이전시는 1만 81명 여성고객에게 "왜 남편을 배신하려 하십니까?"를 물었다.[62] 대답은 다소 당혹스러웠다.

여성 외도고객이 밝히기를, 남편이 가사노동을 너무 안 하기 때문이라고 밝혔다. 만물의 영장이여, 잘 들어라. 차를 타고 자동세차장으로 가는 대신에, 아무리 하기 싫어도 쓰레기를 버리고 설거지를 하고 창문을 닦아라. 그것이 당신의 아내를 글리든 같은 포털사이트에서 멀리 떼어놓는 좋은 방법이다.

가사노동을 좋아할 사람이 어디 있겠는가. 그러나 적어도 가사노동에 관한 한, 지난 몇 십 년 사이에 확실한 개선이 있다. 가전제품들의 발명으로 가사노동이 막대하게 줄었고, 특히 가사노동에 들이는 시간이 대폭 줄었다.[63]

다 좋은데, 그것과 행복이 무슨 상관이란 말인가? 아주 간단하다. 가사노동이 우리를 불행하게 한다. 1부터 6까지의 눈금으로 긍정적 감정을 표현하면, 가사노동은 2.96점으로 총 19개 항목에서 15위다.[64]

혼자 사는 경우가 아니라면, 가사노동이 유발하는 갈등으로("당신이 욕실 청소할 차례야.") 볼 때, 가사노동은 행복을 파괴한다. 가전제품이 어떤 해방을 가져왔고 가정의 행복을 얼마나 높였는지 이제 상상이 좀 되는가?

독일의 경우, 15세에서 64세 여성들이 하루 약 2.7시간을 가사노동에 쓴다. 반면 남자들은 겨우 1.5시간을 쓴다. 덴마크 여자들은 2.5시간, 남자들은 1.8시간을 가사노동에 쓴다.[65] 가사노동에 쓰는 시간이 남녀 사이에 가장 적게 차이가 나는 나라는 스웨덴인데, 여자들이 약 1.6시간, 남자들이 1.3시간을 쓴다.

차이가 가장 많이 나는 나라는 터키, 포르투갈, 이탈리아다. 독일을 비롯한 다른 유럽 국가들보다 스칸디나비아 국가들의 행복지수가 더 높은 이유가 여기에 있다. 행복을 파괴하는 힘든 의무를 공평하게 배분하기 때문이다.

인간은
시간을 지어낸다

집이 직장에서 너무 멀면 아무리 편안한 집이라도 우리를 불행하게 한다.[66] 다시 말해서 장거리 출퇴근이 불행하게 한다. 장거리 출근과 장거리 퇴근의 긍정적 감정 점수는 6점 만점에서 각각 2.03점과 2.68점으로 매우 낮다. 자가용(교통체증, 단속, 공사장)을 타든 버스나 지하철(혼잡, 지연)을 이용하든, 장거리 출퇴근은 건강에도 감정에도 좋지 않다.

행복 수준을 높이기 위해 뭘 할 수 있을까? 비록 이사가 아주 골치 아픈 일이긴 하지만(이게 무슨 얘긴지 모두가 경험으로 알 것이다), 직장 근처로 가면 시간도 벌고 스트레스 수준도 기적처럼 낮아질 것이다. 아마 당신은 다음번 정체 혹은 지연 때 이사를 깊이 생각하게 될 것이다.

어쩌면 가족과 함께 식탁에 앉지 못하기 때문에, 장거리 출퇴근이 불행하게 하는 건지도 모른다. 행복 면에서 보면 이것은 대단히 나쁜 일인데, 우리는 함께 식사를 하면 더 행복하게 느끼기 때문이다. 가족과 함께 식탁에 앉으면, 식사만 하는 게 아니라 사랑하는 사람들과 소중한 시간을 보낸다. 그러므로 매일은 아니더라도 이따금 그런 자리를 챙겨야 한다. 음식 장만은 비록 긍정적 감정 점수가 3.24에 불과하지만, 점심과 저녁 식사는 3.91점과 3.96점으로 긍정적 감정 순위에서 상위 5등 안에 든다.

그러므로 함께 식탁에 앉을 시간을 내라. 사랑하는 사람과 함께 음식을 나누는 기쁨을 누려라. 식사는 사회적 활동이다. 그것을 즐겨라.

그럴 시간이 없다고? 정말로? 확실한가? 당신은 시간을 어떻게 쓸지 결정할 수 있다. 물론 일도 해야 하고 집안일도 처리해야 하니 시간 내기가 쉽지 않을 터이다. 그러나 시간 압박은 환상이다.[67] 스스로 만든 시간표로 행복의 길에 장애물을 놓기 때문에 시간 압박이 생긴다. 가령 대체로 아이가 있는 부모는 시간을 알뜰하게 쓰는 반면에, 주로

제2부 어떻게 불확실한 세상을 헤쳐 나갈 것인가

아이가 없고 맞벌이인 부부가 시간을 허투루 보내고는 한다. 시간이 부족하다는 것을 아는 사람은 시간을 효율적으로 활용하고, 그것으로 행복을 더욱 북돋운다. 이제 시간을 가장 많이 허비하고 행복을 파괴하는 곳을 방문할 시간이다. 하워드 빌을 만나보자.

우리는 사탄처럼
거짓말을 한다

하워드 빌은 뉴스앵커다. 하지만 그는 텔레비전을 좋아하지 않는다. 하워드 빌은 '상자'에 나오는 방청객들에게 이렇게 호통쳤다.[68]

> "이 상자는 마지막 계시이자 복음입니다. …… 텔레비전은 진실이 아니에요. 텔레비전은 시끌벅적한 광장에 불과합니다. 텔레비전은 서커스이자 풍물시장이고, 광대, 이야기꾼, 춤꾼, 가수, 곡예사, 기인, 사자 조련사, 축구선수 등등의 거대한 부대입니다. 진실을 원한다면 당신들이 존경하는 현자, 스승 혹은 신에게 가세요. 당신 자신에게 가세요. 정말로 진실을 발견하게 될 장소는 그곳뿐이기 때문입니다. …… 우리는 사탄처럼 거짓말을 합니다."

하워드 빌은 해고 전날에 카메라 앞에서 자신이 다음 방송 때 자살할 거라고 예고했다. "다음 주 화요일에 텔레비전을 켜세요. 홍보부가 쇼를 광고할 겁니다. 그것은 환상적인 시청률을 기록할 것입니다."[69] 이 기상천외한 인물 하워드 빌은 미국의 미디어풍자영화 「네트워크」에 나오는 가상 인물에 불과하다.

"우리는 사탄처럼 거짓말을 한다"는 그의 텔레비전 비판에는 새겨들을 것이 있다. 백 번 양보를 하더라도, 적어도 행복 면에서는 그렇다. 텔레비전은 결코 행복을 주지 않는다. 진실을 찾는 하이에나처럼 매일같이 텔레비전 속 남의 이야기에 귀를 기울이지만 그것은 쾅쾅 울려대며 정신을 사납게 하는 시끄러운 스피커다.

우리가 텔레비전을 보고 스마트폰을 하는 데 쓰는 시간은 생계에 드는 비용을 벌기 위해 쓰는 시간과 대략 비슷하다.[70] 그렇게 많이 볼 필요가 있을까? 우리는 너무 많이 '본다'.[71] 텔레비전, 컴퓨터, 태블릿, 스마트폰 앞에서 보내는 시간이 얼마나 되는지 곰곰이 생각해보라. 이것은 시간이 부족하다는 스트레스를 만들고 마음의 여유를 되려 감소시킨다.[72] 이런 불편한 연구결과에서 우리는 무엇을 배울 수 있을까?

실생활과 동떨어진 모든 것이 당신의 행복을 방해한다. 그렇게 보낸 시간이 당신을 불행하게 한다. 당신이 사랑하는 사람과 진정한 삶에 몰두하는 시간을 빼앗는 도구들은 사탄처럼 거짓말을 한다.[73]

제2부 어떻게 불확실한 세상을 헤쳐 나갈 것인가

05

인생의 진지한 질문을
외면하지 말라

꼬마 린지는 1986년 6월 2일에 애널리스트 어머니와 주식중개인 아버지 사이에서 태어나 뉴욕에서 자랐다. 그녀가 말도 제대로 못할 무렵부터 부모는 많은 것을 계획했다. 린지는 세 살에 벌써 부모의 손에 이끌려 각종 오디션에 참가했고, 광고, 토크쇼, 시트콤에 출연했다.

노력한 보람이 있었다. 린지는 1998년에 코미디 「페어런트 트랩」으로 정식 데뷔한 뒤로 「프리키 프라이데이」 「허비: 첫 시동을 걸다」 같은 영화에 출연했다. 연기 외에 가수로도 활동 영역을 넓혔고 2004년에는 골든디스크상을 받기도 했다. 린지는 열일곱 살에 이미 성공한 대스타가 되어 있었다.

명성과 함께 스타의 라이프 스타일도 따라왔다. 파티, 떠들썩한 밤, 그리고 린지와 똑같이 많은 파티와 떠들썩한 밤을 보내는 유명한 친구들. 이제 연기는 뒤로 밀려나고 스캔들, 마약, 술, 쇼핑중독, 거식증이 그 자리를 차지했다. 좌절, 교도소, 치료, 다시 교도소.[74] 결국 그녀는 집세를 내지 못해 거리로 내몰려 친구들 집과 호텔을 전전했다.[75] 헐리우드 스타 린지 로한Lindsay Lohan의 파티존은 그렇게 끝났다.

이런 삶이 행복을 줄까? 말하기 어렵다. 일거수일투족이 생중계되는 스타의 삶을 어떻게 짐작할 수 있겠는가. 하지만 파티에 관해서는 충분히 짐작할 수 있다. 스타의 인생은 쾌락과 축제의 연속인 파티여야 하지 않을까?

린지 로한과 그녀의 유명한 동료들의 사례는 지성인들이 늘 가지고 있었던 의심에 힘을 실어준다. 지성인들은 스타들의 쾌락사회, 고삐 풀린 욕망, 소비지상주의, 정치적·사회적 참여의 결여를 경고했다. 엄격한 지성인들은 할로윈 같은 축제조차 쾌락사회의 일면으로 비판했다. 하노버 주교 마르고트 캐스만Margot Kassmann은 할로윈이 '인생의 진지한 질문에서 고개를 돌리게 하려는 시도'라고 비판하기도 했다.

개혁에 관심을 두기보다 호박 주변을 돌며 춤을 추는 것이 더 즐겁고 편하다.[76] 쾌락사회, 그것은 문필가들이 무책임과 이기주의를 경고한 헤도니즘(hedonism, 쾌락주의)의 다른 표현이다.

쾌락사회에 대한 경멸은 서구사회의 오랜 전통이다. 초기 그리스도교의 교부들은 고대 그리스 헤도니즘 철학자 에피쿠로스와 그의 추종자들을 경멸했다. 세속적인 즐거움을 추구하는 사람은 신과 죽음을 두려워하지 않고, 그들의 관점에서 볼 때, 돼지 수준으로 산다.[77] 그러나 모든 철학자가 이런 의견에 동의한 건 아니다. 고대 로마 시대에 이미 시인 호라티우스Horatius가 에피쿠로스와 돼지에 대해 말했지만, 전혀 다른 맥락이었다.

> "그대는 나를 안다. 나는 뚱뚱하고 기름기가 흐르고 깨끗한 피부를 가졌다. 웃고 싶으면 나를 찾아오라. 나는 에피쿠로스 무리에 속하는 돼지다."[78]

신학과 철학 관점에서 헤도니즘은 가볍지 않다. 특히 철학자들은 헤도니즘을 피상성, 이기주의, 동물적 태도로 의심하는 경향을 보였다. 정신적 깊이와 도덕적 책임감이 없는 동물. '헤도니즘' 자리에 '쾌락사회'를 넣으면, 쾌락에 관한 현대판 논쟁이 된다.

순 간 에 지 배 받 지 않 는 삶

행복한 순간을 사냥하듯 좇으면 행복할까? 파티, 마약, 도취를 파고

드는 쾌락사회가 행복감을 줄까? 삶의 만족도를 높일까? 무엇을 하고 싶고, 해야 하고, 해도 되는지는 지극히 개인적인 일이다. 과학은 그것에 대해 할 말이 없다. 그러나 이런 생활 방식이 행복을 주는지 확인하는 데는 과학적 연구가 도움이 된다. 심리학자, 사회학자, 경제학자, 신경과학자에게 물어보자. 그들은 모두 행복감에 관한 우리의 지식 향상에 막대한 공헌을 했다. 경제학에서 시작해보자.

경제학에 대한 대표적인 오해가 있다. 우리는 경제학자가 사람들에게 더 많이 일하고, 더 많이 소비하고, 무엇보다 점점 발전하라고 설교한다고 믿지만 그렇지 않다. 언뜻 맞는 말 같지만 틀렸다. 경제학자는 소비에 대해 완전히 다르게 생각한다. 그들은 사람들이 과소비를 하면 행복을 덜 느낀다고 믿는다.

경제학자가 '한계효용체감의 법칙'이라는 학술적 표제어 아래에 붙이는 주장은 간단하다. 행복은 제한에 있다. 좋은 것도 과하면 행복을 주지 않는다. 갈증이 났을 때 맥주를 마셔본 사람이라면 이 말을 이해할 것이다. 첫 잔은 환상적이다. 둘째 잔은 시원하지만, 첫 잔만큼은 아니다. 셋째 잔은 좋지만, 첫 잔과는 비교가 안 되고 둘째 잔보다 못하다. 이것은 모든 소비에 적용된다. 젤리, 초콜릿, 신발, 자동차 등 같은 물건을 많이 소비할수록, 추가되는 효용가치와 행복감은 줄어든다. 경제학자는 이것을 '한계효용체감의 법칙'이라고 부른다.

우리는 직관적으로 한계효용체감의 법칙을 이해한다. 그래서 젤리 한 봉지를 먹은 뒤에(물론 때때로 두 봉지를 먹은 뒤에) 그만둔다. 흥미롭게

있던 그대로 머물지 말고 바꾸어라. 변화는 쾌락의 쳇바퀴에서 가끔이나마 내려오게 하는 최소한의 수단이다. 경제학자의 가르침은 명확하다. '극단적으로 하지 말라. 변화를 주어라.' 아무리 좋아하는 거라도 과하다 싶으면, 우리의 본능이 그것을 지적해준다. 행복은 자제하는 기술에 있다.

도 우리의 위장과 식욕도 한계효용체감의 법칙을 일깨워준다. 혹은 사무실에서 한 번쯤 들었을 말처럼, '포도주를 많이 마신 뒤에는 그 어떤 고급 포도주보다 맥주 한 잔이 더 맛있는 법'이다(일을 많이 했으니 아무리 바빠도 잠깐 쉬어줘야 한다는 뜻으로 사용하는 독일의 속담). 아무리 좋아하는 거라도 과하다 싶으면, 우리의 본능이 그것을 지적해준다. 행복은 변화에 있다.

이것은 새로운 지식이 아니다. 어떤 것도 '극단적으로' 그러니까 무제한으로 해서는 안 된다고 한 아리스토텔레스의 말을 상기해보자. 그것이 무엇이든 상관없이, 무제한 소비는 행복을 주지 않는다. 자제하라. 이것이 경제학의 첫 번째 가르침이다. 이것은 도덕적 권고가 아니라 행복을 위한 단순한 지식이다. 장기적으로 볼 때 과한 것은 행복하지 않다. 때때로 그 반대를 기꺼이 믿고 싶겠지만 말이다.

경제학자는 쾌락사회에 대한 두 번째 가르침도 준다.

> "변화를 주어라. 있던 그대로 머물지 말고 바꾸어라. 변화를
> 추구하라."

이것 역시 한계효용체감의 법칙과 관련이 있다. 매일 똑같은 걸 먹어야 한다고 상상해보라. 오래가지 못하고 금세 싫증이 날 것이다. 변화는 행복의 열쇠다. 변화는 소위 '쾌락의 쳇바퀴'에서 가끔이나마 내려오게 하는 최소한의 수단이다.

제2부 어떻게 불확실한 세상을 헤쳐 나갈 것인가

간단한 실험이 보여주듯이, 인간은 이런 가르침을 직관적으로 이해한다. 5주 안에 비싼 프랑스 요리를 한 번 먹을 수 있다고 약속하고, 피험자들에게 두 가지 선택권을 주었다. 첫 번째 주말에 프랑스 요리를 먹을 것인지, 아니면 세 번째 주말에 프랑스 요리를 먹을 것인지 정할 수 있었다. 피험자들 대부분이 세 번째 주말에 프랑스식당에 가기로 정했다. 다음 실험지에서는 선택권을 확대했다. 첫째 주에 갈지 셋째 주에 갈지의 선택권은 그대로 두고, 추가로 마지막 주에 한 번 더 프랑스 요리를 제공하기로 약속했다.

그러자 기이한 일이 벌어졌다. 셋째 주말에 프랑스 요리를 먹겠다던 명확한 선호도가 사라졌다. 첫째 주에 프랑스 요리를 먹는 선택이 확실히 더 많아졌다. 아마도 두 번의 즐거운 식사를 5주에 배분할 수 있기 때문일 것이다. 그리고 첫 주와 마지막 주의 조합이 셋째 주와 마지막 주의 조합 못지않게 매력적이기 때문일 것이다. 인간은 쾌락을 고르게 배분하고 싶어 한다. 이것은 한계효용체감의 법칙과 기가 막히게 잘 맞는다.[79]

경제학자의 가르침은 명확하다. 극단적으로 하지 말라. 변화를 두어라. 어떤 소비든 언제나 균등하게 배분하라. 행복은 자제하는 기술에 있다. 아주 도덕적이고 과하게 교훈적으로 들리겠지만, 때로는 과하게 교훈적인 것이 옳다. 그러나 변화에도 한계가 있다. 혹시 잼을 좋아하는가?

06

타인의 결정을
버려라

선 택 의 자 유 는

폭 군 처 럼 우 리 를 괴 롭 힌 다

캘리포니아의 드래거스슈퍼마켓 고객들은 자신이 소비연구 혁명의 목격자가 될 거라는 걸 몰랐다. 그들은 실험에 참여했다는 사실조차 몰랐다. 그들은 그저 잼을 구경했을 뿐이다. 24종류의 잼. 이상할 것이 전혀 없었다. 드래거스슈퍼마켓은 겨자소스 약 250종, 올리브유 75종, 그리고 300종이 넘는 잼을 판다. 그리고 바로 그것이 문제였다.

시식코너에 올려진 잼 24종류는, 선택의 폭이 넓은 것이 항상 좋은지 궁금했던 쉬나 아이엔가Sheena Iyengar와 마크 레퍼Mark R. Lepper의 아이디어였다. 그들이 실험해 본 결과 그렇지 않았다. 24종 대신에 단 여섯 종류만 시식코너에 있으면, 비록 지나는 고객의 40퍼센트만이 시식을 했지만(24종일 때는 60퍼센트가 시식했다), 시식 고객의 12퍼센트가 잼을 샀다(24종일 때는 잼을 구매한 고객이 2퍼센트도 채 안 되었다). 선택의 폭이 넓으면 오히려 구매에 방해가 되었다.[80]

이 실험은, 무엇이 소비자를 행복하게 하는가에 대한 오랜 탐구의 서막에 불과하다. 그리고 실험결과는 명확했다. 선택권이 많은 것이 반드시 구매 욕구를 높이는 건 아니다. 심지어 불행하게 하는 것 같다.

슈퍼마켓 진열대 앞에서 어떤 걸 사야 할지 결정하지 못하고 힘들어했던 기억이 있는가? 돈을 투자할 때도 비슷한 문제가 생긴다. 얼마 동안, 어떤 위험을 감수하는 투자상품을 선택해야 할까? 선택권을 가진 자는 고통의 무게를 견뎌야 한다! 정말로 그렇다. 선택의 폭이 너무 넓으면, 어찌할 바를 모르게 된다. 그것은 확실히 행복을 주지 않는다.[81]

우리는 쏟아지는 정보를 대체로 감당할 수가 없다(혹은 그것으로부터 자신을 완전히 차단한다). 우리는 광고의 폭격을 받는다. 결정해야 하지만 그럴 수 없어서 우리는 시간 압박이라는 스트레스를 받는다. 그러면 우리는 선택을 아예 못하거나 대충 혹은 엉뚱한 것을 선택한다. 너무 많은 가능성은 견디기 힘들고, 선택의 자유는 폭군처럼 우리를 괴롭힌다.[82] 우리는 어떻게 해야 할까? 막대한 선택의 폭 앞에서 어떻게 해야 더 행복해질 수 있을까?

교환의 가능성을
모조리 포기하라

이런 효과를 알면 그에 맞춰 정신 무장을 할 수 있다.[83] 뭔가를 결정했으면, 그것을 고수하라. 더는 고민하지 말고 탐구를 중단하라. 선택하지 않은 다른 선택지는 모두 잊어라. 그리고 키르케고르를 상기하라. 다른 사람의 결정과 자신의 결정을 비교하지 말라. 비교는 불행요소 1순위다. 파란 하늘을 보여주며 데오도란트 구매를 권하는 광고를 무시하라. 모든 것이 슈퍼, 메가, 울트라라면 이런 형용사를 빨리 잊고 그것의 진짜 정체가 단어 쓰레기라는 걸 간파해야 행복할 수 있다.

그리고 교환권리를 포기하라. 이상하게 들리겠지만, 실험으로 증명된 조언이다. 먼저 피험자들에게 포스터 한 장을 선물했다. 피험자들은 고전 명화를 모티브로 한 여러 포스터에서 한 장을 고를 수 있었다. 이때 선물을 받은 행복한 피험자들의 절반에게, 포스터를 언제든지 다른 모티브로 교환할 수 있다고 약속하고, 나머지 절반에게는 한 번 선택한 포스터를 절대 교환할 수 없다고 말했다. 어떻게 되었을까?

포스터를 교환할 수 없는 사람들이, 자신의 포스터에 더 높은 가치를 두었고 자신의 선택에 더 만족했다. 포스터를 언제든지 교환할 수 있는 사람들은 기쁨을 오래 간직하지 못했다. 추측건대, 포스터를 교환할지 말지를 고민하느라 머릿속이 계속 바빴기 때문일 것이다.[84] 그러므로 교환권리는 행복에 공헌하지 않는다. 한 번 산 물건을 바꿀 수 없

제2부 어떻게 불확실한 세상을 헤쳐 나갈 것인가

뭔가를 결정했으면, 그것을 고수하라. 더는 고민하지 말고, 탐구를 중단하라. 선택하지 않은 다른 선택지는 모두 잊어라. 파란 하늘을 보여주며 데오도란트 구매를 권하는 광고를 무시하라. 모든 것이 슈퍼, 메가, 울트라라면 이런 형용사를 빨리 잊고 그것의 진짜 정체가 단어 쓰레기라는 걸 간파하라.

을 때 오히려 오랫동안 더 행복할 수 있다.

그러므로 행복에 도움이 되는 소비와 지출 방법을 배워야 한다. 돈을 쓰는 것도 기술이다. 우리가 지출하는 모든 돈이, 우리가 간절히 소망하는 행복감을 주는 건 아니다. 포도주에 관해 전혀 모른다면 최고급 포도주라도 당신을 행복하게 만들지 못하는 것처럼, 지출에 관해 전혀 모른다면, 당신이 지출한 수많은 돈 역시 당신을 행복하게 하지 못할 것이다. 그렇다면 돈을 어떻게 써야 행복해질까? 아무튼, 페터요제프, 마리에, 지크린데처럼은 아니다.

07

나를 잃지 않는
소비의 기술

페터요제프는 클릭 몇 번으로 포도주를 비롯한 술 몇 상자를 산다. 그는 이것을 절대 마시지 않을 것이다. 그는 술을 마시지 않는다. 그럼에도 술 상자가 그의 집을 가득 메우고 있다. 소비되지 않은 채 보관만 되는 상품의 총액이 약 4만 유로(약 5,000만 원)다. 드레스덴에 사는 마리에는 집에 명품 가방이 100개쯤 있다. 그럼에도 신상품이 나오면 그녀는 집에 가방이 많이 있다는 사실을 잊는다. 맘에 드는 핸드백을 사지 못하면 죽을 것 같은 강박을 느낀다. 그 결과 그녀는 빚이 30만 유로(약

3,800만 원)이고 자살 충동을 느낀다. 하노버에 사는 지크린데는 무절제한 쇼핑으로 빚이 수천 유로다. 그녀는 사기죄로 여러 번 법정에 섰고, 교도소 정신병원에서 8년을 보냈다.[85]

독일 성인의 대략 5~8퍼센트가 극단적인 쇼핑중독 위험에 있다. 그들은 재정적 고려 없이 무절제하게 물건을 산다. 그들은 물건에 관심이 있는 게 아니라, 물건을 사는 행위에 관심이 있다. "가격은 기본적으로 상관없어요. 아무리 비싸도 내 쇼핑중독을 막진 못해요. 그것을 사고 싶다는 욕구가 가장 중요하고, 그 욕구를 채우기 위해 물불 안 가리는 거예요." 지크린데가 자신의 병에 관해 설명한다.

과도한 쇼핑이 행복하게 하지 않는다는 것은, 굳이 과학적으로 증명하지 않아도 된다. 그렇다면, 쇼핑은 언제 우리를 행복하게 할까? 심리학자 엘리자베스 던Elizabeth Dunn, 다니엘 길버트Daniel Gilbert, 티모시 윌슨Timothy D. Wilson은, 지출이 어떻게 우리를 행복하게 하는지 알고자 했다. 그리고 행복하게 돈 쓰는 법을 정리했다.[86]

행복한 지출법 하나. 물질적 상품 대신 경험을 구매하라. 예를 들어 콘서트관람이나 여행은 텔레비전이나 옷 같은 물질적 상품보다 장기적으로 더 행복하게 한다.[87] 물질적 상품을 구매한 뒤에는 자신이 산 물건과 사지 않은 물건들을 계속 비교하게 되고, 그것은 불만족을 초래한다. 하지만 경험을 구매했을 때는 신기하게도 비교를 덜 하거나 전혀 하지 않는다.[88]

또한 물질적 상품의 구매는 경험 구매보다 질투심이 더 많이 작용하는 것 같다. 그뿐이 아니다. 경험 구매는 구매자의 인격과 관련이 깊다. 경험 구매는 사회적 관계를 개선하고 강화한다. 경험을 기반으로 한 구매는 지위상징을 얻기 위해서가 아니라 자신의 고유한 의지로 인한 구매다.[89] 설령 그다지 재미없는 경험이었더라도 나중에 이 경험을 이야기하면 그것이 또 다른 즐거움과 행복을 준다.[90] 끔찍한 여행도 나중에 돌이켜보면 재미난 에피소드로 변해 있다. 아주 멋진 공식 '비극+시간=희극'이 통한다.

또한 새로운 경험을 구매함으로써 자기 자신에 대해 많은 걸 배울 수 있다. 이를테면 높은 교각 위로 올라(특히 고소공포증이 있는 사람에게 권한다), 전문가가 조종하는 낙하산을 타고 아래로 점프하여 홍해로 잠수한다. 당신은 잊지 못할 경험을 하고, 이런 활동들에 깊이 집중하면, 이른바 몰입도 경험할 수 있다. 자기 자신을 잊고 오로지 행복감에 취하는 상태가 된다.

심리학자가 제안하는 행복한 지출법 둘. 다른 사람을 위해 돈을 써라. 그러면 사회적 관계가 돈독해지고, 스스로 더 괜찮은 사람이 된 것 같고, 그것 때문에 기분이 더 좋아진다. 때때로 친구들에게 돈을 쓰면 행복을 준다.[91] 이보다 더 간단할 수가 없다!

행복한 지출법 셋. 큰 것보다는 작은 것을 사라. 크게 한 번 쓰는 것보다 작게 여러 번 쓰는 게 더 낫다. 가벼운 소비를 자주 하는 것이 총량으로 보면 큰 소비를 한 번 하는 것보다 더 많은 행복을 준다. 게다가 작은 상품은 배송도 빠르다. 만에 하나 큰 소비를 하게 된다면, 절대 할

부로 해선 안 된다. 할 수 있다면 선지급이 가장 좋다. 돈을 미리 내면, 설렘과 기대감 속에 쇼핑할 수 있다. 앞으로 돈을 낼 생각에 쇼핑의 즐거움이 축소될 위험이 없기 때문이다. 돈을 미리 내면, 심지어 공짜로 쇼핑하는 기분이 들 수 있다.

행복한 지출법 넷. 구매를 결정할 때는 소소한 일상을 고려하라. 소소한 일상이 우리의 기분을 좌우하고 그것으로 결국 우리의 행복감도 좌우하기 때문이다. 물건을 살 때 우리는 앞으로의 쓸모를 가늠해야 하는데, 사용 시점이 멀면 세세한 부분까지 주의를 기울이지 못하기 때문에, 쓸모를 가늠하기가 더 어렵다.

예를 들어 별장을 살 생각이라면, 팸플릿에서 골라선 안 된다. 짜증나는 이웃, 비싼 유지보수 비용, 도시로 가는 먼 길 등 별장 소유자들의 수많은 일상적인 어려움을 고려해야 한다. 그래야 현실감을 잃지 않은 상태에서 구매를 결정할 수 있다.

자신의 능력 이상으로 과하게 소비하지 않는 한, 쇼핑중독이 되지 않는 한, 소비는 순간적인 행복감에 중대한 공헌을 한다. 그런데 내가 쇼핑중독인지 아닌지를 어떻게 알 수 있을까? 아주 간단하다. 물건을 사서 집에 가져와 풀지 않고 그대로 두면, 물건을 사기만 하고 사용하지 않으면, 소비의 적정선을 (크게) 넘어선 것이고, 그러면 소비는 더는 행복을 주지 않는다.

자신을 잊는
완벽한 몰입을 찾아서

그렇다, 소비만으로는 더 행복해지지 않는다. 그렇다면 취미 활동은 어떨까? 취미 활동은 행복감을 높일까? 행복이 변화에 있다면, 취미를 계속해서 바꿔야 할까? 그보다 더 궁금한 것이 있다! 배우자도 계속해서 바꿔야 할까? 아니다. 취미와 배우자는 소비재가 아니다. 고집스러운 경제학자에게 물어도 대답은 마찬가지다. 특히 취미 활동을 제대로 집중해서 하면, 그러니까 소비재처럼 옆으로 확대하지 않고, 안으로 깊이 들어가면 행복감을 높이기에 가장 적합하다.

헝가리 출신 미국 심리학자 미하이 첵센트미하이 Mihaly Csikszentmihalyi 는 그런 활동에 완전히 집중한 상태를 발견했다. 우리를 깊이 감동시키고 행복하게 하는 상태, 바로 몰입이다.[92] 어떻게 해야 몰입 상태에 들어갈까? 답은 명확하다. 활동과 사람을 바꾸지 않고, 옆으로 확장하는 게 아니라 안으로 깊이 들어가면 된다. 자기 자신을 잊게 하고 행복에 취하게 하고 무아지경에 이르게 하는 것이 바로 이런 집중이다. 좋아하는 활동을 할 때 그리고 긍정적으로 맺어진 개인적인 인간관계에서 당신은 이런 상태에 도달할 수 있다.

이 지점에서 뭔가 떠오르는 것이 없는가? 명상과 명상으로 도달할 수 있는 상태를 한번 생각해보자. 우리는 다시 세계에서 가장 행복한 사람, 마티유 리카르에게 온다. 실제로 명상과 몰입에는 유사성이 있다.

당신이 어떻게 몰입에 들어가고자 하든지, 그것은 끊임없는 연습 없이는 불가능하다. 계속해서 반복적으로 해야 하는 일상 활동에서 시작하라. 청소할 때 온 마음을 모아 집중해서 하라. 요리할 때 온 마음을 모아 집중해서 하라. 한눈팔면 안 된다. 온 마음을 모아 집중해야 몰입할 수 있다.

몰입에도 중독될 수 있을까? 적어도 신체적으로 구속되는 일은 없다. 또한 육체적 피로감 때문에라도 우리는 제때에 멈추게 된다. 몸의 메시지에 귀를 기울이는 한 중독의 위험은 없다. 그러나 뇌과학자들에 따르면, 우리의 뇌는 행복한 상태를 유지하려는 경향이 있다. 행복 추구의 밑바탕에는 확실히 신경 물질의 영향이 있다.[93] 신경전달물질 도파민은 감정을 담당하는 대뇌변연계에도 중요한 역할을 한다.[94]

대뇌변연계에는 보상체계가 있다. 우리가 올바른 행동을 하면, 이 보상체계는 상으로 우리에게 좋은 기분을 선사한다. 보상에 대한 기대만으로도 보상체계가 활성화되고 우리는 보상받을 준비를 한다.[95] 무더운 여름날, 퇴근 후 수영장에서 몸을 식힐 계획이라고 가정해보자. 시원한 수영장을 생각만 해도 벌써 기분이 좋아진다.

당신의 뇌가 보상을 미리 취하는 것이다. 조깅으로 혹은 자전거를 타고 녹초가 될 때까지 힘껏 달린다. 그러면 성취감이 느껴지고 이상하게 행복하다. 당신의 뇌가 몸에 좋은 아편인 엔도르핀을 듬뿍 뿌리기 때문이다. 뇌의 보상체계는 그런 식으로 기능한다. 환희가 다시 진정되면, 뇌는 새로운 쾌락 기회를 찾고 불쾌를 회피한다.

제2부 어떻게 불확실한 세상을 헤쳐 나갈 것인가

우리는 헤도니아, 순간적인 행복감과 쾌락의 마법에 대해 그리 많이 알지 못한다.[96] 심리학자, 사회학자, 신경과학자, 경제학자가 몇몇 실험 결과를 토대로, 과하지 않는 한 감각적인 쾌락의 향유가 삶의 만족도에 공헌한다고 밝혔더라도, 감각적 쾌락의 절정에서 다른 절정으로 조급하게 옮겨 다니는 것은 행복에 도움이 못 된다. 그렇다고 행복해지기 위해 금욕수행자가 될 필요는 없다. 에피쿠로스가 이미 그렇게 말했었다. 토마스 아퀴나스도 동의했다.

"쾌락은 천사와 동물에게 똑같이 즐겁다."[97]

그러므로 우리도 행복해질 수 있다.

08

완벽하지 않은 것을
신뢰할 수 있는 용기

마침내 때가 되었다. 이제 막 열일곱 살이 된 믿음직한 아들에게 집을 맡기고 어머니와 아버지는 차 한 대만 가지고 여행을 떠났다. 당연히 아들은 예상대로 행동했다. 재빨리 친구들을 초대하고, 음료를 준비했다. 이 기회를 위해 특별히 결성한 록밴드가 지하실에서 열정을 불태웠다. 화려한 경력과 소소한 경찰 조사의 서막이 열렸다.

이날 밤과 다음날 장면에 대해서는, 바닥에 흘러넘친 맥주를 양동이에 퍼 담는 장면 하나면 충분할 테니 다른 설명은 생략하겠다. 그 대신 하나만 묻자. 당신이 3주간 여행을 간다면 당신은 집 열쇠를 누구에게 맡기겠는가? 당신이 신뢰할 수 있는 사람은 누구이며 몇 명이나 되는가?

심리학자들은 기본적으로 여섯 명이라고 말한다.[98] 신뢰할 수 있는 가장 가까운 사람이 최대 여섯 명이라는 뜻이다. 그렇다면 다양한 관계망 안에서 당신이 개인적으로 알고 지내는 친구나 지인은 최대 몇 명일 수 있을까? 영국 인류학자이자 심리학자인 로빈 던바Robin Dunbar는, 뇌의 신피질 용량이 약 150명으로 제한한다고 추정한다.[99] 말하자면 친구가 150명이 넘으면 우리의 뇌가 감당하지 못한다. 그것이 이른바 친구 최대용량이다.

이런 추정을 내놓을 때 던바는 아직 페이스북과 다른 SNS를 몰랐다. 페이스북 계정을 곧이곧대로 믿는다면, 친구 최대용량은 훨씬 높아져야 마땅하다. 유명인일 경우 팔로워 수가 수백만 명에 이른다. 그럼에도 던바의 수는 믿을 만하다. 페이스북 친구는 개인적으로 아는 친구가 아니며 또한 알 수도 없기 때문이다. 뇌가 감당하기에는 너무 많다.

직접 확인해 보라. 당신이 정기적으로 만나는 페이스북 친구는 몇 명인가? 당신이 당연한 듯 만날 생각조차 하지 않는 페이스북 친구는 몇 명인가? 이걸로 충분치 않다면, 다른 실험을 해봐도 좋다. 우선 페이스북에서 친구가 아주 많은 사람 하나를 골라라. 그런 다음 그에게 친구신청을 보내라. 대부분 수락할 것이다. 그러므로 온라인 친구의 수가 삶의 만족도에 아무런 영향을 주지 않는 것은 당연하다.[100] 현실친구와 달리, 온라인친구는 우리를 행복하게 하지 않는다. 진짜 친구가 많을수록 더 행복하다.

신뢰, 협동, 협조. 이것이 사회를 지탱하는 기둥이다. 그러므로 당연히 이 기둥들은 한 나라가 얼마나 잘 사느냐에 책임이 있을 뿐 아니라, 그 나라 국민이 얼마나 행복한가에도 책임이 있다. 그렇다면 이 기둥은 무엇으로 만들어지고, 그것의 내구성과 성능을 결정하는 것은 무엇일까?[101] 우리가 친구나 열일곱 살 아들을 믿을 뿐 아니라, 수백만 명과 서로 협력하는 것이 어떻게 가능할까? 그런 협력은 어떤 식으로 이루어질까?

사람들의 관계망에는 강한 연결도 있고 약한 연결도 있다. 몇 주간 집 열쇠를 믿고 맡길 만한(그들이 집에서 파티를 열지 않을 것이고, 설령 열더라도 청소를 할 거라고 믿을 수 있는) 사람들과의 관계망은 강한 연결이다. 직장, 볼링클럽, 축구동호회 등에서 만나 그냥 알고만 지내는 사람들과의 관계망은 약한 연결이다. 당신은 바로 이런 강한 연결과 특히 약한 연결을 다리 삼아, 모르는 사람들과 새로운 관계망을 형성하게 된다.[102] 학자들은 이것을 '네트워크'라고 부른다. '나는 A를 알고 A는 B를 알고 B는 또 누군가를 안다.'

우리의 네트워크는 거기서 끝나지 않는다. 회사도 네트워크다. 직원들이 서로 협조하고, 당연히 다른 회사와도 협조하고 경쟁한다.[103] 요컨대 사회를 지탱하는 기둥은 세 차원에서 효력을 낸다. 강하게 연결된 가까운 사람들 사이에, 그냥 알고만 지내는 지인들과 그들의 지인들 사

- 강하게 연결된 사람들, 알고만 지내는 지인들, 전혀 알 수 없는 사람들. 복잡한 네트워크 안에서 우리는 어떻게 협력할까?

신뢰, 협동, 협조. 이것이 사회를 지탱하는 기둥이다. 이 기둥들은 한 나라가 얼마나 잘 사느냐에 책임이 있을 뿐 아니라, 그 나라 국민이 얼마나 행복한가에도 책임이 있다. 그렇다면 이 기둥은 무엇으로 만들어지고, 그것의 내구성과 성능을 결정하는 것은 무엇일까?

이에 그리고 직장에서 네트워크는 이어진다. 그러나 그런 복잡한 네트워크 안에서 우리는 어떻게 협력할까? 그리고 다른 종들은, 예를 들어 돌고래는 어떻게 협력할까?

의 심 없 는

아 름 다 운 믿 음

브라질 산타카타리나주 남부 도시 라구나의 어부들은 숭어를 잡는다. 10센티미터에서 1미터까지 자라는 은빛 물고기 숭어는 열대와 아열대 지역의 해안과 하구에 주로 서식한다. 그런데 어부들에게는 문제가 하나 있었다. 물이 탁해서 어부들은 숭어들이 어디에 있는지 볼수가 없었고, 그물을 언제 어디로 던져야 하는지 몰랐다. 그래서 조력자가 꼭 필요했다.

어부들은 조력자로 퍼규레도, 스쿠브, 카로바 그리고 그들의 친구들을 찾았다. 그들은 바다에서 숭어를 겁주어 그물로 몰아넣는다. 퍼규레도, 스쿠브, 카로바 그리고 그들의 친구들은 숭어가 가까이에 있으면, 수면을 때려 짧은 신호를 보낸다. 그러면 어부들이 그물을 던진다. 사냥꾼과 몰이꾼의 완벽한 협동이다. 그러나 정작 몰이꾼은 몰이꾼이 뭔지도 모르고 자신이 몰이꾼인 줄도 모른다. 또한 자신의 이름이 퍼규레도, 스쿠브, 카로바인지도 모른다. 퍼규레도, 스쿠브, 카로바는 돌

고래다.[104]

라구나 어부들과 돌고래의 신기한 협동은 관광상품으로 손색이 없지만, 사람과 동물 중 이들만 유일하게 협동하는 건 아니다. 또한 인간뿐만 아니라 동물들 사이에서도 서로 협동하고, 동물과 인간도 팀워크를 발휘한다.

아프리카에는 꿀 안내자가 있다. 딱따구리가 벌집을 찾아내고 오소리를 데려와 벌집을 해체하게 한 뒤, 둘이 꿀을 나눠 갖는다. 인간도 이런 꿀 안내자를 조력자로 이용한다. 돌무떼새는 악어의 알을 지키다가 알 도둑이 다가오면 경보음을 울린다. 악어는 그것에 대한 보답으로 돌무떼새를 천적으로부터 지켜준다. 청소물고기는 물속에서 목욕탕을 운영한다. 모든 물고기가 전신 목욕서비스를 받는다. 공짜로.

인간끼리, 동물끼리 그리고 인간과 동물이 서로 협력할 수 있다면, 인간이 다른 존재와 협동할 수 있게 해주는 뭔가 더 심오한 것이 있음에 틀림없다. 사회심리학자는 협력을 가능하게 하는 네 요소가 있다고 말한다.[105] 바로 공감, 소속감, 상호관계, 보복이다.

첫 번째 요소는 공감이다. 우리 안에는 남을 돕고자 하는 마음이 있다. 우리는 이것을 행복 연구에서 확인했다. 남을 도우면 우리는 행복을 느낀다. 두 번째 요소는 소속감이다. 우리는 소속감을 원하기 때문에 다른 사람과 협동할 수 있게 자신을 주변에 맞춘다. 그리고 사회적 흐름과 반대로 헤엄치는 걸 싫어한다. 자유분방한 사람들로 가득한 가장무도회 한복판에 말짱한 정신으로 양복을 입고 손에 최신 경제잡지를 들고 서 있다고 상상해보라. 주변의 흐름과 반대로 가면 어떤 기분인지 쉽게 이해될 것이다.

그러나 같은 방향으로 가는 것만으로는 충분치 않다. 협력은 상호 관계에 있다. 네가 나를 돕고 내가 너를 돕는다. 마지막으로 네 번째 요소는 보복이다. 네가 나를 저버리면 나는 그것을 알아차리고 언젠가 기회가 오면 그대로 갚아준다.

하지만 내가 누군가를 도우면 그도 나를 도울 거라 어떻게 확신할 수 있을까? 신뢰가 그 답이다. 한번 생각해보라. 한 지인이 당신에게 이사를 도와달라고 부탁한다. 어떨 때 당신은 그 사람을 도울까? 이 지인이 나중에 당신을 도와주지 않을 것 같으면 당신은 아마 그를 돕지 않을 것이다. 남을 돕는 사람은 분명히 이 친절이 언젠가 되돌아올 거라고 믿을 것이다. 혹은 이타적인 동기에서 이웃에 대한 책임감으로 대가를 바라지 않고 돕기도 한다.[106] 협동과 협조는 신뢰를 바탕으로 한다. 나중에 언젠가 도움을 받게 되리라 믿기 때문에 돕는다. 협동의 생명은 신뢰다.

사적 영역에서만 신뢰가 중심 역할을 하는 게 아니다. 아무도 법을 지키지 않는 사회를 상상해보라. 경찰은 힘이 없고, 아무것도 제 기능을 하지 못할 것이다. 규칙과 법은 '모두가 그것을 지킬' 거라고 모두가 믿을 때만 기능한다. 다른 사람들도 똑같이 지킬 것이라고 믿고 기대하기 때문에 우리는 법을 지킨다. 사적 영역에서의 개인적 신뢰와 구분하기 위해 이런 신뢰를 '체제 신뢰'라고 부른다.[107] 신뢰는 주관적인 노동

제2부 어떻게 불확실한 세상을 헤쳐 나갈 것인가

만족도와 건강만족도에 긍정적 영향을 미친다. 신뢰를 잃으면 그 자리에 불신과 두려움이 등장한다. 그리고 불신과 두려움이 지배하는 곳에는 행복이 없다.

신 뢰 가
삶 의 질 을 결 정 한 다

불신과 두려움은 행복한 삶의 재료가 아니다. 개인적인 신뢰와 체제 신뢰의 상실은 삶의 질을 해친다. 연구자들은 주로 개인적인 신뢰에 대해 묻는다.[108] 예를 들어, 피험자들에게 "일반적으로 우리는 사람을 믿을 수 있다."라는 문장을 제시하고, '전혀 그렇지 않다'에서 '완전히 그렇다'까지 선택지 네 개를 준다.

체제 신뢰를 묻는 것은 더 어렵다. 정치, 종교, 경찰, 법원 혹은 기업 같은 기관이나 제도에 대한 신뢰도를 직접 물을 수 있다. 또는 정부가 얼마나 부패했다고 생각하는지, 사유재산권이 얼마나 잘 보호된다고 여기는지를 물어 간접적으로 체제 신뢰도를 알아낼 수 있다. 부패지수가 낮고 사유재산 보호가 잘될수록 체제 신뢰도가 높다. 기분을 착잡하게 하는 다른 연구결과가 체제 신뢰도의 중요성을 보여준다. 체제 신뢰도가 낮을수록 자살과 교통사고 수치가 올라간다.

독일의 경우 개인적인 신뢰는 주관적인 삶의 만족도에 긍정적인 영향을 비교적 크게 미친다.[109] 그러나 나머지 요소들은 긍정적인 영향을 덜 미친다.

사회적 신뢰가 우리의 행복감과 삶의 만족도에 얼마나 강한 영향을 주는지 보여주는 주목할 만한 연구가 있다. 2011년 3월 11일에 일본을 강타하고 후쿠시마원전붕괴를 포함하여 최악의 자연재해를 일으킨 끔찍한 지진은 결코 행복을 주는 사건이 아니었다. 거대한 황폐화 그리고 물질적·비물질적 상실이 행복감을 극적으로 무너뜨렸다.

그리고 역시 주목할 만한 반대 효과가 있다. 일본 연구진은, 주관적인 삶의 만족도를 높이는 신뢰의 효과가 재난 때 더 높아졌음을 확인했다. 타인에 대한 신뢰가 높을수록 재난 피해자는 주체적으로 재난을 더 잘 이겨낼 수 있었다.[110] 간단히 말해서 상호신뢰와 조력은 위기에도 사회를 지탱하고, 심지어 위기는 신뢰의 효과를 강화한다. 다른 연구들도 이것을 지지하고, 경찰과 법에 대한 신뢰 역시 중요한 구실을 한다는 사실을 보여준다.[111]

인간은 누구나
나약하다

사회적 지진이 일어날 때도 신뢰가 우리를 보호할까? 유럽연합조약 제3조 4항. 이 조항은 유로가 유럽의 경제 및 통화 연합의 화폐임을 규정한다. 1999년에 예금화폐로, 2002년에 현금화폐로 도입되었고, 유로는 2002년에 아헨에서 카롤루스대제상을 받았다. 그것이 유럽의 동반 성장에 '획기적인 공헌'을 했기 때문이다.[112]

7년 뒤 유럽의 대부분이 이 모든 것을 다르게 보기 시작했다. 유로는 유럽대륙 전체를 거대한 위기에 빠트렸다. 이른바 GIIPS로 축약해서 불리는 그리스, 이탈리아, 아일랜드, 포르투갈, 스페인이 이 위기에서 가장 힘들었고 여전히 힘겨워한다.

이것은 세계행복보고서가 측정한 사회적 신뢰도에서도 드러난다. 이런 위기 국가들의 사회적 신뢰도는 북부국가들보다 순위가 많이 뒤처졌다. 흥미롭게도 아일랜드는 지금까지 이 위기를 가장 잘 그리고 가장 낮은 사회적 문제를 겪으며 이겨내고 있다. 그리고 아일랜드는 위기 국가 중에서 사회적 신뢰도가 가장 높다. 제 기능을 하는 신뢰망 구축은 국가에 큰 도움을 준다.

그러나 어떻게 신뢰망을 구축할 수 있을까? 사회적 신뢰와 체제 신뢰를 어떻게 구축하고, 사회를 지탱하고 위기를 견디게 하는 신뢰는 어떻게 생겨날까? 지금까지 단지 몇몇 관련 요소들만 알려졌을 뿐이다.[113] 소득불균형, 인종적 다양성, 불안한 사회구조는 신뢰도를 떨어뜨리고, 프로테스탄티즘과 군주제는 신뢰도를 높인다. 어쩌면 후자는 황금표지의 왕실 이야기에 대한 향수를 깨웠으리라.

이제 모든 것이 이해할 수 없게 들린다. 개인적인 신뢰, 사회적 신뢰, 체제 신뢰, 이 모든 것이 그저 말장난에 불과하고 고된 현실에는 아무런 의미가 없을까? 그렇지 않다. 신뢰도는 경제적 이익과 관련이 깊다. 신뢰가 10퍼센트 상승하면 국내총생산 성장률이 5년 동안 0.5퍼센트 상승한다.[114] 신뢰는 부를 가져온다.

신뢰도의 가장 중요한 구성요소는 사회적 신뢰와 경찰에 대한 신뢰다.[115] 그러나 법제도에 대한 신뢰, 의회에 대한 신뢰, 정치가에 대한 신뢰 역시 중요하다. 이 모든 요소가 합쳐져서 회복탄력성이라고도 불리는 저항력을 키운다. 실업과 질병 같은 사회적 문제를 겪는 사람들은 이 힘으로 위기를 극복한다. 공공 안전, 안정된 법질서, 신뢰할 만한 정치가는 사회적 신뢰도의 핵심이고 그래서 또한 사회적 행복도와 만족도의 핵심이기도 하다.

당연히 한 국가의 정부의 질이 국민의 만족도에 큰 역할을 한다. 평가가 좋은 정부는 삶의 만족도를 높인다.[116] 2015년 미국 정부의 점수는 형편없는 0.35점이었다. 2016년 선거에서 정치 아웃사이더인 트럼프가 (거액의 후원을 받아) 소위 정치적 기반이 탄탄한 힐러리를 이기고 당선된 이유는 어쩌면 여기 있다. 정치와 행복 면에서 좋은 정부는 중요한 역할을 한다. 그러므로 투표하라. 그리고 영리하게 선택하라. 그것은 당신의 생각보다 훨씬 많이 당신의 삶과 행복에 영향을 미친다.

결론적으로 이런 연구들에서 우리는 행복을 위해 무엇을 배울 수 있을까? 우선 사회적 네트워크가 신뢰에 대단히 중요한 구실을 한다. 신뢰는 잘살 때뿐 아니라 힘든 시기에도 매우 중요하다. 사회적 신뢰가 있을 때 우리는 안전함을 느낀다. 그 속에서 우리는 재앙을 이겨내는

• 　사회적 신뢰와 체제 신뢰를 어떻게 구축하고, 사회를 지탱하고 위기를 견디게 하는 신뢰는 어떻게 생겨날까?

개인적인 신뢰, 사회적 신뢰, 체제 신뢰, 이 모든 것이 그저 말장난에 불과하고 고된 현실에는 아무런 의미가 없을까? 그렇지 않다. 이 모든 요소가 합쳐져서 회복탄력성이라고도 불리는 저항력을 키운다. 사회적 신뢰가 있을 때 우리는 안전함을 느낀다.

힘을 얻는다. 경찰과 법제도 그리고 정부는 우리의 행복에 막대한 구실을 한다. 이런 신뢰는 한번 잃으면 다시 회복하기가 무척 힘들다. 개별 인간은 상처를 아주 쉽게 받는 나약한 존재다. 그러나 정치적으로 보호되는 거대한 사회적 관계망 안에서는 강하고 행복하다.

09

인생을 사는
단순한 진리

1916년 12월 19일 아침, 얼음이 둥둥 떠다니는 네바강에 시체가 떠
내려왔다. 얼굴이 일그러졌고, 두개골이 깨졌으며, 여러 군데 총상이 있
었다. 1903년 카리스마 넘치는 농촌 청년이 상트페테르부르크에 왔을
때 시작된 긴 이야기의 마지막 장이 이날 덮였다. 도시에 도착하던 해
그리고리 라스푸틴Grigorii Raspu'tin은 34세였고 말이 거의 없었고 읽을 줄
도 쓸 줄도 몰랐다. 긴 머리와 수염, 최면에 걸린 것 같은 방황하는 시선
이 대단한 기운을 뿜어냈다. 상트페테르부르크에 당도한 시점부터 네

바강 얼음물에 시체로 떠내려 오기까지 13년 동안 그는 예언가, 심령치유사, 정신치료사, 기도치료사, 소녀성폭행자, 스파이, 사탄, 말 도둑으로 세상을 떠들썩하게 했다.

그리고리 라스푸틴은 아무도 고치지 못한 황자의 병을 고치면서 황실의 후원을 받게 되었다. 그는 정치적으로 매우 중요하고 영향력이 있는 황실 고문으로 신분이 상승했다. 그의 정치적 영향력은 네바강에서 죽음을 맞을 만큼 너무 컸다. 그의 죽음과 함께 러시아 황실도 몰락했다. 그가 죽고 몇 주 뒤에 혁명이 일어나 그들은 세계정치 경기장에서 쫓겨났다. 그러나 라스푸틴의 치유력에 관한 믿음은 컸고, 경찰 보도에 따르면, 시체가 발견된 후 며칠 동안 많은 사람이 네바강에 와서 강물을 퍼갔다. 죽은 라스푸틴의 힘이 그 물에 담겨 있다고 믿었기 때문이다.[117]

라스푸틴은 인류가 전 시대에 걸쳐 추종했던 수많은 기적의 치유를 하는 샤먼 중 한 명에 불과하다. 건강과 부에 대한 갈망이 너무나도 큰 인류는, 전통적인 의학이 포기를 선언하고 나면 기적의 치유사 샤먼을 기꺼이 믿었다.

기적적인 치유에 대한 갈망으로 보더라도 건강과 행복은 확실히 직접적인 연관이 있고, 그것은 실험으로도 명확히 입증된다. 당연히 건강한 사람이 더 행복하다. 그런데 의문이 생긴다. 무엇이 건강하게 하고, 누가 건강한가?

부유함이 건강을 주고, 빈곤이 질병을 만든다. 사회적 지위가 낮은 가난한 사람들이 지위와 소득이 높은 사람들보다 더 자주 더 많이 아프고, 기대수명도 더 낮다.[118] 왜 그럴까?

소득과 재산의 불평등한 분배 때문일 거라는 의심이 가장 먼저 들겠지만, (기대와 달리) 그것은 결정적 원인이 아니다. 소득과 재산의 분배가 독일보다 더 평등한 스웨덴과 덴마크 같은 스칸디나비아 국가들에서도 (예를 들어 프랑스, 영국, 그리스, 미국처럼 소득과 재산의 분배가 불평등한 나라들과 마찬가지로) 가난한 사람들의 건강이 더 나쁘다.[119] 비록 1인당 국민소득이 높은 국가의 건강 상태가 기본적으로 더 양호하더라도, 빈곤과 건강 사이의 연관성은 반비례한다. 그 원인이 무엇일까?

죽음을 피하는
간단한 원칙

나쁜 건강의 일차 원인은 개인의 생활 방식이다. 독일의 경우 주요 사망 원인이 흡연, 음주, 비만, 운동 부족, 교통사고다.[120] 한마디로 개인의 생활 방식이 주요 사망 원인이다. 미국의 경우 전체 사망의 45퍼센트 그리고 15세에서 64세 사이에 사망한 사람의 55퍼센트가 개인의 생활 방식 때문에 죽었다.[121] 말하자면 원칙적으로 이 연령대에서는 생활 방식을 바꾸면 죽음을 피할 수 있다. 이때 사망한 사람들은 그냥 너무 일찍 죽음을 맞는다.

가난한 사람들이 건강하지 않고 일찍 죽는 이유가 여기에 있다. 가난한 사람들이 담배를 더 자주 피우고, 운동 부족과 고도비만을 보인다.[122] 소득 및 재산과 건강의 연관성에 관한 원인이 명확히 해명된 건 아니지만[123] 생활 방식이 열쇠일 수 있다. 부유하고 경제적으로 발달한 나라에서는 사망 원인이 빈곤 차제가 아니라, 빈곤과 연결된 생활 방식이다.

여기에 더 막중한 사실이 추가된다. 건강에 안 좋은 생활 방식은 장기적으로 건강만 해치는 것이 아니라, 직접적으로 행복감과 삶의 만족도까지도 낮춘다. 그래서 흡연자는 비흡연자보다 삶의 만족도가 낮고, 활동적인 사람은 소파와 한 몸처럼 사는 사람보다 행복감 수치가 더 높으며, 정상 체중인 사람이 과체중인 사람보다 더 행복하다.[124] 그나마 다행인 건 적당한 음주는 행복을 훼손하지 않는다는 사실이다. 하지만 과도한 음주는 당연히 건강을 해치고 심지어 우울증으로 안내할 수 있다.[125]

장기적인 신체질환이 정신질환과 유사한 방식으로 행복을 훼손한다는 사실은 그다지 새롭거나 놀라운 지식이 아니다. 아마도 정신 건강이 삶의 만족도에 가장 중요한 요소일 터다.[126] 그러나 인간은 또한 자신의 운명을 극복하고 적응할 수 있다. 연구에 따르면 질병을 이겨내는 법을 배우면 삶의 만족도가 다시 올라간다.

제2부 어떻게 불확실한 세상을 헤쳐 나갈 것인가

그러니까 건강이 행복하게 한다. 그렇다면 역으로, 행복이 건강하게 할까? 연구결과는 명확하다. 행복은 질병을 예방하고 수명을 늘린다.[127] 예상하지 못할 만큼 강력하게.[128] 행복은 심혈관계의 건강을 개선하고, 면역체계를 강화하고, 심근경색과 뇌졸중의 위험을 낮추고, 감염위험을 낮추고, 염증을 완화하고, 회복력을 높인다.

이런 효과는 전문적인 의학지식이 없어도 알 수 있다. 과도한 스트레스가 신체의 자기 치유력을 낮추면(이런 경험을 직접 해보지 않은 사람이 어디 있을까), 행복이 건강에 미치는 효과가 명확히 드러난다. 스트레스는 심혈관계질환 위험을 높인다.[129] 스트레스는 신체의 균형을 무너뜨린다. 다시 균형을 찾기까지 시간이 오래 걸릴수록, 모든 신진대사가 방해를 받거나 궤도에서 이탈한다. 그러면 우리의 몸은 염증을 빨리 없앨 수 없고, 심혈관계는 훼손되고, 감염위험은 증가하고, 회복 시간은 길어진다.

행복과 건강의 연관성에 유전자도 중요한 구실을 한다. 노르웨이의 쌍둥이 연구에서, 유전자가 주관적인 행복감과 스스로 인식하는 건강 상태에 영향을 미친다는 사실이 밝혀졌다. 이해하기 쉽게 요약해서 말하면, 행복과 건강의 약 절반은 유전적 요소를 토대로 한다.[130]

행복은 또한 활동으로 건강을 지원한다. 행복감과 삶의 만족도가

부유함이 건강을 주고, 빈곤이 질병을 만든다. 사회적 지위가 낮은 가난한 사람들이 지위와 소득이 높은 사람들보다 더 자주 더 많이 아프고, 기대수명도 더 낮다. 왜 그럴까? 가난한 사람들이 담배를 더 자주 피우고, 운동 부족과 고도비만을 보인다. 부유하고 경제적으로 발달한 나라에서는 사망 원인이 빈곤 차제가 아니라, 빈곤과 연결된 생활 방식이다.

높은 사람은 신체적으로 활동적이고, 운동을 많이 하고, 담배를 덜 피우고, 건강하게 먹는다.[131] 한마디로 그들은 건강에 좋은 생활 방식으로 산다. 물론 그렇다고 해서 행복한 사람이 전혀 아프지 않다는 뜻은 아니다. 그들 역시 다른 사람들과 똑같이 중병에 걸릴 수 있지만 기본적으로 더 빨리 회복된다.

더 건강해지면서 동시에 더 행복해지는 간단한 방법이 있다. 과일과 채소를 많이 먹으면 된다. 과일과 채소가 건강에 좋을 뿐 아니라, 더 행복하고 더 만족하게 한다.[132] 말하자면 과일과 채소 섭취가 행복감과 만족도를 높인다. 과일과 채소 섭취를 하루 여덟 배 정도 높이자, 피험자의 행복감과 만족도가 높아졌는데, 이 수치는 놀랍게도 실업자가 취업했을 때 상승한 폭만큼 높다. 당신의 부모가 왜 그토록 과일과 채소를 많이 먹으라고 강조했었는지 이제 이해가 되는가? 부모의 잔소리가 늘 성가신 건 아니다.

좋은 삶을
더 오래도록

이 모든 것에서 우리는 무엇을 알 수 있을까? 우선, 주관적인 건강 인식은 개인의 행복감에 큰 영향을 미친다. 흡연, 과음, 운동 부족은 수명을 단축할 뿐 아니라, 우리의 행복감과 만족도를 낮춘다. 삶의 만족도와 행복감을 높이는 거대한 잠재력이 여기에 있다. 역으로 주관적인 행복감과 낙관주의는 발병 빈도수를 낮추고, 병에 걸리더라도 더 빨리 건강을 회복하게 한다. 아마도 우리는 더 행복해지면 더 오래 살 수 있다. 그러므로 행복하게 살기 위해 애쓰는 삶은 매우 가치 있는 일이다.

제 3 부

왜 우리는
타인의 인생을
사 는 가

자본주의가 결코
말하지 않는 행복의 조건

"모든 불만을 생에서
모조리 제거하고 나면 만족스러울까?
덴마크인처럼 느긋하게 살고,
스웨덴인처럼 집을 꾸미고,
프랑스인처럼 휴식을 취하면, 될까?

  :
  :
  :

냉정하지만 확실한 진실 하나.
사람은 제 버릇 남 못 준다."

The Cyclops. C.1914 Oil On Canvas by Odilon Redon

무엇이 우리를 행복하게 하는지 안다고 해서, 그것이 우리를 행복의 길로 안내하지는 않는다. 행복은 배우고, 획득하고, 방어되어야 한다. 제3부는 행복의 길에 어떤 돌부리가 숨어있는지 그리고 행복을 찾는 데 우리 사회가 어떤 구실을 하는지 알려 줄 것이다.

01

운명의 장난을
이기는 행복자본

방 두 개짜리 집에서 8인 가족이 보조금에 의존해 살았다. 전쟁으로 남편을 잃은 어머니는 청소부로 일하며 가족을 먹여 살리기 위해 애썼다. 그녀의 아들은 나중에 "우리는 사회 부적응자였다"라고 말했다. 그의 옷은 복지센터의 헌옷 수거함에서 왔다. 그는 여자든 남자든 또래 친구들이 같이 놀아주지 않아 괴로웠다.[1]

그러나 전쟁미망인 가정의 아들은 그것을 견뎌냈고, 소매상판매원 직업교육을 받았고, 야간학교에서 대학입시를 준비했고, 변호사가 되었다. 그리고 마침내 독일연방공화국의 총리가 되었다.

모든 장애를 뚫고 사회 부적응자에서 총리까지 오른 게르하르트 슈뢰더Gerhard Schröder와 비슷한 사례는 많다. 운명의 모든 저항을 이겨낸 사람들. 어려움을 딛고 더 강해지고 성장한 사람들. 그러나 그런 상황에서 무너져내려 술, 마약, 범죄, 자살로 끝나는 사례 또한 많다. 무엇이 이런 차이를 만들까?

1950년대 이후로 과학자들은 이 질문의 답을 찾아 나섰고, '회복탄력성'이라는 대답을 내놓았다. 1950년에 미국의 발달심리학자 에미 워너Emmy Werner는 하와이 카우아이 섬 주민 약 700명을 조사했다. 같은 해에 태어나 폭력, 방치, 가정불화를 겪고 정신질환을 앓는 부모를 두었으며 빈곤으로 점철된 유년시절을 보낸 많은 사람들, 충만한 삶을 살 기회 없이 불우한 환경에서 자란 사람들이 대상이었다. 에미 워너는, 이런 역경에도 불구하고 약 3분의 1이, 전쟁미망인 가정에서 불우하게 자라 독일 총리가 된 슈뢰더처럼, 책임의식을 가지고 성실하게 능력을 발휘하며 살았다는 점을 발견했다.

수많은 후속 연구와 마찬가지로 워너는 이것을 토대로 인간이 자신의 운명을 개척할 수 있다는 것을 보여주었다. 운명이 아무리 많은 걸림돌을 인생길에 놓더라도, 인간은 그것을 극복할 수 있다. 말하자면, 어떤 사람들은 많은 것을 견디고 이겨낼 수 있다. 그리고 그런 사람들을 일컬어 회복탄력성 혹은 저항력이 있다고 한다.

회복탄력성은 원래 재료과학에서 쓰는 개념이다. 물질이 심하게 일

그러지거나 늘어났다가 다시 원래 상태로 돌아가면 회복탄력성이 있는 것이다. 심리학의 회복탄력성은 친구나 친척의 죽음, 생명을 위협하는 상황, 불운한 사건 같은 인생의 역경에도 정신적으로 흔들리거나 긍정적 감정을 잃는 일 없이 꿋꿋하게 이겨내는 능력을 뜻한다.[2] 재료과학의 회복탄력성 비유를 이어가면, 인간은 고무줄과 같다. 그러나 누구나 항상 그런 건 아니다.

회복탄력성이 강한 사람은 정신적 저항력이 낮은 사람들보다 인생의 부정적 충격을 더 잘 이겨낸다. 인간은 때때로 스스로의 믿음보다 훨씬 더 정신적으로 강하다.

그리고 우리 모두의 인생 또한 그럴 터다. 인생의 모든 것이 종종 예기치 않게 변한다. 그래서 장기적인 행복은 애초에 성취할 수 없는 목표다.

"운명의 힘으로는 영원한 끈을 짤 수 없다."

프리드리히 실러Friedrich Schiller의 시 「종의 노래」에 나오듯이, 인간은 더 높은 힘의 장난감이자 우연의 희생자다.

고대와 중세시대에 이미 시인들은 행복을 의인화한 행운의 여신 포르투나가 너무 변덕스럽다고 불평했다. 작곡가 카를 오르프Carl Orff는 자신의 칸타타 작품 「카르미나 브라나」에서, 인생의 오르막과 내리막을 달의 변화에 비유한다. 인생은 끊임없이 변한다. 아무것도 그대로 머물지 않는다. 중세시대에는 인생을 행운의 수레바퀴로 표현했다. 인간의 생은 수레바퀴 곳곳에 위치한다. 때로는 위에, 때로는 아래에 있다.

그렇다면, 이런 영구적인 변화 속에서 인간은 어떻게 행복할 수 있을까? 자신이 운명의 장난감이라는데, 어떻게 초연하고 여유롭고 행복할 수 있을까? 매일 접하는 뉴스를 생각해보라. 그런 세상에서 어떻게 계속 행복할 수 있을까?

인생을 결정하는
세 가지 운

인생에서 아주 많은 부분이 운에 좌우된다. 제1부에서 읽었던 것처럼 첫 번째 운은 유전자일 가능성이 높다. 우리의 행복은 최대 50퍼센트가 유전자에 의해 결정된다고 볼 수 있다. 우리는 유전자에 아무런 영향도 미칠 수 없다. 유전자 복권에서 운 나쁘게 '꽝'을 뽑은 사람은, 행복에 있어서 시작부터 불리하다.

그리고 그것만으로는 부족한 듯, 이제 두 번째 운이 온다. '어디서 어떻게 성장하는가?' 이것 역시 생후 몇 년까지는 우리의 영향력이 미치지 않는다. 그러나 이 시기는 우리의 교육, 인생, 행복에 막대한 영향을 미친다. 이것은 예상이 불가능한 사회적 운이다.[3] 그리고 우리가 살면서 예기치 않게 맞닥뜨리는 세 번째 운이 있다. 사고, 실업 혹은 여타 운명의 채찍들이 예기치도 못한 때 생에 날아온다.

우리의 행복은 많은 부분이 우연에 의해 결정된다. 행복을 뜻하는 독일어 'Glück'은 행복에 담긴 우연의 성질을 아주 잘 보여준다. 'Glück'은 '행복'과 '행운' 두 가지를 뜻한다. 행복하게 사는 것도 'Glück'이고 복권에 당첨되는 행운도 'Glück'이다. 반면에 영어는 'happiness'와 'luck'으로 행복과 행운을 명확히 구분한다. 제1부에서 살펴봤던, (행복을 행운으로 여기는) 행복에 대한 독일인의 태도가 언어에도 반영된 것이리라.

이런 관점에서 보면, 인간 정신이 인생의 오르막과 내리막을 잘 이겨내는 사실은 (예외도 있겠지만) 대단히 놀랍다. 확실히 인간은 스스로 생각하는 것보다 훨씬 더 강한 것 같다. 우리는 아주 많은 것을 견딜 수 있고, 아주 많은 역경을 극복할 수 있다. 우리는 역시 회복탄력성이 있다. 이런 능력이 없었으면, 그러니까 회복탄력성이 없었으면, 지구에서 살아남지 못했을 터다.

운명의 힘으로
영원의 끈을 짤 수 없다

인류 역사를 보면 우리는 옛날보다, 그러니까 100년, 1,000년,

2,000년 전보다 오늘날 확실히 더 안전하고 덜 위험하게 산다. 그럼에도 우리는 어째서 옛날이 더 안전하다고 느낄까? 아마도 옛날에는 오늘날처럼 빠르고 세세한 뉴스가 없었기 때문이리라. 뉴스의 넓고 빠른 확산이 언제나 행복에 도움이 되는 건 아니다. 운명의 분노와 폭주에 무방비로 노출되었고 죽음과 부당함에 둘러싸인 기분에서 벗어나고 싶은가? 그러면 시사주간지 구독을 끊고, 텔레비전을 치우고 그 자리에 책을 두어라. 텔레비전이 우리를 행복하게 하지 않는다고 이미 제2부에서 확인했다.

운명의 장난에 휘둘리지 않고 행복하게 사는 두 번째 전략은 신앙인데, 애석하게도 모두에게 열려있는 건 아니다. 신앙이 있는 사람은 그렇지 않은 사람보다 알코올중독, 마약, 이혼, 범죄, 자살과 거리가 멀다. 종교적인 이유로 술을 덜 마시고 담배를 덜 피우기 때문에 그들은 종교가 없는 사람보다 더 건강하다. 그리고 신앙인이 무신론자보다 더 행복하다.[4]

더 행복해지기 위해 교회로 달려가기 전에 왜 그런지부터 깊이 생각해보자. 첫째, 종교는 의미를 만든다. 인생에 의미와 목적을 부여하고, 더 큰 힘으로부터 보호받는 기분을 준다. 신앙인은 세상 만물이 그 자체로 아름답다는 감정을 갖는다. 그리고 이것에 힘입어 인생의 세 가지 운을 용감하게 견딘다. 이 명제가 참이라면, 진심으로 믿지 않고 교회에만 나가는 것은 별 도움이 못 된다.

그러나 당신이 이미 알고 있는 메시지를 전하는 두 번째 명제가 있다. 신앙인이 더 행복한 까닭은 어쩌면 그들이 같은 생각을 공유하고 서로 후원하고 지지하는 사회적 공동체와 연결되었기 때문일지 모른다. 여기서 다시 '친구와 사회적 연결'이라는 단순한 행복의 비법을 만난다. 교회에 가지 않아도 이것을 가질 수 있다.

친구나 가족이 죽었을 때 혹은 재난처럼 피할 수 없는 위험이 닥쳤을 때, 회복탄력성은 일종의 정신적 보험이다.[5] 그러나 무엇이 회복탄력성을 강화할까? 과학자들이 실마리를 찾았다.[6]

자신의 행동과 활동으로 미래에 영향을 미칠 수 있다고 믿는 사람들이 강한 회복탄력성을 가졌고, 그래서 또한 부정적인 사건에 덜 괴로워했다. 약간 선동적으로 표현하면, 통제권을 가졌다고 믿는 사람이 통제권을 갖는다. 그러나 건강한 분량의 낙관주의와 건강에 나쁜 과도한 낙천 사이의 경계는 아주 좁다.

그러나 회복탄력성을 강화하는 것은 이것만이 아니다. 이른바 '쾌락자본' 그러니까 개인적인 '행복자본'도 중요하다.[7] 사회적 관계, 지위, 자존감, 선망받는 직업 등이 행복자본일 수 있다. 행복자본이라는 용어에 기죽을 필요도, 행복자본을 얻기 위해 골머리를 앓지 않아도 괜찮다. 우리는 이미 행복자본을 넉넉히 갖고 있다. 친구, 제대로 기능하는 사회환경, 그리고 인생에 의미를 부여하는 그 무엇을 통한 이런 행복자본이 우리를 운명의 장난으로부터 보호한다.

겁쟁이가 더
행복하다

행복한 사람들은 쉴러가 「종의 노래」에서 불평했던 예측할 수 없는 운명의 장난을 회피한다. 한마디로, 겁쟁이가 더 행복하다.

이것을 이해하려면, 겁쟁이가 피하는 위험의 실체부터 알아야 한다. 쉴러가 말하는 예측불가성을 위험, 불안전, 불명확성 세 가지로 나눌 수 있다. 위험은 특정 확률로 표현할 수 있는 사건이다. 예를 들어 주사위 놀이에서 다음번에 6이 나올 것에 10유로를 걸면, 이것은 위험이다. 주사위를 던져 6이 나올 확률이 6분의 1이라는 것을 우리가 정확히 알기 때문이다. 보험사는 교통사고 확률, 특정 연령대가 아직 살아있을 확률을 안다. 그래서 위험에 맞춰 보험상품을 마련한다.

불안전에는 예측불가성이 많이 포함된다. 불안전에서는 '10퍼센트에서 20퍼센트 사이'처럼 단지 큰 간격으로 확률을 제시할 수 있다. 특정 지역에 지진이 일어날 확률은 얼마이며, 그리고 언제 일어날까? 대략적인 예측밖에 할 수가 없다.

불명확성에는 예측불가성이 가장 많이 포함된다. 불명확한 사건들은 아주 드물게 발생하기 때문에 확률로 표현할 수 없다. 세계금융체계가 향후 5년 안에 무너질 확률은 얼마나 될까? 확률 계산이 안 되기 때문에 이런 사건에 대한 보험은 기본적으로 매우 비싸거나 존재하지 않는다.

• 독일 베를린 콘체르트하우스 (콘서트 홀) 앞 프리드리히 실러의 상. 괴테와 견주는 대작가로 일컬어지는 프리드리히 실러는 인간의 운명과 의지의 힘을 묘사한 작품들로 추앙받는다.

"운명의 힘으로는 영원한 끈을 짤 수 없다." 프리드리히 실러의 시 「종의 노래」에 나오듯 인간은 더 높은 힘의 장난감이자 우연의 희생자다. 인생은 끊임없이 변화한다. 아무것도 그대로 머물지 않는다. 운명의 장난감인 우리는 어떻게 초연하고 여유롭게 행복할 수 있을까? 재난처럼 피할 수 없는 위험이 닥쳤을 때, 행복자본은 우리를 운명의 장난으로부터 보호한다.

사람들은 보험을 좋아한다. 연구가 입증하듯이, 인간은 기본적으로 위험을 회피한다. 인간은 위험을 싫어하고, 여유가 된다면 위험에 대한 보험을 든다. 그리고 그것으로 더 행복해진다. 미국인 30만 명을 조사한 연구에 따르면, 행복한 사람들이 안전띠를 더 열심히 맨다.[8] 행복한 사람들이 교통사고의 위험과 결과를 더 두려워하고 그래서 사고를 예방하고 위험을 줄이고 피한다는 뜻이다. 역으로도 통하는 것 같다. 위험이 많으면, 행복감이 떨어진다.[9] 행복한 사람들은 (미안하지만) 겁쟁이다. 그리고 그 덕분에 수많은 운명의 채찍을 피한다.

위험을 피하려는 성향은 인류 역사에서 쉽게 이해할 수 있다. 맹수, 불, 교통사고는 맞닥뜨리느니 미리 피하는 것이 훨씬 낫다. 행복한 사람은 불행한 사람보다 더 빨리 위험을 피한다. 그리고 위험을 피하는 사람은 그렇게 하지 않는 사람보다 더 행복하다. 행복한 사람은 통제하며 살고, 위험을 피하거나 그것에 대한 보험을 들어둔다.

위험한 생활 방식에는 더 어두운 면도 있다. 미국 고등학생 5,000명 이상에게 물었을 때, 위험한 생활 방식과 스스로 인식하는 자신의 폭력성과 삶의 만족도 사이에 불운한 관련성이 드러났다.[10] 삶의 만족도가 높으면 폭력성이 낮았다. 폭력성은 섹스와 마약 같은 위험한 생활 방식과 연결되기 때문에, 삶의 만족도를 이용해 위험한 생활 방식과 폭력성을 예방하는 전략을 발달시킬 수 있다. 행복한 사람은 마약을 하지 않고 폭력도 쓰지 않을 가능성이 높다.

너 무 편 안 하 고 너 무 좋 아 서
불 행 한 사 람 들

전체적으로 (적어도 그렇게 보이는데) 우리는 일상생활에서 매우 조심 해야 하는 부분이 많다. 박테리아와 바이러스의 감염을 막기 위해 자 주 손을 씻어야 한다. 교통사고의 위험을 피하려면 가능한 한 교통수 단을 덜 이용해야 한다. 어쩔 수 없이 교통수단을 이용해야 한다면, 자 전거를 탈 때는 헬멧을 쓰고, 자동차에서는 안전띠를 매고, 절대 과속 하지 않도록 늘 주의하고……. 어떤가? 그렇다, 주로 안전 강박증이 있 는 사람들이 이렇게 행동한다. 이런 생활에는 짜릿함이 없다. 적어도 이 따금 우리는 짜릿함이 필요하고 그래서 그것을 추구한다. 우리는 왜 공 포영화를 볼까? 왜 전쟁놀이를 할까? 왜 고속도로에서 시속 200킬로미 터로 질주할까? 왜 극한 스포츠를 즐길까? 살아있는 기분을 느끼려고! 우리의 힘을 시험하고 키우려고! (가상 혹은 현실의) 위험이 주는 짜릿함 을 느끼려고!

미국 경제학자 티보르 스키토프스키가 1970년대 말에 이미 이 현 상을 연구했다.[11] 그는 특히 미국의 삶이 너무 편안하고 좋고 지루해졌 다고 여겼다. 그는 경제적·사회적 발달이 삶을 안전하게 (그리고 지루하 게) 만들었지만 그것과 반대로 인간은 호기심이 많고 (인류의 진화과정을 생각해보라) 짜릿함을 추구하기 때문에 다른 곳에서 짜릿함을 찾는다. 생명을 위협하지 않는 한 이것은 전혀 나쁘지 않다. 그러나 애석하게도

제3부 왜 우리는 타인의 인생을 사는가

정확히 그런 일이 발생한다. 호기심과 짜릿함에 대한 추구가 마약, 과속, 폭력성처럼 정말로 위험한 일을 하도록 우리를 유인하기 때문이다.

다시 말해서 호기심과 짜릿함에 대한 추구는 본능처럼 우리 안에 내재해 있다. 그러나 그것을 어떻게 다루느냐는 별개의 문제다. 우리 몸을 해치지 않는 적당한 신체 활동이 행복을 돕는다. 그러나 기계가 대부분의 육체노동을 대체했기 때문에, 인간의 신체과제가 턱없이 부족해졌다. 이것 때문만으로도 직장에서의 일상적인 다툼이 늘고, 스트레스가 제대로 해소되지 못한다. 그래서 우리는 직장에서 못한 육체노동을 여가에 스포츠활동으로 보충한다. 그리고 그것이 실제로 행복에 도움이 된다.[12]

02

인간이 변하는
이유는 무엇인가

인 생 을 관 통 하 는

패 턴 이 있 을 까 ?

아니에요, 그 무엇도 아무것도

아니에요, 난 아무것도 후회하지 않아요

사람들이 내게 줬던 행복이건 불행이건

그건 모두 나와 상관없어요

아니에요, 그 무엇도 아무것도

아니에요, 난 아무것도 후회하지 않아요

나는 대가를 치렀고, 쓸어버렸고, 잊었어요

난 과거에 신경 쓰지 않아요 [13]

에디트 조반나 가시옹 Edith Giovanna Gassion은 1915년에 가수인 어머니
와 곡예사인 아버지 사이에 딸로 태어났다. 그녀는 사창가에서 할머니
손에 자랐고, 사람들 사이에 전해지기로 열 살에 시력을 잃었다가 리지
외의 데레사성녀 성지 참배로 치유되었고, 그것을 계기로 그 후 매년
성지순례를 했다. 에디트 조반나 가시옹은 열 살부터 곡예사 아버지를
따라 불결한 떠돌이 서커스단에서 생활하며 보잘것없는 쇼 무대에 올
랐다. 고작해야 142센티미터를 갓 넘은 꼬마 종달새가 동전 몇 푼을 벌
기 위해 황량한 거리에서 다듬어지지 않은 다이아몬드 원석의 목소리
로 노래를 불렀다.[14]

나이트클럽 사장이 이 원석을 발견했다. 그녀는 1935년에 벌써 파
리의 대음악당을 관객으로 가득 채웠다. 성공과 함께 딸의 죽음, 살인
사건 연루, 애인의 죽음이 동행했다. 그러나 운명의 이 모든 채찍은 그
녀를 더 강하게 한 것 같다. 음반녹음, 넓은 콘서트홀, 브로드웨이 입
성이 이어졌다.

1949년 그녀는 에디트 피아프라는 이름으로 세계적인 스타가 되
었다. 그리고 반주처럼 연애, 스캔들, 술, 모르핀, 좌절이 동행했다. 에
디트 피아프는 공연, 입원, 요양치료를 반복했다. 1963년 10월 10일에
그녀는 코트다쥐르에 있는 시골집에서 간경변으로 외롭게 죽었다.[15]
프랑스 유명배우이자 감독인 사샤 기트리 Sacha Guitry는 그녀에 대해 이

렇게 말했다. "그녀의 삶은 너무 슬프다. 실화라고 하기에는 너무 아름답다."[16]

그리고 그녀가 샹송 「난 아무것도 후회하지 않아요 Je ne regrette rien」에서 노래했듯이, 그녀는 정말로 아무것도 후회하지 않았다. 거친 생활, 운명의 채찍, 극적인 사건으로 점철된 자기 인생에 대한 반항일까? 아니면 쉽지 않은 삶을 어떻게든 살아냈고 아무것도 후회하지 않는 자신에 대한 강한 자부심일까?

이것은 우리가 이 장에서 살펴보고자 하는 질문과 닿아 있다. 인생에서 행복은 어떤 모습일까? 인생을 관통하는 일반적인 행복 패턴이 있을까? 아니면 모두가 저마다의 인생을 살기 때문에 패턴이라고 할 만한 모습은 존재하지 않는 걸까? 실제로 모두가 다른 인생을 산다. 그렇다면 그렇게 다양한 사람들에게서 일반적인 행복 패턴을 굳이 찾을 이유가 있을까?

대부분의 사람들은 태어나서 자라고, 학교에 가고, 취직을 하고, 아이를 낳고 (혹은 낳지 않고), 직장에서 은퇴하고, 나이가 들고, 끝내는 죽는다. 동일한 인생의 큰 물줄기 속에 있다 하더라도 비극이나 행복을 위한 소재는 넉넉하고, 뭔가를 후회할 혹은 후회하지 않을 시간도 충분하다. 인생의 주요한 시기들에서 행복은 어떤 형태로 변할까? 행복 연구는 이에 관해 뭐라고 말할까?

하루를 좌우하는
리듬이 있다

우리의 행복은 하루 동안에도 여러 번 바뀐다. 1장에서 설명했던 '일상 재구성 조사법'으로 이것을 확인할 수 있다. 행복감을 포함하여 모든 일과를 세세히 기록하는 것이다. 그랬을 때, 전형적인 행복의 날은 어떤 모습일까?

행복감의 하루 리듬은 나이에 많은 영향을 받는다. 50세 이하의 경우 행복감이 이른 아침부터 점심까지 확연히 증가했다가 다시 점차 내려가서 오후 2시쯤에 최저점에 도달한다. 그다음 다시 상승하여 저녁 8시쯤에 최고점에 도달한다. 정확히 저녁 뉴스 시간에 그렇다.

50세를 넘어가면 행복 리듬은 약간 다르게 진행된다. 행복감이 아침에 최저점을 찍은 뒤 점차 오르는데, 50세 이하보다 더 높은 수준까지 오른다. 50세 이상도 오후에 감소세를 보이지만 50세 이하보다 대략 한 시간 늦게 감소가 시작된다. 그다음 두 집단 모두 비슷한 수준으로 상승하여 저녁에 최고점에 이른다.

이런 리듬을 피할 수 있을까? 아마 안 될 것이다. 그리고 굳이 그럴 필요가 있을까? 행복감과 만족감은 상대적이라 그것이 변할 때 우리는 알아차린다. 행복감에 변화가 없으면 우리가 행복한지 어떻게 알 수 있겠는가. 우리의 삶은 그저 단조로움의 연속이다.

기분의 변화가 일반적인 수준을 넘으면, 생활 리듬이 전형적인 패턴에서 너무 심하게 멀어져서 조울증이 생길 수 있다. 그러면 기분의 기복은 절대 저절로 정상으로 돌아가지 않는다. 조울증의 원인은 명확히 해명되지 않았는데, 뇌 대사와 연결된 유전적 요소가 중요한 구실을 하는 것 같다.[17]

그러나 행복은 하루 동안에만 기복이 있는 게 아니다. 당연히 인생 전체에도 기복이 있다. 인생에서의 행복 리듬은 훨씬 더 복잡하다. 연구자들이 주장하는 인생의 행복 리듬은 서로 다른 모습이다.

최신 연구들은 생각할 수 있는 거의 모든 형태의 인생 행복 리듬을 보여준다.[18] 직선형, U자형, 뒤집힌 U자형. 직선형에서는 삶의 만족도가 나이와 함께 꾸준히 증가하거나 감소한다. 말하자면 나이가 들면서 점점 더 행복해지거나 불행해진다. 어떤 연구에서는 나이가 들수록 행복이 힘을 잃다가 특정 나이부터 다시 올라간다(만족도가 U자 형태로 변한다). 또 어떤 연구에서는 정확히 그 반대로 진행된다. 그러니까 나이가 들수록 행복이 증가하다가 특정 나이부터 다시 감소한다(뒤집힌 U자를 그린다).

인생 행복 리듬의 연구결과는, 어떤 자료를 어떤 방법으로 분석했느냐에 좌우되는 것 같다. 그러나 조금 더 정확히 살펴볼 필요가 있다.

뒤집힌 U자형, 그러니까 나이가 들수록 만족도가 증가하다가 특성 나이부터 다시 감소하는 인생은 어떤 모습일까? 2006년 리처드 이스털린이 발표한 연구결과에 따르면, 18세에서 60세까지의 인생에서 주관적인 행복감이 처음에는 상승하다가 점차 상승폭이 감소하고 결국 60

제3부 왜 우리는 타인의 인생을 사는가

세부터는 행복감이 감소하기 시작하는데, 나이가 들수록 감소폭이 점점 커진다.

영역별 만족도를 구분해서 보면 인생 행복 리듬을 이해하는 데 도움이 된다. 삶의 만족도는 가족, 재정, 건강 그리고 여타 수많은 영역의 다양한 요소들이 합쳐져서 만들어진다. 그러므로 영역별 행복이 어떻게 변화하는지 알면, 그것을 합친 인생 전체의 만족도를 더 잘 이해할 수 있다.

인생의 주요 영역에서는 행복이 어떤 형태로 변화할까? 가족 만족도는 삶 전체의 만족도와 궤를 같이 한다. 이를테면 가족 만족도는 처음에 증가했다가 어느 시점부터 감소한다. 이런 뒤집힌 U자형은 타당성이 있어 보인다. 자식들이 성장하는 모습을 보며 행복해하다가, 자식들이 성인이 되어 독립해서 나가면 공동운명체였던 가족이 그것으로 끝나기 때문에 만족도가 확실히 떨어진다. 이후부터는 부부가 얼마나 서로 배려하고 견디느냐에 가족 만족도가 좌우된다.

직장 만족도는 상승폭이 점점 감소하는 추세로 상승하다가 60대 중반쯤 정년퇴직 시기에 최고점에 도달한 뒤 감소하기 시작한다. 이 경우 역시 뒤집힌 U자형으로 진행된다. 직장 상황을 고려할 때 이런 진행은 당연해 보인다. 나이가 들수록 직장에서 지위가 올라가고 성공하지만 언젠가 경력 사다리는 끝에 도달하고 그 자리에 머물게 된다.

재정 만족도는 다르다. 이스털린은 여기서 U자형 진행을 확인했다. 18세부터 대략 35세까지는 재정 상황이 계속 불만족스럽다가 그 후로

• 　　공통된 인생의 굴곡, 누구나 통과하는 삶의 관문들, 기분의 리듬. 인생의 주요 영역에서 행복은 저마다 어떤 형태로 변화할까?

인생을 관통하는 일반적인 행복 패턴이 있을까? 아니면 모두가 저마다의 인생을 살기 때문에 패턴이라고 할 만한 행복의 형태는 존재하지 않는 걸까? 나이, 직종, 환경 등 공통분모를 갖는 사람들이 겪는 행복의 리듬을 피할 수 있을까? 아마 힘들지 않을까? 그리고 굳이 그럴 필요는 있을까?

점차 상승한다. 이런 진행 과정은 쉽게 이해가 된다. 나이가 들수록 직장에서 성공하고, 그것이 개인의 재정 상황에 영향을 미친다. 반면 건강 만족도는 18세부터 감소한다. 감소폭이 점점 줄긴 하지만 그럼에도 감소세는 죽을 때까지 계속된다. 하지만 전체 만족도가 상승하는 행복한 겁쟁이들에게는 노화가 아무것도 아니다.

이런 방식으로 행복감을 분석하면 전체 행복 리듬 역시 해명할 수 있다. 나이가 들수록 가족과 직장에서의 만족도가 상승하므로 전체 삶의 만족도 역시 상승한다. 어려운 재정 상황과 소소한 건강문제는 전체 그림을 망치지 못한다. 그러나 나이가 들수록 가족과 직장의 행복요소는 줄고 건강이 더 중요해진다. 그러면 재정 만족도가 아무리 높아도 건강 만족도의 하락을 완전히 상쇄할 순 없다.

인생의 짐을 벗어던질 때
찾아오는 것들

모든 것이 그럴듯하게 들린다. 그러나 논란의 여지가 있다. 지금까지 소개한 결과들은 미국 자료를 토대로 한다. 세계 여러 지역의 행복을 조사한 또 다른 연구는 전혀 다른 결과를 발표한다.[19] 예를 들어 건강이 인생 행복 리듬에서 가장 중요한 요소이고, 나이가 들수록 건강의 의미가 커진다. 전 세계의 결과는 더 놀랍다. 가족은 삶의 만족도에 전반적으로 아주 낮은 영향만 주고, 50세 이상부터는 소득이 거의 무의미해진다.

　그러나 이 결과는 서유럽과 영어권 나라에 맞지 않는다. 이곳에서 가족은 삶의 만족도에 막대한 영향을 미친다. 소득 역시 가난한 나라에서는 의미가 높다.

　독일 자료의 연구는 미국과 반대로, 인생 행복 리듬을 U자형으로 추측한다.[20] 성년이 될 때까지는 삶의 만족도가 감소하다가 성년이 되면서 상승한다. 그러나 이 결과는 몇몇 특별한 통계적 허점 때문에 검증된 연구결과로 인정받지 못한다. 그러나 또 다른 연구들이(여기에도 독일 자료 분석이 있다) U자형 인생 행복 리듬을 확인한다. 삶의 만족도가 나이에 좌우되고, 인생 중반에 최저점을 찍는(우리는 이것을 곧 자세히 살펴보게 될 것이다) 형태다.[21] 이런 진행 역시 명확한 해명이 가능하다. 나이가 들수록 책임감과 직장에서의 부담이 증가하고 세계는 점점 더 복잡해지고, 자식, 직장, 경력, 부부, 담보대출 등 우리는 중년기에 막대한 부담을 짊어지게 된다. 중년기를 넘으면 이런 스트레스 요인은 약해지고 직장에서 지위도 높아지고 자식들은 장성하고 담보대출은 상환된다. 인생의 짐이 가벼워진다.

　연구자들은 대체로 한 가지 결론에 도달한다. 관찰되지 않은 여러 요인이 일생에 걸쳐 삶의 만족도에 영향을 미친다! (이런 말은 나도 하겠다!) 중년기 이후의 만족도 상승은 모든 사람에게 해당하는 여러 패턴 중 하나에 불과할 수 있다.

인생의 행복 리듬이 어떤 모습인지를 확실히 밝히기보다, 이런 연구 결과를 토대로 우리를 행복하게 하는 것을 찾는 일이 더 중요할 것이다. 그리고 영역별 만족도 연구가 우리에게 오랜 지식을 상기시킨다. 가족, 사회적 접촉, 건강 그리고 소중한 돈이 우리의 행복을 결정한다는 사실을 아는 것만으로도 행복에 큰 도움이 된다. 당신의 인생 행복 리듬에 대해 생각해 본 적이 있는가? 흥미로운 통찰을 얻게 될 것이다.[22]

인생의 행복 리듬은 이걸로 끝인가? 그렇지 않다. 혹시 패스트푸드를 좋아하는가?

03

내가 누군지도 모른 채
중년이 된 사람들

레이 크로크Ray Kroc, 존 펨버턴John Pemberton, 할랜드 샌더스Harland Sanders의 공통점은 무엇일까? 아주 간단하다. 칼로리와 나이. 레이 크로크는 52세에 햄버거제국 맥도널드를 창업했다. 존 펨버턴은 55세에 갈색 음료 코카콜라를 발명했다. 커널 샌더스는 65세에 패스트푸드체인 KFC를 창업했다. 다른 사람들이 은퇴, 손자, 연금에 대해 생각할 나이에 이 세 남자는 제국을 세웠다.

이런 제국 설립 이야기는 독일에도 있다. 독일자산관리회사 DVAG

설립자 라인프리트 폴Reinfried Pohl은 47세에 DVAG를 창업해 독일 최대 금융회사로 키우고 억만장자가 되었다. 이 성과는 폴이 첫 번째 자산관리회사 본피난츠를 설립했었을 때보다 훨씬 주목할 만하다.

이런 성과들은 일반적인 인생 패턴과 맞지 않는다. 일반적인 패턴에서는 40세와 50세 사이에 감정적으로 최저점에 도달한다. CEO는 높은 연봉의 리더 자리에서 내려와 농장에서 수도자 혹은 사회봉사자로서 진정한 자아를 찾거나 자서전을 낸다. 대부분 이런 전환에 앞서서 지금까지의 삶의 의미가 무너지고, 그동안 시간 부족과 돈이 너무 많아서 제기하지 않았던 질문을 던지게 된다.

그러나 그것은 부유하고 성공한 소수 몇몇의 사치스러운 고민이 아닐까? 그것이 평범한 사람들과 무슨 상관일까? 당연히 평범한 사람들도 이런 고민에 빠진다. 40세 이후에 만나는 번아웃, 신경이 녹초가 된 상태, 정신적 탈진, '중년의 위기'라는 이름표를 단 유명한 증상을 보인다.

중년의 위기는 의미를 묻는 질문, 스트레스, 공허감, 새로운 시작을 의미한다. 새 옷, 새 배우자, 새 직장, 새 종교 무엇으로든 인생은 변하고 의미를 묻는 질문에 새로운 답을 찾는다. 자료를 보면, 중년의 위기는 확실히 존재한다. 인생의 중간쯤인 약 40세와 50세 사이에 행복감이 추락한다. 전 세계적으로 이런 추세는 거의 변함이 없고, 한 국가의 경제발달수준이나 문화와 무관하다.[23] 예를 들어 미국 자료에서 38만 명 이상이 중년의 위기증상을 보였다. 이때 분노, 슬픔, 스트레스, 근심 같

은 감정도 포함하여 분석했다.[24]

인 생 을 과 대 평 가 한

좌 절 한 성 공 자 들

중년의 위기는 분명히 있다. 하지만 왜 그럴까? 20년 이상의 가계 자료인 이른바 가정패널조사 자료가 한 가지 대답을 준다. 매년 같은 가정을 설문하여, 응답자가 동일하도록 했다. 비록 통계적으로 100퍼센트 확실하진 않더라도, 독일, 영국, 오스트레일리아 자료에서 중년의 위기 증상을 발견할 수 있다. 그나마 다행인 건, 세 자료 모두 60세부터 만족도가 명확히 상승했다.[25] 위기가 닥치지만, 위기는 다시 지나간다. 중년의 위기는 U자형 인생 행복 리듬에서도 드러난다. U는 인생 중반에 최저점이 있음을 뜻하기 때문이다. 연구들 대부분이 전반적으로 중년의 위기가 실존한다고 인정한다.

약삭빠른 심리학자들은 재빨리 해명을 들고 나와 사악한 무리와 손을 잡는다. 중년이 되면 자식들이 독립해 나가고, 부부관계도 끝나고, 직장에서 더는 성취할 것이 없고, 새로운 목표가 없기 때문이라는 것이다. 이런 해석대로라면, 모든 것이 순전히 심리적·정신적 문제다. 그러므로 직상을 그만두고, 이혼하고, 요가를 시작하고, 토스카나에서 열리는 요리강좌에 등록하고, 시골로 이사하면 벌써 효과가 있다. 그러나 그렇게 빨리 결단이 내려지진 않는다. 결단에는 시간이 많이 들고, 그러다 위기 구간이 끝나기도 한다. 그런데 이런 중년의 위기는 왜 생길까?

여러 연구가 있지만 일반적인 공통된 원인은 찾지 못했다. 우리를 중년의 위기에 빠트리는 것은 개인적인 사건들이다. 독일의 가정패널조사 자료를 분석한 두 연구에 따르면, 두 가지 원인이 있는데, 둘은 서로 무관하지 않다. 첫째, 중년의 위기에 있는 사람들은 연구자들이 묘사한 것처럼, '좌절한 성공자'들이다. 그들은 큰 야망으로 시작하여 많은 것을 투자하고 실패한다. 그들은 새롭게 기운을 내고 마침내 성공한다. 그러나 그들의 진짜 소망은 뒤에 버려져 있다. 인생에 거는 기대와 요구가 너무 높은 것이 위험 요소인 것 같다[26] 프리드리히 니체 Friedrich Nietzsche 는 그것을 이미 알고 있었다.

> "인간은 언제나 너무 큰 과제를 택하기 때문에, 실제보다 재능이 더 없어 보인다."[27]

또 다른 연구도 비슷한 결과에 도달했고, 중년의 위기의 두 번째 원인을 발견했다.[28] 인간은 자신의 만족도를 제대로 가늠하지 못한다. 젊은 시절에는 과대평가하고 나이가 들어서는 과소평가하는 경향이 있다. 그 결과 채워지지 않은 기대만 남는다. 우리는 특히 젊은 시절에 큰 행복을 기대하고 나중에 나이가 들어서는 결국 실망하게 된다. 그리고 우리는 늙는 것을 매우 두려워한다. 노화가 우리를 불행하게 한다고 생각하기 때문이다. 중년에 삶의 만족도가 최저점에 도달하는 까닭은 이런 잘못된 기대 탓인 것 같다.

그러니까 우리를 중년의 위기에 빠트리는 것이 결국 우리의 정신이란 말인가? 잘못된 기대, 너무 높이 잡은 꿈? 글쎄⋯⋯. 양로원을 방문할 시간이다. 특별한 양로원.

살면서 누구나
한 번 겪어야만 한다면

생일을 맞은 주인공은 나이에 비해 아직은 아주 정정하다. 그는 은퇴 뒤에 캘리포니아의 팜스프링스에 있는 양로원에서 그림을 그리거나 피아노를 치거나 텔레비전을 보면서 시간을 보내고 있다. 담배는 오래전에 끊었고, 당뇨가 있어서 생일축하 케이크에 다이어트 콜라만 올랐다. 그는 은퇴 생활을 누릴 자격이 충분했다. 약 50편의 영화에 출연했고 1995년에는 로스앤젤레스의 선셋대로에서 별도 받았다.

물론 사건들도 있었다. 1971년에 독일 텔레비전 스포츠 스튜디오에서 수영 올림픽 금메달리스트 조니 와이즈뮬러Johnny Weissmuller의 목을 물고, 이 선수에게 오줌을 싸고, 그의 아내 마리아 와이즈뮬러Maria Weissmuller의 가발을 낚아챘다. 그러나 나중에 밝혀지기를 스튜디오에서

* 우리를 중년의 위기에 빠트리는 것이 결국 우리의 정신이란 말인가? 잘못된 기대, 너무 높이 잡은 꿈?

인간은 자신의 만족도를 제대로 가늠하지 못한다. 젊은 시절에는 과대평가하고 나이가 들어서는 과소평가한다. 그 결과 채워지지 않은 기대만 남는다. 우리는 특히 젊은 시절에 큰 행복을 기대하고 나중에 나이가 들어서는 결국 실망하게 된다. 그리고 우리는 늙는 것을 매우 두려워한다.

일을 저지른 장본인은 진짜가 아니라 대역이었다. '포기'라 불리는 동물원 원숭이였는데, 그 후 이 원숭이의 소식을 아무도 듣지 못했다(하긴 누가 그런 원숭이의 근황을 알리겠나).[29]

우리의 주인공 대신 원숭이가 나와도 아무도 눈치채지 못한 까닭은 역시 대역이었기 때문이리라. 우리의 주인공 '치타'는 수많은 타잔 영화에 출연한 스타이고, 올림픽 금메달리스트 와이즈뮬러가 타잔 역을 맡았던 영화에도 출연했었다. 일반적으로 침팬지는 치타처럼 오래 살지 못한다(진짜 치타가 아닌 것 같다며 비판하는 사람도 있었다). 그러나 그렇게 오래 살지 못하더라도 모두가 똑같이 겪는 일이 있다. 바로 중년의 위기다.

중년의 위기가 실제로 존재한다는 증거가 아주 강력해서 연구자들은 급기야 정신적 요인 외에 혹시 생물학적 요인도 있지 않을까, 의심하기 시작했다. 하지만 그것을 어떻게 알아낼 수 있을까? 유인원은 인간과 생물학적으로 아주 가깝지만 정신적으로는 전혀 다르므로, 유인원도 중년의 위기를 겪는지 조사하면 생물학적 요인의 유무를 확인할 수 있었다. 만약 유인원도 중년의 위기를 겪는다면, 우리의 정신뿐 아니라 생물학적 요소도 우리를 이 위기에 몰아넣는다는 것이 입증되는 것이다.

실제로 연구자들은 여러 나라 동물원의 침팬지와 오랑우탄에게서 중년의 위기에 대한 증거를 찾았다.[30] 그러나 이 연구에는 문제가 하나 있다. 유인원이 자신의 행복감에 대해 스스로 답변할 수 없다는 점이

제3부 왜 우리는 타인의 인생을 사는가

다. 그래서 인간이 (적어도 동물원 사육사가) 이것을 대신해야만 했다. 이런 제한에도 불구하고 이 연구의 결과는 주목할 만하다. 이 연구는 생물학적-심리적 과정에 대한 우리의 이해가 아직 아주 낮다는 것을 보여준다. 달리 표현하면 우리는 중년의 위기의 신비에 관한 한 학술적으로 다시 맨 처음에 섰다.

이처럼 우리는 행복이 인생 여정에서 어떻게 발달하는지 아직 조금밖에 알지 못한다. 그러나 더 행복해지기 위해 인생을 어떻게 살아야 하는지는 알 수 있다. 그것은 간단하다. 노벨상 수상자 대니얼 카너먼은 이렇게 권한다.[31]

> "더 행복하게 사는 가장 간단한 방법은 시간 관리를 잘하는 것이다. 당신이 가장 좋아하는 일에 할애할 시간을 더 많이 확보할 수 있는가?"

04

바꿀 수 없는 것을
잊는 사람은 행복하다

일 어 나 지 않 은 사 건 을
기 억 하 는 능 력

빈야민 빌코미르스키 Binjamin Wilkomirski 는 라트비아에서 유대인 가정
의 아들로 태어나 곧장 지옥으로 들어갔다. 그의 가족은 집단학살 때
죽었고, 어린 빌로미르스키는 마이다네크와 아우슈비츠의 유대인 강
제수용소로 보내졌다. 그는 수용소에서 살아남았고, 폴란드의 고아원
을 거쳐 스위스로 입양되어 갔다. 강제수용소에서 보낸 유년기의 생생
한 묘사는 1995년 독일의 저명한 출판사에서 책으로 출간되었고 각종
도서상을 수상했다. 비평가들은 이 책의 '진정성'과 '문학적 가치'를 인

정했고, '홀로코스트에 대한 걸작' 혹은 '어린아이의 마법 같은 천진함을 잘 묘사한 문학적 비전'이라며 칭찬했다.

잡지 《패시지스Passages》의 편집장인 스위스 유대인 다니엘 간츠프리트Daniel Ganzfried가 빌코미르스키에게 인터뷰를 요청하면서, 재앙이 시작되었다. 사실 이상할 것 하나 없는 인터뷰 요청이었다. 그러나 아버지의 아우슈비츠 기억을 기록했던 간츠프리트는 빌코미르스키가 의심스러웠다. 그는 빌코미르스키를 파헤치기 시작했고 꼬리를 잡았다.

빌코미르스키의 진짜 이름은 브루노 그로스옌Bruno Grosjeas이었다. 그로스옌은 1941년 2월 12일에 스위스 빌에서 미혼모의 아들로 태어나 보육원에 보내졌고 그곳에서 취리히에 사는 부부에게 입양되었다. 그로스옌은 아우슈비츠에도 마이다네크에도 간 적이 없었다. 그가 쓴 아우슈비츠 기록은 완전히 지어낸 이야기였다. 그리고 아주 기이하게도, 빌코미르스키로 알려진 그로스옌은 자신이 직접 경험한 것을 그대로 책에 썼다고 확고하게 믿었다.

출판사는 문제의 책을 모두 수거해야만 했다. 출판사 대변인은 공식 사과문을 냈다.

> "죄송합니다. 그는 책에 묘사된 행복한 사람이 아닙니다. 하지만 자신이 빌코미르스키이고 모든 것을 직접 경험했다고 여전히 확신한다면, 이 모든 증거가 무슨 소용일까요?"[32]

충격적으로 들리겠지만, 거짓 기억은 정상이다. 정신 이상이 아니라. 그러나 거짓 기억은 또한 빈야민 빌코미르스키의 사례에서처럼 병적인 수준에 도달할 수 있다. 확실히 우리의 뇌는 아주 기이한 기관이다. 뇌는 텅 비어 있다. 또한, 경험을 보관했다가 그대로 다시 불러낼 수 있는 자료실도 아니다. 우리의 기억은 비디오카메라가 아니라 이야기꾼처럼 기능한다. 뇌는 계속해서 기억에 새로운 의미와 연관성을 부여한다.

우리의 만족감과 행복감을 결정하는 상당 부분이 기억이라는 점을 고려하면, 이것은 대단히 심각한 일이다. 우리는 어떤 것을 기꺼이 망각한다. 혹은 간절히 잊고 싶은 것들이 느닷없이 떠오르기도 한다. 다만 문제는 우리가 무엇을 잊고 무엇을 기억할지 예상하기 어렵다는 점이다.

망각과 기억은 두 극이고, 각각의 극단만이 잘 알려져 있다. 한쪽 끝에는 치매와 알츠하이머병이 있다. 치매와 알츠하이머병은 인격을 포함한 거의 모든 것을 망각하게 한다(물론 인격 일부가 오랫동안 남아 있기도 하지만).[33] 다른 쪽 끝에는 절대 잊히지 않는 트라우마라 불리는 질병이 있다. 이 두 극단은 망각이 우리의 행복에 얼마나 중요한지 그리고 동시에 행복한 특정 사건을 기억하는 것이 얼마나 중요한지를 보여준다. 그리고 우리의 뇌는 망각과 기억 그 이상을 할 수 있다. 빈야민 빌코미르스키의 사례에서처럼 뇌는 일어나지도 않은 사건을 '기억해낼 수 있다'. 뇌과학에서는 전문용어로 이것을 '거짓기억 증후군false memory'이라고 부른다.

어떻게
과거에 지배받지 않을까

기억은 우리의 행복에 결정적 구실을 한다. 그리고 몇 시간도 채 지나지 않아서 벌써 우리를 기만한다. 앞에서 이미 만났던 심리학자이자 노벨경제학상 수상자인 대니얼 카너먼은 기억에 영향을 미치는 자아를 두 영역으로 나눈다.[34] 하나는 지금 순간을 감지하는 영역이다. 치과의사가 묻는다 "여기가 아픈가요?" 환자가 대답한다. "네, 아주 많이요." 이것은 '경험하는 자아experiencing self'이다. 그러나 이것은 나중에 계속해서 기억하는 영역이 아니다. "치과에서 어땠어?" "좋았어. 이제 안 아파." 이것이 '기억하는 자아remembering self'이다. 후자가 우리의 기억에 영향을 준다.

다시 말해서 우리가 현재 경험하는 행복이나 불행이 반드시 그것에 대한 기억과 일치하는 건 아니다. 카너먼의 말대로 우리에게 기억이 남고 순간의 경험은 사라진다. '우리'는 '우리의 기억'이다. 그러나 어떤 순간에 대한 우리의 기억이 그때 정말로 경험하고 느끼고 생각했던 것과 언제나 일치하진 않는다. 그렇더라도 지금까지 우리는 그런대로 괜찮았다.

특히 나이가 많은 사람들은 과거를 실제보다 더 아름답고 행복하게 여기는 경향이 있다. 이른바 '좋았던 그때 그 시절'인 것이다. 왜 그럴까? 나이가 많은 사람들은 이런 방식으로 자신의 사회적 정체성을 과거와

• 　홀로코스트의 흔적을 잔혹하게 남긴 아우슈비츠 수용소. 홀로코스트 피해자라고 철저하게 믿으며 세상
을 떠들썩하게 한 빌코미르스키의 삶은 비극일까, 희극일까?

무엇이 있지도 않은 일을 기억해내게 만드는 걸까? 없던 일을 직접 경험했다고 확신한다면 그 사
람은 행복한 사람일까, 불행한 사람일까? 망각은 우리의 행복에 얼마나 중요한지 그리고 동시에
행복한 특정사건을 기억하는 것이 얼마나 중요한지를 보여준다.

연결하기 때문에 과거를 아름답게 정의한다.[35] 또한 청년들도 과거를 향수에 젖어 칭송하는 경향을 보인다. 이런 '과거와의 재연결'은 더 행복하게 느끼기 위한 '자체 속임수'로 해석할 수 있다. 그러므로 이 장의 제목이, 요한 슈트라우스의 소가극 「박쥐」에 나오는 대사로, '바꿀 수 없는 것을 잊는 사람은 행복하다'이다. 의도적으로 과거의 행복했던 순간을 기억하고 부정적인 순간을 지워버림으로써 사람들은 젊은 시절에 더 행복했다고 느낀다. 뇌는 우리가 더 잘 살도록, 더 행복하게 살도록 우리를 속인다.

불행한 사람과 행복한 사람이 다른 방식으로 기억을 처리한다는 연구결과는 기억과 행복이 얼마나 밀접하게 연관되었는지 보여준다.[36] 행복한 사람은 과거의 행복 경험에 크게 집착하지 않는다. 그저 갈등이 생기지 않는 수준에 만족한다. 그들은 오히려 과거의 추억을 방해할 수 있는 불편한 기억을 삭제한다. 요한 슈트라우스의 말을 빌리면, 불편한 기억을 잊는 사람이 행복하다.

불행한 사람들은 다르다. 그들은 과거와 복잡하게 얽혀있다. 그들은 과거의 일을 고민하고 숙고하고, 좋은 일뿐 아니라 나쁜 일까지 모두 기억한다. 이런 기억들이 행복을 방해하는 건 당연한 결과다. 불행한 사람들이 정말로 나쁜 일을 겪었기 때문에 불행한지는 확실치 않다. 과거에 트라우마 경험을 했던 사람들이 그렇지 않은 사람들보다 현재 더 불행한 건 결코 아니다. 여기서 결정적인 표제어를 우리는 이미 알고 있다. 회복탄력성.

우울한 사람은
정확히 기억한다

기억의 특정 영역인 '작업기억'이라 불리는 이곳은 우리의 행복에 특히 중요하다.[37] 작업기억은 다른 기억 영역과 달리 정보저장을 담당하지 않는다. 컴퓨터의 RAM과 비슷하게, 상기와 정보처리만 담당한다. 잘 기능하는 작업기억은 낙관주의와 연결된다. 작업기억이 좋은 사람은 인생의 역경을 이겨낼 수 있고 잘 헤쳐나갈 수 있다고 확신한다. 작업기억이 나쁜 사람은 인생에서 등장하는 문제를 더 많이 고민하고 더 오래 씨름한다. 한 마디로 작업기억이 좋은 사람이 더 행복하다. 다른 기억 영역과 달리 작업기억은 나이가 들어도 쇠퇴하지 않는 것 같다. 이 얼마나 기쁜 소식인가.

왜 그럴까? 좋은 작업기억은 새로운 상황에 더 빨리 더 유연하게 적응하도록 돕는다. 그리하여 모든 것을 잘 통제하고 있다는 기분이 들게 한다. 또한 우울증에 대항하는 일종의 완충제 구실도 한다.[38] 부정적인 사건은 주의력을 강하게 요구하고, 뱀을 경계하는 토끼처럼 초긴장 상태로 살면, 인간은 곧 우울해진다. 좋은 작업기억은 부정적인 사건보다 주의력을 덜 요구하는 긍정적인 사건으로 눈을 돌리게 돕는다. 그래서 우울증이 완화된다.

그건 그렇다 치고, 정말 중요한 질문은 '기억을 이용해 더 행복해질 수 있는가'다. 의도적인 기억으로 행복감을 높일 수 있을까? 대답은 확실한 '그렇다'인 것 같다.[39] 행복하게 하는 과거의 일을 의도적으로 떠올리거나 상상하고 그것과 연결된 감정을 불러냄으로써 행복감을 높일 수 있다. 한 연구에 따르면, 하루 10분씩만 이렇게 하면 행복감이 상승한다. 흥미롭게도 행복하게 하는 과거의 기억을 장면으로 상상하는 것이, 행복감 상승에 가장 효과가 좋았다. 그러므로 행복했던 날의 사진을 매일 보며 그때의 행복을 기억하려 애써라. 행복의 효과는 장기적이다. 행복한 기억이 행복하게 한다.

추측하건대 이런 기억들 가운데 몇몇은 거짓일 것이다. 실험들이 그것을 입증한다.[40] 사진들은 사람들을 미혹하여 그들이 경험하지 않은 일을 기억하게 한다. 실험으로 검증된 이런 발견이 어쩌면 빌코미르스키의 사례를 해명하는 데도 도움이 될 것이다. 게다가 행복감이 가짜 기억을 불러낸다는 것도 입증되었다. 조금 과장해서 말하면 행복한 사람은 가짜를 기억하고, 우울한 사람은 정확히 기억한다. 어쩐지 부당하게 들린다, 그렇지 않은가?

이런 극단적인 결과에서 우리는 무엇을 배울 수 있을까? 인간의 기억은 우리가 기억과 감정을 정확히 저장하고 아무 때나 꺼내 쓸 수 있는 자료실이 아니다. (애석하게도) 가짜 기억이 정상이다. 물론, 기본적으로 빈야민 빌코미르스키의 사례처럼 심하지 않다면 말이다. 그럼에도 과거 행복했던 사건을 상기하는 것은 행복감을 높인다. 바꿀 수 없는 것을 잊고, 과거의 좋은 시절을 추억함으로써 더 행복해질 수 있다.

05

사회의 기준은
어떻게 만들어지는가

1972년 6월 17일 새벽 2시 30분경. 다섯 남자가 워싱턴에 있는 어느 호텔 7층에서 무단침입을 시도하다 체포되었다. 모두가 양복 차림이었고 외과의사처럼 수술 장갑을 꼈다. 넷은 쿠바사람이었고 나머지 남자는 게릴라 훈련을 받은 망명한 쿠바인이라고 자백했다. 다섯 남자는 경비원의 신고를 받고 출동한 워싱턴 경찰에게 인계되었다. 이 호텔의 이름은 워터게이트 호텔이다.

워터게이트 사건은 현대 정치 역사상 가장 극적이고 스펙터클한 스캔들일 것이다. 나중에 밝혀진 것처럼, 침입자들은 당시 미국 대통령인 리처드 닉슨Richard Nixon의 의뢰를 받고 당시 야당이었던 민주당의 사무실에 도청장치를 설치하고 자료들을 빼돌리기 위해 호텔로 왔다. 이 스캔들은 1974년 8월 9일에 미국 대통령이 최초로 대통령직에서 물러나면서 끝났다. 정치의 더러운 민낯을 이보다 더 잘 보여주는 사건이 또 있을까?[41]

아무도 정치를 기쁨과 행복의 원천으로 여기지 않는다. 정치가는 우리를 속이고, 가짜 약속을 하고, 경쟁자를 험담하고, 제 주머니만 두둑하게 채운다. 정치는 우리의 일상을 쥐고 흔들고, 규정을 만들고, 우리의 돈을 갈취하여 우리가 원치 않는 일에 쓴다. 그리고 우리가 원하는 일은 하지 않는다.

그럼에도 중요한 과업들이 정치의 손에 달렸다. 도로, 다리, 학교, 병원, 질병, 노화, 실업에 대한 사회보장, 내외적 안전, 법률 그리고 그 외 무수히 많다. 정치는 없어서는 안 되는 일이지만 또한 정치는 다툼, 갈등, 논쟁, 더 나아가 워터게이트 사건 같은 스캔들을 의미한다. 오토 폰 비스마르크Otto von Bismarck가 말했던 것처럼, 법은 소시지와 같다. 그것이 이미 만들어졌다면 그 근처에 머물지 않는 게 낫다.

그러므로 행복 연구는 정치 그 자체가 행복을 줄까를 묻지 않는다. 제각각 다른 사람들의 다양한 관심, 영향력, 이념, 가치관을 생각해보라. 정치는 행복을 주기는커녕 오히려 불행의 씨앗이다. 행복 연구는 다르게 묻는다. 어떤 정치가 행복에 도움이 될까? 더 단순하게 물으면, 민주주의가 우리를 행복하게 할까?[42]

    정치와 행복의 이론적 연관성은 다음과 같을 것이다. 여러 차원에서의 정치적 활동과 선거권은, 시민이 정치에 영향을 미칠 수 있는 틀을 제공한다. 이때 단순한 가정 하나를 세울 수 있다. 시민의 영향력이 클수록(혹은 작을수록), 시민은 결과에 만족하고(혹은 불만족하고) 삶의 만족도 역시 높아진다(혹은 낮아진다).

    말하자면 정치적 결과가 삶의 만족도에 중요할 뿐 아니라, 그 결과를 얻는 정치적 과정도 중요하다는 뜻이다. 그리고 여러 연구가 정확히 이것을 입증한다.[43] 시민들은 의견을 개진하고자 한다. 그들은 정치적 결정에 최소한 찬성 혹은 반대 의사라도 명확히 밝힐 가능성을 갖고자 한다. 이런 가능성 하나가 벌써 그들의 만족감을 높인다. 그러므로 우리를 행복하게 혹은 불행하게 하는 것은 정치적 결과만이 아니다. 그 결과가 나오게 된 방식도 우리의 행복을 좌우한다. 한마디로 우리는 의견을 말하고 싶다!

정치는 어떻게
행복을 주는가

    시민에게 직접 의견을 물을 때 가장 좋다. 직접민주주의의 대표국으로 통하는 스위스가 그 예다.[44] 스위스에서는 중요한 주제들이 국민투표로 결정되고 주·시·구 단위의 폭넓은 지역 결정권이 보장된다. 연구 결과를 보더라도, 실제로 국민투표와 시민운동 그리고 지방자치 같은 스위스 민주주의의 제도적 요소들이 개인의 행복감을 높인다.[45] 의견을 말할 수 있고 주·시·구가 의견 개진의 자유를 더 많이 가졌기 때문에, 스위스 시민들은 더 행복하다. 이 결과가 스위스에서 통계적으로 완전히 입증되진 않았지만[46] 다른 28개 나라에서 확인되었다.[47]

비스마르크의 비유를 이어가면 소시지를 어떻게 만드느냐 뿐 아니라 소시지의 맛도 중요하다. 정치를 어떻게 만드느냐는 확실히 우리의 만족도에 중요하다. 그렇다면 정치의 맛은 어떤가? 정치의 질은 우리의 만족도에 얼마나 중요할까?

여러 연구가 두 가지 다른 결과를 보여준다. 첫째, 정부의 질이 행복감에 중요하고, 정치제도 그 자체보다 더 의미가 높다. 정치 환경에 대한 시민들의 신뢰가 높고, 큰 낭비 없이 신뢰 속에 국가 서비스가 제공되면, 시민들의 만족도는 높다.[48] 좋은 정부가 곧 행복한 시민을 뜻한다.

이 결과는 무엇보다 나쁜 정부를 가진 가난한 나라들에 해당한다. 정부가 믿을 만한지 그리고 세금을 낭비하지 않고 잘 운용하는지에 시민의 만족도가 좌우된다. 하지만 효율적인 정부를 가진 부유한 나라들에서는 다르다. 이제 정치제도 자체가 삶의 만족도에 중요하다. 간단히 말해서 가난한 나라에서는 효율적인 정부가 행복을 주고, 부유한 나라에서는 정치적 결정 과정이 만족도에 중요하다. 배가 고프면 소시지가 중요하고, 허기가 채워지고 나면 점차 소시지를 만드는 방법에 관심을 둔다.

정치와 행복의 연관성은 여기서 끝이 아니다. 보수적인 유권자들이 더 행복하다는 걸 아는가?

보수적인 사람이
왜 더 행복할까?

먼저 간단한 질문 하나를 해보자.

"당신은 정치적으로 좌파, 중도, 우파 중 어디에 속하는가?"
"그리고 당신의 삶에 얼마나 만족하는가?"

6차 세계가치관조사는 독일의 1,827명에게 정확히 이 질문을 했다.[49] 결과는 어땠을까? 좌파에서 우파로 갈수록 삶의 만족도가 조금씩 상승했다. 그러나 이때 응답자들의 정치 성향 비율이 고르지 않았다는 것을 고려해야 한다. 미국 자료에 따르면, 행복한 사람일수록 보수적인 정치 성향을 보였다. 그들은 현재 상태를 잘 유지하고자 하는 정당을 지지한다.

종교에서도 마찬가지다. 보수적인 세계관이 안정적이다. 인간은 선

• 　　비스마르크는 "오늘날의 문제는 언론이나 다수결에 의해서가 아니라 오로지 철과 피, 곧 병기와 병력에 의
해서만 해결할 수 있다"는 말로 대표되는 철혈정책을 펼쳤다.

비스마르크는 말했다. "소시지와 법이 만들어지는 과정은 보지 않는 것이 좋다." 법이든 소시지
든 일단 만들어졌으면 과정은 모르는 채 사는 편이 삶에 더 낫다는 의미다. 하지만 배가 고프면
소시지가 중요하고, 허기가 채워지고 나면 소시지를 만드는 방법에 관심을 두어야 한다. 지금 우
리에겐 소시지의 맛만큼이나 어떻게 만드느냐도 중요하다.

과 악이 어디에 있는지, 자신이 어디에 섰는지 안다. 이런 안정이 일상을 더 여유롭게 한다. 이런 견해가 맞다면, 보수적으로 투표하는 것만으로는 더 행복해지지 않는다. 자신이 선택한 것을 또한 믿어야 한다.

또 다른 연구들도 보수적인 사람들이 평균적으로 더 행복한 것 같다고 말한다.[50] 그러나 미국을 제외한 나라들의 분석 자료를 보면, 좌파 성향의 사람들이 좌파 성향의 정부 아래에서 더 행복하다. 이것은 OECD 30개 나라의 자료에서도 드러난다.[51] 정부 이념이 자신의 이념과 일치하면, 사람들은 정치를 믿는다. 또한 정치의 성향은 개인의 가치관과 이념에서 생긴다. 정치 성향은 기회주의의 영향을 받지 않는다. 다시 말해서 우리는 자신의 이익에 도움이 될 거라고 믿는 정당이 아니라, 신념으로 투표한다.

정당이나 정치조직과의 동일시는 삶의 모든 차원에 영구적이고 강한 효과를 낸다.[52] 그러므로 브렉시트 결정과 미국의 예기치 않은 트럼프 당선 뒤의 강한 감정적 반응은 놀라운 일이 아니다. 정치적 소신은 행복의 중요한 구성요소다.

그러나 한 가지 놀라운 사실이 있다. 실망, 분노, 슬픔을 공개적으로 드러내는 사람들은 주로 투표나 선거의 패배자들이다. 승리자는 거의 반응을 보이지 않는다. 이런 비대칭은 심리학에서 잘 알려져 있다. 부정적 경험은 긍정적인 경험보다 더 크게 감정을 자극한다. 부정적인 경험은 우리의 감각기관을 바쁘게 한다. 선거패배자의 감정반응은 테러공격 뒤의 감정보다 두 배로 강할 수 있다. 이것은 진화의 결과인 것 같다.

제3부 왜 우리는 타인의 인생을 사는가

감정은 소위 위험한 상황에 대한 일종의 예고체계다. 감정은 우리를 상황에 몰두하여 결단을 내리도록 강제한다.

달리 표현하면 우리는 지지하는 정당이 승리했을 때보다 패배했을 때 더 강하게 이 사건에 몰두한다.[53] 우리의 본능이 우리에게, 잠재된 위험이 위협하고 있으니 더 주의를 집중하라고 말하기 때문이다. 하지만 그것이 지금도 통할까? 회의적이다.

선거 결과의 효력은 단기간에만 유효하다. 일본의 최신 연구에 따르면 선거 직후에는 승리자를 지지했던 사람들이 패배자를 지지했던 사람보다 더 행복하다.[54] 그러나 얼마 지나지 않아 두 집단의 행복 수준은 다시 평소 수준으로 돌아간다. 선거는 삶의 만족도에 영구적인 효과를 내지 않는다. 이 연구에서 주목해야 할 결과는 따로 있다. 선거 결과에 충격을 받은 유권자들만이 감정적 반응을 보였다. 브렉시트와 트럼프 당선이 그렇게 긴 효과를 낸 까닭이 여기에 있다. 두 경우 모두 전혀 예기치 못한 결과가 나왔고, 그래서 패배자의 관점에서 보면 충격적인 사건이다. 부디 오해하지 마시라. 두 결과를 정치적으로 평가하려는 게 아니다. 사람들의 반응을 해명하려는 것이지, 결과를 바꾸거나 배후 조종하려는 게 아니다.

그렇다. 선거패배는 단기적으로 우리를 불행하게 한다. 그러나 그것이 전부가 아니다. 당신은 반드시 투표하러 가야 한다.

06

언제나 원하는 걸
가질 수는 없다

애석하게도 투표율이 점점 줄고 있다. 1972년만 해도 독일의 총선 투표율이 91퍼센트였고, 1976년에도 거의 비슷했다. 그러나 그 후로 독일의 민주주의 사랑은 내리막길로 들어섰다. 2013년 총선일에 투표장으로 발걸음을 재촉한 독일인은 전체 유권자의 71퍼센트에 그쳤다.[55] 다른 선거는 더 심각하다. 유럽연합 선거는 40퍼센트, 주지사선거는 50퍼센트, 주의회선거는 60퍼센트였다.[56]

행복 면에서 이것은 결코 좋은 발달이 아니다. 투표를 통해 정치에 영향을 미칠 수 있기 때문에 선거 자체가 만족감을 준다. 이것은 우리가 앞에서 이미 살펴봤던 국민투표와 만족도의 관계와도 잘 맞는다.[57] 그러나 행복한 사람이 투표에 더 적극적으로 참여한다는 연구결과도 있다.[58] 말하자면 행복한 사람들이 투표하러 간다.

그리고 우리는 또한 그들이 누구를 선택할지도 안다. 행복한 사람은 집권당을 선택하는 경향이 있다. 이것은 정치 성향과 무관하다.[59] 달리 표현하면 설령 집권당이 맘에 들지 않더라도 지금 행복하다면 현상태에 머물고자 한다. 그들의 행복이 정치와 무관한 사건에 좌우되더라도, 그들은 정치적 안정과 자신의 행복이 연결되었다고 생각한다.

'엘 고르도'가 그것을 잘 보여준다. 엘 고르도는 세계에서 당첨금이 가장 많고 가장 오래된 전통을 자랑하는 스페인 크리스마스 복권 '로테리아 드 나비다드'의 1등 당첨을 뜻한다. 전체 스페인 국민의 약 75퍼센트가 이 복권을 사고 약 20억 유로가 행복한 엘 고르도 당첨자에게 쏟아진다. 스페인의 선거 결과와 엘 고르도를 비교 조사하면 엘 고르도가 나온 선거구에서 현직 정치인이 재선될 확률이 명확히 높다. 정치가들이 복권과 전혀 무관하게 스페인 사람들은 복권에 당첨되면 구관이 명관이라고 여기는 경향을 보인다.[60]

복권당첨자의 설문 결과를 보면, 그들은 복권 당첨에 취해 환상에 젖지 않는다. 그들은 정치가와 복권 당첨이 무관하다는 것을 정확히 알고, 단지 복권에 당첨되었다고 해서 스페인의 정치 경제 상황을 장밋빛으로 보지 않는다. 이렇게 해석할 수도 있다. 지금 행복한데 위급한 일도 없이 굳이 현재 상태를 바꾸고 싶겠는가?

이 결과를 염두에 두면 행복 연구의 다른 결과도 이해하기가 아주 쉽다. 한 나라의 만족도는 소득, 인플레이션, 실업 같은 큰 문제들보다 더 크게 선거 결과에 영향을 미친다.[61] 이 모든 결과를 통합하면, 영국에서 브렉시트가 그리고 미국에서 트럼프가 승리한 까닭이 선명해진다. 투표 당시 두 나라의 주관적 만족도가 매우 낮았다. 정치가들은 선거와 행복 연구의 결과에 주의하는 것이 좋다. 아무리 현 상황을 멋지게 포장해서 말해도, 유권자들의 삶의 만족도가 낮으면 신빙성이 떨어진다. 행복이 이념을 이긴다.

2008년과 2009년 미국에서 벌어진 경제위기의 결과를 보면, 정치적 사건이 얼마나 강하게 우리의 주의를 끌고 최소한 단기간이라도 삶의 만족도에 얼마나 강한 영향을 미칠 수 있는지 알 수 있다.[62] 거대 금융회사들의 파산을 시작으로 미국에서부터 시작된 무거운 경제위기는 세계로 점차 퍼져나갔고 아직도 거기서 빠져나오지 못한 나라들이 많다. 2010년 말까지도 미국의 주관적인 삶의 만족도가 급격히 하락했지만, 지금은 거의 완전히 회복했다.

그러나 이 조사에서 가장 흥미로운 사실은 따로 있다. 질문의 순서에 따라 삶의 만족도가 좌우된다. 얼마나 만족하는지 먼저 묻고 그다음 정치 상황에 관해 물으면, 정치 상황을 먼저 묻고 그다음 만족도를 질문하는 것보다 만족도가 더 높게 나온다. 가장 무거운 경제위기보다 정치에 관한 질문 하나가 응답자의 만족도를 더 강하게 낮췄다. 그러므로 저녁에 불쾌해지고 싶다면 정치에 관해 이야기하라. 정치가 행복감을 얼마나 해칠 수 있는지를 새로운 국민 질환이 보여준다. 국민 질환의 병명은 현실도피다.

언제까지 유토피아에
머물러 있을 것인가

바야흐로 소셜미디어가 정치를 감정사업으로 변질시켰고, 현실도피라는 새로운 질병을 확산시킨다.[63] 대략 이런 식이다. 먼저 트럼프의 당선처럼 감정을 강하게 자극하고 대중매체를 들끓게 하는 정치적 혹은 사회적 사건이 벌어진다. 특히 소셜미디어가 거의 집단히스테리에 버금가는 기하급수적 효과를 만들어낸다. 이때 선출된 사람에 대한 추가 정보들이 폭로되고 그것이 모두를 분노하게 한다. 아우성은 점점 세지고 과장된 비명이 이어진다. 최악의 경우 현실도피라는 집단 재난에 도달한다. 비록 독일이 트럼프를 선출한 게 아니고 혹은 아무도 추가 폭로의 사실 여부를 점검하지 않아 결국 가짜 뉴스임이 판명되더라도 결과는 달라지지 않는다. 이런 과잉 반응은 개인에게 직접적인 해를 끼치고 삶의 질을 낮춘다.

거의 트라우마처럼 경험되는 정치적 위기, 투표 결과, 선거패배를 다루는 일은 이미 심리치료의 영역이 되었다.[64] 실제로 미국의 한 정신과 의사가 2016년 미국 대통령선거결과에 대한 여섯 가지 조언을 주었다. 그것은 비슷한 감정적 사건을 겪은 다른 모두에게도 유용한 조언이다. 이 조언을 따르면 당신은 더 초연해지고 삶에 만족하게 될 것이다. 초연해지는 6단계를 배워보자.

1단계: 숨을 크게 들이쉬어라. 위대한 록 철학자 믹 재거Mick Jagger가 이미 노래했듯이 "언제나 원하는 걸 가질 순 없다You can't always get what you want" 그러니 조용히 앉아 차를 마셔라.

2단계: 말은 말일뿐 현실이 아님을 늘 명심하자. 애석하게도 사람들은 실제 내용보다 이야기된 방식을 더 중시한다. 그러니 싸우지 말고 도발을 그냥 무시해버려라. 원하든 원치 않든, 어차피 새로운 현실에 적응해야 한다.

3단계: 민주주의를 지탱하는 기둥의 힘을 믿자. 민주주의 국가에는 법과 삼권분립 그리고 최악의 사태를 막아줄 무수히 많은 제도적 방지책들이 있다.

4단계: 가치관 리셋하기. 우리는 누구인가? 우리는 무엇이 되고자 하는가? 초연해지는 길은 과도한 흥분이 아니라 냉정함에 있다.

5단계: 자기 자리로 돌아가 자신에게 중요한 일을 하자. 큰 정치가 전부는 아니다. 바꿀 수 없는 것을 걱정해서 뭐 하겠는가? 이 지점에서 명심하자. 정치 상황은 개인의 행복을 뒤로 밀쳐둘 만큼 극적으로 첨예화될 수 있다.

6단계: 다른 사람의 지지를 찾아라. 생각이 같은 사람들과 함께 있고 서로 지지해 주면 웬만한 불행은 다 이겨낼 수 있다.

여섯 가지 조언 모두가 아주 합리적으로 들린다. 그리고 무엇보다 '좌파' '중도' '우파'를 따지지 않는다. 정치 성향이나 지지하는 정당에 좌우되지 않는다. 정치적 견해가 정말로 그렇게 쉽게 좌우로 나뉠까? 그렇지 않을 것이다. 모든 사람은 매우 복합적인 가치관을 갖는다. 이제 그것에 대해 깊이 생각할 시간이 된 것 같다.

당신도 알고 있듯이, 정치에 너무 몰두하는 것은 실제로 행복에 도움이 안 된다. 행복해질 수 있는 더 나은 길이 얼마든지 있다. 당신이 그 길을 발견하는 데 이 책이 조금이나마 보탬이 되면 좋겠다. 당신에게 필요한 것은 약간의 용기뿐이다. 행복 지휘권을 정치에 넘기는 것은 목적지로 가는 바른길이 아니다. 지금이야말로 유토피아와 작별할 시간이다.

멋진
신세계

언제나 실패할 자유를 의미한다

"유토피아의 실현 가능성이 과거에 사람들이 믿었던 것보다 훨씬 더 커진 것 같다. 그리고 현재 우리는 '유토피아의 확실한 실현을 어떻게 피하느냐' 하는 무척 고민스러운 문제에 직면했음을 느낀다. …… 유토피아의 실현이 눈앞에 닥쳤다. 그리고 유토피아를 회피하는 길, '덜 완벽'하지만 더 자유로운 비유토피아적 사회로 되돌아갈 길을, 지성인들과 교양인 계층이 모색하는 그런 새로운 시대가 도래할지도 모른다."[65]

작가 올더스 헉슬리Aldous Huxley는 문학의 고전으로 통하는 소설 『멋진 신세계』를 이렇게 시작한다. 먼 미래의 암울한 디스토피아, 멋지다는 형용사와 전혀 어울리지 않는 새로운 세계. 그것이 바로 디스토피아다. 공포의 미래 비전, 유토피아의 반대, 가장 아름답게 채색된 우리의 미래.

멋진 신세계 같은 디스토피아는 문학과 영화에 무수히 많다. 조지 오웰George Orwell의 암울한 미래 비전인 『1984』부터 시작해서, 프리츠 랑Fritz Lang의 명작영화 「메트로폴리스」, 필립 딕Philip Dick의 단편을 영화화한 할리우드 성공작 「마이너리티 리포트」, 최신 할리우드 블록버스터 「헝거 게임」까지.

여러 디스토피아에는 한 가지 공통된 특징이 있다. 지배하는 상층 계급 혹은 인류를 억압하는 엘리트 계층이 존재한다는 점이다. 추측하기로 나치, 공산주의 혹은 다른 전체주의 체제의 테러에서 영감을 얻었으리라. 현실에서 혹은 픽션에서 이런 억압은 기본적으로 자유라는 이름으로 등장한다. 『1984』 혹은 『멋진 신세계』에서 바로 '자유'를 얻기 위해 싸우더라도 말이다. 체제는 시민들의 삶과 생활습관 위에 군림하고자 한다.

모든 디스토피아와 전체주의 체제에서 얻는 중요한 교훈이 여기에 있다. 자유는 거저 있는 게 아니다. 자유란 언제나 실패할 자유를 의미한다. 실패하기 싫은 사람은 자유를 포기해야 한다.[66] 행복도 자유와 비슷하다. 행복하고 싶은 사람은 불행할 위험을 무릅써야 한다. 그리고 자유 없는 행복은 수많은 디스토피아에 나오는 인물들처럼 세뇌당한 희생자들을 위한 허상에 불과하다. 행복 연구자들은 바로 이것을 명심해야 한다. 그들의 좋은 의도가 사람들을 천국이 아니라 지옥으로 데려갈 위험이 있다. 행복 연구의 결과를 정치가 어떻게 다뤄야 할지를 살펴볼 시간이다. 그러기 위해서는 철학자 한 명을 더 만나야 한다. 칼 포퍼 Karl Popper를 만나보자.

인간을 행복하게 하려는
헛된 소망

칼 포퍼는 20세기의 가장 중요한 철학자로 통한다. 그는 1902년에 빈에서 태어났고 1994년 런던에서 사망했다. 그러니까 그는 20세기 거의 전체를 경험했다. 과학철학 논문 이외에 사회철학과 정치철학에서도 대표적인 작품들을 내었다. 1945년에 출판된 정치철학 책 『열린사회와 그 적들』은 플라톤, 헤겔. 마르크스의 철학적 세계관을 다룬 두 권짜리 책이다. 여기서 포퍼는 다음과 같이 말한다.

> "모든 정치적 이상 중에서, 어쩌면 인간을 행복하게 하려는
> 소망이 가장 위험한 것일 터이다. 그런 소망은 다른 사람에
> 게 우리의 '더 고귀한 가치'를 강요하게 만든다. …… 그것은

다른 사람의 영혼을 구원하려는 시도와 같다."[67]

바로 이것이 여러 디스토피아와 독재의 핵심이다. 필요하다면 폭력과 철저한 감시를 동원해서라도 사람들을 행복하게 하는 것! 포퍼가 그것을 경고한다. 포퍼에 따르면, '행복'을 정치 목표로 삼으려는 노력은 지옥으로 가는 지름길이다. 나치뿐 아니라 공산주의도 그런 목표를 세웠고 결국 지상 낙원이 아니라 '지상 지옥'이 되었다. 사람들을 더 행복하게 하겠다는 계획은 어김없이 테러와 억압으로 끝났다.

포퍼의 말대로, 정치적 수단으로 인간을 행복하게 하려는 지금까지의 모든 시도는 실패했다. 그것이 전체주의 체제를 불러일으켰기 때문이다. 이런 체제는 추구했던 '최대다수의 행복'이 아니라 불행을 대량생산했다. 포퍼가 이런 견해를 갖게 된 배경에는, 그가 직접 경험한, 유럽에 있었던 두 번의 전체주의가 있다. 전체주의의 목표는 우리가 제1부에서 이미 다뤘던 벤담의 원리와 일치한다. 최대다수의 최대행복. 요점은 한 줄로 요약된다.

"지상 낙원을 세우려는 시도는 언제나 지옥으로 안내한다."[68]

행복이 정치의 목표가 될 수 없다면, 무엇이 정치의 목표여야 할까? 지상 지옥을 만들지 않으려면 정치는 무엇을 위해 노력해야 할까? 포퍼의 대답은 빈곤과 고난에 맞서 싸우기다. 기아, 고난, 빈곤, 질병, 고통은, 있는 그대로 확인하고 그것을 막아낼 수단을 찾으면 된다.

　반면 행복은 다르다. 인간을 행복하게 만드는 것은 수백만 가지다. 행복으로 가는 길은 매우 다양하고 넓게 흩어져 있다. 다시 말해서 행복으로 가는 길은 수없이 많다. 그러나 지옥으로 가는 길은 단 몇 개뿐이다. 그러므로 정치는 지옥으로 가는 길은 폐쇄할 수 있지만 행복으로 가는 길을 만들고 아스팔트를 깔 수는 없다.

　구체적으로 포퍼는 국가와 정치가 사회정치적 정책으로 다수의 고난과 불행에 맞서 싸우고 없애야 한다고 생각했다. 그가 생각하는 정치는 인간을 행복하게 만들려는 시도를 그만둬야 한다.

인간의 상상을 실현할 도구가
정치에는 없다

　포퍼에 따르면 고통과 고난은 기본적으로 행복과 긍정적인 경험과 같은 저울에 올릴 수 없다. 둘은 계량 단위가 다르기 때문에 저울에 올려 비교할 수 없다. 고난과 빈곤은 도움과 후원이라는 도덕적 호소가 가능하지만 이미 만족한 사람들을 더 만족시키려는 시도는 헛수고다. 이런 윤리적 견해를 '최대다수의 최대행복'과 대조되는 '부정적 공리주의'라고 부른다.[69] 기아, 질병, 고통은 하나로 볼 수 있고 그것을 막을 수단도 한 가지일 수 있다. 그러나 인간을 행복하게 하는 것들은 매우 다

　　　　　　　　　　　제3부 왜 우리는 타인의 인생을 사는가

양하고 멀리 흩어져 있다. 많은 사람을 불행에서 보호하기는 쉽다. 그러나 많은 사람을 행복하게 하기는 힘들다. 불행을 없애자는 이른바 부정적 공리주의의 요구는 쉽게 이해되고 어려운 일도 아니므로 개인의 자유를 막대하게 제한하지 않으면서 실현할 수 있다.

이런 입장에 가장 잘 맞는 체제가 민주주의다. 민주적인 사회에서는 어떤 고난과 불행에 맞서 싸워야 할지 합의하기가 훨씬 쉽다. 그러나 정치로 인간을 행복하게 할 방법을 합의하려는 시도는 대혼란으로 끝날 것이다. 어떤 길이 행복으로 이끄는지에 대해 저마다 다른 아이디어를 가졌기 때문이다. 설령 상상하는 행복이 일치한다 하더라도, 이 상상을 실현할 도구가 정치에는 없다. 그러므로 포퍼는 '최대다수의 최대 행복'을 도달할 수 없는 유토피아적 목표로 본다. 강요와 막대한 자유 제한 없이는 도달할 수 없는 목표다. 멋진 신세계가 손짓한다! 국가가 할 수 있는 것은 사람들이 자유롭게 자신의 고유한 행복을 추구할 수 있게 신뢰할 만한 틀을 제공하는 것뿐이다.

'나쁜 것'은
누가 정하는 걸까?

모두가 포퍼와 의견이 같은 건 아니고 국민을 행복하게 하려는 국가를 모두가 두려워하는 것도 아니다. 리처드 레이어드 Richard Layard 가 그렇다. 레이어드는 영국의 존경받는 경제학자이자 런던정치경제대학 부설 '경제성장 연구소'의 설립자다. 칼 포퍼도 한동안 이 대학에 재직했었다. 레이어드는 2005년에 『행복의 함정』이라는 제목의 베스트셀러를 냈다. 이 책의 핵심명제는 다음과 같다.

> "최대행복은 정치의 최고 목표이다. …… 어떻게 행동해야 할지 모르겠다면, 모든 사람이 최대의 행복을 누리도록 애쓰면 된다. 모든 개인의 행복은 똑같이 중요하기 때문이다."[70]

모든 사람이 최대의 행복을 누려야 한다! 우리는 이미 이 원리를 알고 있다. 리처드 레이어드는 확실히 제레미 벤담을 따른다. 레이어드의 정치적 입장은 사회민주주의에 가깝고, 철학자들은 '신 아리스토텔레스주의'라고 부른다. 그러니까 레이어드의 행복관은 아리스토텔레스의 에우다이모니아 행복관의(이것 역시 제1부에서 다뤘다) 새로운 버전이다.[71]

레이어드는 현대사회를 비관적으로 진단한다.[72] 물질적 풍요가 과대평가되고, 소득과 생활수준의 끊임없는 비교가 해로운 지위 경쟁을 낳고, 결국 모두가 더 좋아지기는커녕 더 나빠진다. 평일에는 자리싸움을 벌이고, 돈벌이가 좋은 출판계약, 상담계약, 혹은 그 밖의 각종 계약서에 서명하는, (미안하지만) 하나같이 똑같은 정치가들의 일요일 연설에서 우리는 이미 그것을 알고 있다. 그들의 연설에서 시민을 행복하게 할(아니, 행복하게 해야 할) 아이디어에 대한 비판적 태도가 감지된다.

그렇다면 정치는 구체적으로 어떤 모습이어야 할까? 레이어드는 경제성장의 지표로 쓰이는 국내총생산처럼 주관적인 행복감의 지표로 쓸 수 있는 이른바 '국내총행복'을 측정하자고 제안한다. 이런 측정을 토대로 정책을 제안하고 도입하고 감시하자는 것이다. 수많은 행복론 저서들이 국내총행복 측정 아이디어를 환영하고 이미 그것을 측정하고 있는 부탄왕국을 즐겨 거론한다.

국내총행복을 측정하여 구체적으로 무엇을 어떻게 할 수 있을까? 레이어드는 아주 구체적인 상을 갖고 있다. 실력경쟁과 지위 경쟁, 그러니까 이웃보다 더 많이 소유하고 지위상징으로 자신을 치장하려 할 때 생기는 과열경쟁을 제한하기 위해, 레이어드는 소득세를 강화하여 더 많이 버는 것이 전혀 도움이 안 되게 하자고 제안한다. 원리는 단순하다. 소득세를 높이면, 사람들은 지위 경쟁과 지위상징에 흥미를 잃는다.

그뿐만이 아니다. (마음을 단단히 먹고 읽기 바란다.) 술, 마약, 그리고 2부에서 살펴봤던 수많은 것들이 행복에 도움이 안 되기 때문에 그것에도 당연히 높은 세금을 물려야 한다. 구체적으로 예를 들자면 행복정치의 모범으로 즐겨 추앙되는 부탄왕국에서는 담배판매와 금연구역에서의 흡연을 금지하고 어겼을 때는 최대 3년 징역형을 선고한다.[73] 행복을 위해서라면 이 정도는 감내할 수 있어야 한다.[74]

또한 국가는 지금까지 간과했던 세금부과의 부작용에 주의해야 한다. 직장과 개인 생활의 균형, 이동성, 범죄, 사회적 연대에 미치는 효과에 주의해야 한다. 더불어 과감한 사회적 지출을 통해 정신 건강을 지원해야 한다. 아동의 성격 형성에 더 많은 주의를 기울여야 한다. 광고와 경쟁을 제한해야 한다. 수많은 사회프로그램이 필요하다. 하지만 모두가 그런 프로그램을 반기진 않을 것이다. 흡연자, 도박꾼, 돈 많은 마약중독자 일부는 그런 프로그램이 자유를 억압한다고 여길 것이다. 우리가 이 장을 시작하면서 만났던 수많은 디스토피아가 어서 오라고 손짓한다.

모두에게 맞는
프리사이즈 정책은 없다

"최대행복은 정치의 최고 목표다"

레이어드는 말한다.[75] 너무 당연한 말처럼 들려 나도 모르게 고개를 끄덕이고 싶어진다. 이런 목표에 어떻게 반대할 수 있겠나? 이제부터 허점과 구멍을 찾아보자.

모두가 똑같이 사물 열 개를 가졌다고 상상해보자. 열 개 모두 정말로 우리를 행복하게 할 사물이다. 하지만 우선순위가 다 다르다. 어떤 사람은 더 많은 탁아소를 원하고, 어떤 사람은 환경보호, 또 어떤 사람은 교육, 또 어떤 사람은 일자리를 원한다. 이런 서로 다른 욕구들을 정치는 어떻게 다뤄야 할까? 실업자는 일자리를 최우선으로 원하고, 어린

- 정치는 국민의 행복을 위해 무슨 일을 할 수 있을까? 행복으로 이끄는 방법에 관한 생각은 모두 다르다. 상 상하는 행복이 일치한다 하더라도 이 상상을 실현할 도구가 정치에 있을까?

자기에게 무엇이 좋은지 잘 안다고 생각하기 때문에 병원에 가지 않는 사람이 얼마나 많은가? 그런 사람들이 자신의 행복을 정치가에게 맡길까? 일을 줄이고 지위상징을 포기하라고, 그러면 더 행복해질 거라고, 이웃이 당신에게 말한다고 해서 당신은 행복을 이웃의 손에 맡기겠는가? 정치로 인간을 행복하게 할 방법을 합의하려는 시도는 대혼란으로 끝날 것이다.

아이가 있는 가정은 탁아소를 최우선으로 원한다. 공공재는 한정되어 있으므로 두 목표에 똑같은 에너지와 똑같은 지출을 할애할 수가 없다. 그 결과 실업자, 가정, 환경보호 운동가들이 자신의 요구에 더 많은 돈이 지출되게 하려고 서로 다툰다.

정치의 기능방식이 그렇다. 어떤 목표가 더 중요한지, 정치에서 무엇을 먼저 다뤄야 하는지를 두고 다툰다. 그리고 바라건대, 모두가 똑같이 많은 돈을 얻음으로써 문제를 해결할 수 있다는 순진한 생각은 하지 않았기를……. 그것은 마치 모든 개인이 일자리시장, 환경보호, 교육정책 예산과 동일한 금액을 받으면 행복할 거라 주장하는 것과 같다.

여기서 끝이 아니다. 정치가들은 해결책을 찾으면 그것을 법으로 제정하여 모두가 따를 수밖에 없도록 한다. 그러면 자신의 고유한 생활 상황과 맞지 않더라도 강제로 따라야 하는 사람들이 생긴다. 어쩌면 이따금 피우는 담배 한 대가 정신 건강에 좋을 수 있고, 행복을 해치지 않을지도 모른다. 그러나 레이어드가 상상하는 행복한 사회에서는 통하지 않는다.

바로 이런 문제 때문에 칼 포퍼가 이런 방식의 정치적 행복지원을 반대하는 것이다. 우리는 정치가 어떤 고난을 없애려 애써야 하는지 민주적으로 합의할 수 있다. 그리고 이런 정치는 국민 모두를 행복하게 하려 애쓰는 정치보다 국민의 자유를 덜 제한할 것이다. 결국 모두를 (더) 행복하게 하려는 노력은 아무도 원치 않았던 강제정책으로 끝난다. 사회적 행복지원에서는 모두에게 맞는 이른바 '프리사이즈'는 없다.

'지옥으로 가는 길은 선한 의도의 보도블록이 깔렸다'는 속담이 생각나는 대목이다.

모두의 행복을 위한 막대한 세금인상, 행복을 해치는 활동의 금지 혹은 제한 등, 레이어드의 프로그램이 실제로 실현된다고 상상해보라. 예를 들어 주민의 절반이 이 정책에 찬성하지만 나머지 절반이 반대한다면 어떻게 될까? 패배한 반대 주민 절반은 지배당하는 기분을 느낄 것이고, 다음 총선에서 이 정책에 반대하는 정당이 집권하도록 애쓸 것이다. 이런 식으로는 정치가 제대로 기능할 수 없다. 행복총생산 측정에서 행복 수준이 반드시 낮아지진 않겠지만 틀림없이 행복의 불균형이 심해질 것이다.

이것이 행복을 주는 객관적인 성공일까? 아닐 것이다. 칼 포퍼가 표현했듯이 '행복으로 가는 길은 아주 많지만 지옥으로 가는 길은 단 몇 개뿐'이다. 리처드 레이어드는 이것을 알았고, 그래서 국민이 선호하는 것이 결국 정치를 결정한다고 말했다. 그러나 국민이 선호하는 것이 각각 너무나 달라서 레이어드의 행복지원프로그램은 내부의 자체 모순으로 실패할 게 뻔하다. 국가적 강요정책이 도입되더라도 사람들의 다양한 행복관에 모두 맞출 수는 없다.

그런데 역시 기이한 일이다. 우리 인간은 행복할 수 있는 길이 그렇게 많은데 그 길을 가지 않고 오히려 불행하게 하는 길을 가는 경우가 많다. 과일 대신 기름기 많은 패스트푸드를 더 좋아하고 더 자주 먹는다. 운동을 하는 대신 텔레비전 앞에서 하루를 빈둥댄다. 행복하려면 정확히 그 반대로 해야 한다고 그렇게 강조하는데도 말이다. 왜 그럴까? 혹시 초콜릿을 좋아하는가?

08

국가는 당신의 행복을
결코 알 수 없다

더 행복한 세계로

슬쩍 밀어주기

당신이 실험에 참여했다고 가정해보자. 제일 좋아하는 브랜드의 초콜릿 대신에, 별로 좋아하지 않는 다른 브랜드의 같은 맛 초콜릿을 먹어야 한다. 내키진 않지만 실험이니 어쩔 수 없이 다른 초콜릿을 받아먹는다. 예상하건대 당신은 분명 실험이 끝난 뒤에 억지로 먹은 초콜릿의 맛 분석을 아주 비판적이고 부정적으로 할 것이다. "맛이 형편없어요. 내가 좋아하는 초콜릿을 다시 먹으면 안 될까요?"

왜 안 되겠는가? 실험진행자가 당신에게 초콜릿을 준다. 여기에 놀라운 속임수가 감춰져 있다. 처음 당신에게 건넨 초콜릿과 나중에 건넨 초콜릿이 비록 서로 다른 봉지에서 나왔지만, 둘 다 당신이 좋아하는 초콜릿이었다. 싫어하는 브랜드의 초콜릿을 강요에 의해 먹었다는 생각 만으로 당신은 좋아하는 초콜릿의 맛을 비판했다.

이런 태도를 '리액턴스' 혹은 '반항심'이라고 부른다.[76] 흔히 이러한 태도를 아이들에게서 볼 수 있다. 아이들은 자신들이 좋아하는 일이라 도 부모가 강요하면 하기 싫어한다. 부모가 금지한 일이 더 재밌어 보인 다. 갈 수 없는 언덕 너머의 풀이 언제나 더 푸르러 보이는 법이다.

그리고 이제 당신은 모두가 더 행복해지도록 국가가 법으로 강제한 다면, 무슨 일이 생길지 상상할 수 있으리라. 레이어드와 정치적 행복지 원이론의 지지자들도 이런 반항원리를 잘 안다. 그러나 행복할 수 있게 슬쩍 밀어주는 조력이 있다. 심리학에서 가장 유명한 남자 화장실을 방 문할 시간이다.

아무도 눈치 못 채게
조종하라

암스테르담 공항의 남자 화장실에는 오랜 세월 고질적인 문제가 있 었다. 모든 남자 화장실에 똑같이 있는 문제다. 소변이 너무 많이 변기 밖으로 튄다! 1999년에 해결책이 나왔다. 공항 매니저가 남자 화장실

제3부 왜 우리는 타인의 인생을 사는가

변기의 물 내려가는 구멍 바로 위에 파리 한 마리를 그려 넣는 아이디어를 낸 것이다. 변기 앞에 선 사람들은 파리를 보는 즉시 어떻게 해야 할지 알았다. 미국 법학교수 캐스 선스타인Cass Sunstein과 미국 경제학교수 리처드 탈러Richard Thaler가 이 파리를 거대하게 키웠다. 아니, 프로그램화했다. 그리고 '넛지Nudge'라는 이름을 붙였다.[77]

선스타인과 탈러는 『넛지』라고 제목을 붙인 그들의 책에서 남자 화장실 바닥이 소변으로 지저분해지는 빈도가 파리 덕분에 80퍼센트 낮아졌다고 썼다. 비록 암스테르담 스키폴공항의 매니저가, 그런 조사를 한 기억이 없다고 말했더라도 말이다.[78] (그는 혼잣말처럼 물었다. 화장실이 얼마나 지저분한지를 무엇으로 어떻게 측정하지?) 그러거나 말거나 남자 공중화장실 변기에는 축구 골대나 다른 목표물들이 그려졌고, 미국의 한 대학은 라이벌 대학의 로고를 목표물로 선택했다.

작은 심리적 트릭으로 사람들의 행동을 바꾼다. 이것을 자유로운 형태의 '부권적 간섭주의(paternalism, 아버지가 자식에게 간섭하는 것처럼 다른 사람의 사적인 행동을 규제하는 것을 가리킨다)라고 부르기도 한다.

예를 들어 오스트레일리아에서 운전자들이 고속도로에서 쓰레기를 함부로 버렸다. 그래서 고속도로 근처 마을 어귀에 거대한 골대를 세웠다. 그러자 대성공이었다! 골대가 운전자들의 게임본능을 깨웠다. 운전자들은 쓰레기를 아무 데나 버리지 않고 다음 골대가 나올 때까지 기다렸다. 청소업체는 골대 주변만 치우면 되었다.

또 다른 사례도 있다. 두 칸으로 분리된 담배꽁초 쓰레기통 겉면에 이런 질문을 적어두었다. "누가 더 뛰어난 축구선수인가? 메시 아니면 호날두?" 메시에게 투표할 사람은 왼쪽 칸에 호날두에게 투표할 사람은 오른쪽 칸에 담배꽁초를 버려야 한다. 상자는 투명 아크릴판으로 만들어져 있어서 투표 결과는 담배꽁초의 갯수로 즉각 확인할 수 있다.[79]

넛지. 단어 그대로 해석하면 '슬쩍 밀기'라는 뜻이다. 작은 심리적 트릭을 이용해 사람들이 자기도 모르게 행동을 바꾸도록 유도한다. 직접적이고 강제적인 규정은 반항심을 불러일으키기 때문이다(초콜릿 실험을 생각해보라). 이런 '부드러운' 정책은 개인의 자기결정권을 훼손하지 않는다. 그들은 원한다면 목표물을 조준하지 않고 소변을 봐도 되고 쓰레기나 담배꽁초를 길에 버려도 된다. 우회적인 방법으로 그러지 않게 유도하는 것뿐이다. 적어도 이론상으로는 그렇다.

넛지를 행복지원정책에 이용할 수 있다. 예를 들어 과일 소비를 권장하기 위해(기억할지 모르겠지만, 과일 섭취가 행복하게 한다) 마트의 쇼핑카트에 '과일과 야채'라고 적힌 칸을 따로 마련해둘 수 있다. 이 외에도 많은 것들을 할 수 있다. 넛지 아이디어는 전염성이 아주 높아서 미국, 영국, 덴마크의 모범에 따라 2014년 독일 총리실도 심리학, 인류학, 행동경제학 전문자문위원 셋을 이른바 '넛지 유닛'으로 임명했다. 집단 심리를 조장하는 독일의 대표 매체로 꼽히는《빌트》는 헤드라인을 이렇게 뽑았다. 「메르켈이 심리 감독을 고용하려 한다!」

이 말이 완전히 틀린 건 아니다. 정부가 심리적 트릭을 이용해 정부

의 뜻대로 국민이 행동하도록 유도하는 아이디어를 누가 좋아하겠는
가.《빌트》에 맞서 넛지 유닛을 방어해야 했던 정부 대변인 게오르크
슈트라이터는 노련하게 핵심을 찔렀다.

"많은 이들이 자신의 이익에 반하는 행동을 한다."[80]

　무엇이 자신에게 이익이 되는 행동인가는 분명히 저마다 다르다. 이
것으로 우리는 다시 칼 포퍼에게 돌아간다.

행복을 늘리지 말고
불행을 줄여라

　지금까지 거론된 넛지 사례들은 행복과 거의 무관하고 태도 변화
에도 큰 영향을 주지 않는다. 어찌 보면 거의 장난에 가깝다. 넛지 아이
디어는 국가가 국민보다 행복에 관해 그리고 무엇이 행복하게 하는지
더 잘 안다는 것을 전제로 한다.
　정말 그럴까? 자기에게 무엇이 좋은지 잘 안다고 생각하기 때문에
병원에 가지 않는 사람이 얼마나 많은가! 그런 사람들이 자신의 행복
을 정치가에게 맡길까? 일을 줄이고 지위상징을 포기하라고, 그러면
더 행복해질 거라고, 이웃이 당신에게 말한다고 해서 당신은 행복을 이

웃의 손에 맡기겠는가? 정말 다른 사람에게 당신의 행복을 맡기겠는가? 그러지 않을 것이다.

장기기증의 사례가 넛지의 막대한 영향력을 보여준다. 오스트리아에서는 특별히 반대 의사를 밝히지 않는 한, 모든 국민이 장기기증자다. 반면 독일에서는 필요한 증명서와 함께 적극적으로 장기기증자로 등록해야 한다. 어느 나라의 장기기증자 수가 더 많을지 맞혀보라. 오스트리아는 원래 모든 국민에게 선택의 자유를 허락해야 할 결정방식을 살짝 바꿈으로써 장기기증자 수를 높였다.

그러나 사람들은 이것에 거부감을 느끼지 않았다. 오스트리아 정부가 정책 결정 이전에 먼저, 국민이 거절하지 않는 한 국가가 국민의 장기를 요구할 수 있는 권한을 철저히 높여놨기 때문이다. 어떤 사람들에게는 받아들이기 힘든 내용일 터이다. 칼 포퍼가 과연 넛지 아이디어에 동의할까? 불확실하다.[81]

넛지 아이디어는 아주 매력적이고, 그만큼 논란도 많다. 무엇보다 포퍼의 주장 때문이다. 지금까지 우리가 살펴본 여러 연구가 행복의 조건들을 입증하더라도 그것은 평균적인 결과일 뿐 모든 개인에게 적용되는 건 아니므로, 실제로 무엇이 개개인을 행복하게 하는지 국가는 알 수 없다.

그리하여 우리는 국가는 행복정치 대신에 빈곤과 곤경에 맞서 싸워야 한다는 포퍼의 아이디어로 되돌아간다. 정치는 강제로 행복을 지원하는 대신 불행을 줄이는 정책을 펴야 한다. 이것에 관해 행복 연구는

제3부 왜 우리는 타인의 인생을 사는가

뭐라 말할까? 불행을 막는 정치는 어떤 모습일까?

불행을 막는 정치는
어떤 모습일까?

독일에서 사회복지정책은 큰 주제다. 국민총생산의 약 3분의 1이 사회복지정책에 지출된다. 건강보험, 요양보험, 연금보험, 실업보험, 사고보험, 자녀지원금, 보육지원금, 연방장학금, 주택지원금, 사회복지지원금 등 다양한 복지제도가 있다. 이런 정책의 필요성을 의심하는 사람은 아무도 없다. 그러나 이런 복지제도들이 과연 우리를 더 행복하게 할까?[82]

충격적이게도 반드시 그런 건 아니다. 다양한 사회복지 수준의 여러 나라를 서로 비교하거나 한 국가 안에서 국민의 행복감 변화를 조사한 여러 연구가 있었지만, 복지제도의 명확한 효과는 발견되지 않았다.[83] 예를 들어 42개 나라를 비교했을 때, 사회복지제도의 발달이 실업자의 건강 상태나 삶의 만족도를 높이지 않았다.[84] 1980년에서 1990년까지 41개 나라를 비교한 또 다른 연구 역시 비슷한 결과에 도달했다.[85] 사회복지정책 예산의 증가도 축소도 삶의 만족도에 이렇다 할 영향을 미치지 않았다. 특히 사회복지제도가 잘 마련된 덴마크와 스웨덴 두 나라에서도 아무런 영향이 없었다.[86]

그러나 월급이 없어도 생계비 걱정을 하지 않아도 될 경우, 더 행복하다는 것을 보여주는 연구가 있다.[87] 그러나 이것은 그렇게 놀라운 결과가 아니다. 다만 이런 복지 서비스의 재정을 누가 댈까?

불행을 줄이기 위해 독일은 국민총생산의 3분의 1을 투자한다. 그런데 그것이 국민을 더 행복하게 하지 않는다. 이걸 어떻게 해명해야 할까? 어떻게 이럴 수가 있을까? 한 가지 간단한 설명이 있다. 사회복지 서비스에는 돈이 필요하다. 복지 혜택을 받는 사람은 이런 서비스를 좋게 본다. 그러나 돈을 대야 하는 사람은 다르게 본다. 독일 국민이 사회복지정책의 실제 행복효과를 감지하지 못하는 까닭이 여기에 있을 것이다. 그러니까 사회복지정책은 확실히 행복의 분배이다. 오른쪽 주머니에서 왼쪽 주머니로.

실제로 몇몇 독일 자료들이 이것을 입증한다.[88] 1992년부터 2007년까지의 사회경제패널 자료에 따르면 사회복지서비스는 독일의 삶의 만족도를 아주 조금만 상승시켰다. 그러나 또한 실직의 두려움과 그로 인한 재정적 위험이 삶의 만족도를 명확히 낮췄다. 그러므로 사회복지서비스의 행복 잠재력은 그것을 어떻게 인식하느냐에 달렸다. 사회복지서비스가 필요하다고 여기면 사회안전망은 확실히 삶의 만족도를 높인다.

일반적으로 추측하기로 국가가 크다고 국민도 행복한 건 아니다. 그리고 74개 나라를 조사한 객관적 연구에 따르면 국가의 지출 규모가 클수록 국민의 삶의 만족도는 심지어 떨어진다.[89] 이 효과는 좌파 성향의 정부일 때 소득이 낮거나 중간쯤인 남자들에게 특히 강하게 드러났다. 반면 정부가 제 기능을 한다고 인정되는 한, 이 효과는 여자들에게 적게 드러났다. 그런 면에서 보면 국가기구와 관료주의의 확대가 오히려 행복을 해치는 것 같다.

사회 보험은 그것을 필요로 하거나 그것이 필요하게 될까 두려워하는 사람들에게 삶의 만족도를 높이는 데 도움이 된다고 추론할 수 있다(직관적으로 보더라도 그렇다). 다른 한편 지금까지의 연구결과들은 사회복지서비스 예산의 증가가 전체 국민의 행복을 높인다는 것을 입증하지 않는다.

달리 표현하면 공공보험으로 모든 사적인 위험에 대비하는 국가는 (영어권에서 이런 나라를 '보모 국가Nanny State'라고 부른다) 오히려 국민의 행복을 방해하는 것 같다. 이것으로 우리는 다시 포퍼에게 도달한다. 행복은 결국 자유가 필요하다. 진정한 자유를 느껴본 사람이라면 철학 없이도 이것을 이해할 것이다.

에필로그

73년. 일곱 번 인생을 산 사람 프라네 셸락은 마침내 행복해지기까지 73년이 걸렸다. 73번째 생일 이틀 뒤에 드디어 때가 되었다. 일곱 번을 죽다 살아난 남자에게 행운이 찾아왔다. 이 행운은 심지어 숫자로 표현할 수 있다. 600만 쿠나, 유로로 환산하면 81만 유로(약 10억 원)의 복권에 당첨되어 이 어마어마한 돈을 한꺼번에 손에 쥐었다. 프라네 셸락은 마침내 행복을 마주보았다.

아니, 어쩌면 역시 아닐 것이다. 프라네 셸락이 바야흐로 81세에 정말로 행복을 찾을 때까지 다시 여러 해가 걸렸기 때문이다. 그는 행복을 잭팟이 아니라 행복을 찾을 수 있는 유일한 곳, 자기 자신에게서 찾았다. 그는 당첨금 전부를 친구와 친지들에게 주기로 했다. 돈으로는 역시 행복을 살 수 없다고 그가 말했다. 프라네 셸락은 자기 소유의 섬에 있는 호화로운 저택을 버리고 자그레브 남부의 소박한 옛날 집으로 갔다. 당첨금 전부를 주었지만 모든 재산을 주진 않았다. 골반수술비를 위해 그리고 그가 가졌던 모든 행운에 대해 성모마리아께 감사하기 위해 약간을 남겨뒀다. 이때보다 더 행복했던 적이 없었다고 그가 말했다.[90]

프라네 셀락은 다채로운 행복을 만났다. 생존의 행복, 부유의 행복, 다른 사람들에게서 얻는 행복, 다른 사람과 나눔으로써 오는 행복, 그리고 돈으로 살 수 없는 행복. 어쩌면 프라네는 자신의 행복을 발견하기 위해 이토록 먼 길을 가야만 했으리라.

반면 세계에서 가장 행복한 승려 마티유 리카르와 같은 사람들은 명상, 운동, 종교 혹은 우리가 이 책에서 지나온 다양한 길들 중 하나를 걸었다. 이것이 이 책의 결론이다. 행복으로 가는 하나의 길은 없다. 행복을 만드는 특허조제법은 없다. 행복의 길을 안내하는 내비게이션은 없다. 행복으로 가는 길은 분명히 사람 수보다 많고, 적어도 사람 수만큼 많을 것이다. 하지만 단지 극소수만이 행복을 쉽게 얻는다.

세계에서 가장 불운하면서 동시에 행복한 프라네 셀락, 그리고 과학적으로 세계에서 가장 행복한 승려 마티유 리카르의 모범을 따라 우리를 끌어당기는 그곳으로 가려면 우리는 많이 보고, 배우고, 듣고, 이해하고, 노력해야만 한다. 행복의 길 위에서 행복을 알아보려면, 일찍 시작할수록 좋다.

자본주의에 사는 우리가 알아야 할
진정한 인생의 가치

하노 벡의 전작 『부자들의 생각법』과 『경제학자의 생각법』을 번역 했던 내게, 그의 신작은 더할 나위 없이 반가운 소식이었다. 하노 벡의 글은 말끔하면서도 읽는 맛이 있다. 흥미를 유발하는 예화로 시작하여 온갖 실험들을 근거로 제시하며 논리적으로 글을 풀어낸다. 그래서 어 떤 마음으로 읽기 시작했든, 연신 머리를 끄덕이며 빠져들게 된다.

그의 신작 소식을 듣고 이번엔 어떤 경제지식일까, 무슨 이야기를 전해줄까, 궁금해하는 내 앞에 드러낸 표지에는 'GLÜCK'이라는 글자 가 커다랗게 떠 있었다. '행복'이라는 뜻을 강조하기라도 하듯, Ü자가 활짝 웃는 얼굴을 연상시켰다. 잠깐, 경제가 아니라 행복이라고?

행복이라는 단어로 검색하면 검색결과가 약 1억 3,800개나 뜬다. 검 색 결과의 수에서도 짐작할 수 있듯이, 행복이란 인류의 탄생 이래로 인간이 매달려온 의문이자 질문이었다. 그렇기에 인간은 마음의 영역 이라고 할 수 있을 행복의 비밀을 풀기 위해 고대부터 철학, 뇌과학, 생물학 등 온갖 분야에서 연구를 시도해왔으리라.

경제학 교수로서 의미 있는 연구를 해온 학자이자, 대중의 마음을 울리는 베스트셀러 저자로서 하노 벡은 이번 책을 통해 경제학을 넘어 인류의 비밀에 도전한다. 철학, 생물학, 심리학, 통계학, 사회학을 넘나들며 행복의 기원에서부터 우리 삶에 있어 행복이란 무엇인지, 행복하기 위해 어떤 삶을 살아야 하는지, 사회의 근간인 자본주의는 어떻게 행복을 다루어왔는지 흥미진진하게 이야기한다. 그러나 누가 경제학자 아니랄까, 하노 벡과 알로이스 프린츠는 행복을 측정하고 행복의 가격을 정하려는 노력에 많은 지면을 할애했다. 행복에 영향을 미치는 요소들을 분석하고 그 가격을 정함으로써 행복의 가치를 정하려는 접근이 신선하다.

이 책은 첫 예화부터 쿵 하고 마음을 울린다. 그리고 그 울림은 마지막 에필로그까지 긴장감을 잃지 않고 이어진다. 일곱 번이나 죽을 고비를 넘긴 사람이 있었다. 그는 행복한 사람일까? 아니면 남들은 평생 한 번 맞을까 말까인 죽을 고비를 일곱 번이나 맞았으니 억세게 재수가 없는 사람일까? 예단하기 쉽지 않다. 일곱 번을 죽다 살았다는 사실은 변함이 없으므로, 이렇게 보면 행복한 인생이고 저렇게 보면 불행한 인생이다. 저자는 이처럼 쉽게 대답하기 어려운 질문들을 연이어 던짐으로써 독자들로 하여금 스스로 인생의 가치와 의미를 생각해볼 수 있게끔 유도한다.

언뜻 보면 두 경제학자는 행복을 객관적으로 측정하고 분석하고 비교하려 애쓰는 것 같지만, 책을 읽어나갈수록 그 반대가 아닐까 하는 의구심이 든다. 행복을 객관적으로 분석하고 측정하고 비교하는 것 자체가 불가능하고 헛된 일임을 말하고 싶은 것이 아닐까. 행복을 측정하고 파헤치려 애쓸수록 그것이 불가능한 일임이 더욱 명확해지기 때문이다.

더 많이 일하고, 더 많이 소비하고, 더 많을수록 좋다는 생각은 경제성장을 일궈온 우리나라에 익숙한 사고방식이다. 하지만 요즘 들어 이러한 생각에 움직임이 있는 것 같다. 더 많이 더 열심히 사는 것이 아닌 내 인생의 행복과 진정한 삶의 가치를 들여다보려는 의미 있는 움직임들도 많은 것 같다. 그런 의미에서, 경제지수는 높지만 행복지수는 어떤 나라보다도 낮은 우리나라에 하노 벡이 던지는 이 책의 물음은 무게를 가지는 것이리라.

석가모니의 말처럼, 행복으로 가는 길은 없다. 행복하게 사는 게 길이다. 행복은 추구하는 것이 아니라, 이미 가진 것을 누리는 것이며 행복은 쫓아가 잡는 것이 아니라, 옆에 있는 것을 발견해내는 것이리라. "어떻게 하면 행복해질까?" 이 질문에는 "나는 불행하다"라는 전제가 깔려 있다. 그러니 이렇게 묻는 것이 어떨까.

"나는 왜 행복하지?"

배명자

역자의 말

참고문헌

- Adams, R. E., Santo, J. B. und Bukowski, W. M. (2011). The presence of a best friend buffers the effects of negative experiences. Developmental Psychology 47(6): 1786–1791.

- Alexander, C., Piazza, M., Mekos, D. und Valente, T. (2001). Peers, schools, and adolescent cigarette smoking. Journal of Adolescent Health 29(1): 22–30.

- Alloway, T. (2010). Good memory is »key to happiness«. Bericht der BBC über die Forschung von Tracy Alloway. http://www.bbc.com/news/uk-scotland-tayside-central-11342947 [18. 01. 2017].

- Alloway, T. P. und Horton, J. C. (2016). Does working memory mediate the link between dispositional optimism and depressive symptoms? Applied Cognitive Psychology 30: 1068–1072.

- Anusic, I., Lucas, R. E. und Donnellan, M. B. (2016). The validity of the Day Reconstruction Method in the German Socio-economic Panel study. Social Indicators Research doi:10.1007/s11205-015-1172-6.

- Aristotle. http://www.pursuit-of-happiness.org/history-of-happiness/aristotle/ [12. 10. 2016].

- Baer, R.A., Lykins, E. L. B. und Peters, J. R. (2012). Mindfulness and selfcompassion as predictors of psychological wellbeing in long-term meditators and matched nonmeditators. Journal of Positive Psychology Vol. 7, Iss. 3. http://dx.doi.org/10.1080/17439760.2012.674548 [07. 06. 2017].

- Bagues, M. und Esteve-Volartz, B. (2016). Politicians' Luck of the Draw: Evidence from the Spanish Christmas Lottery. Journal of Political Economy, October 2016, v. 124, iss. 5, pp. 1269–1294.

- Bansak, C., Simpson, N. B. und Zavodny, M. (2015). The Economics of Immigration. New York: Routledge.

- Barker, C. und Martin, B. (2011). Participation: The happiness connection. Journal of

Public Deliberation 7(1): Article 9.

- Barreto, P. de S. und Rolland, Y. (2016). Happiness and unhappiness have no direct effect on mortality. The Lancet 387(10021): 822–823.

- Bartetzko, D. (2013). Bittere Träume, gesungen an den Dachrändern von Paris. Faz.net. http://www.faz.net/aktuell/feuilleton/buecher/rezensionen/sachbuch/jens-rosteck-edith-piaf-bittere-traeume-gesungen-an-den-dachraendern-von-paris-12120718.html [07. 06. 2017].

- Bates, C. (2009). How Michael Jackson's death shut down Twitter, brought chaos to Google ... and »killed off« Jeff Goldblum. Daily Mail Online. http://www.dailymail. co.uk/sciencetech/article-1195651/How-Michael-Jacksons-death-shut-Twitter-overwhelmed-Google--killed-Jeff-Goldblum.html [07. 06. 2017].

- Bauer, R. A. (Hrsg.) (1966). Social Indicators. Cambridge, Mass.: MIT Press.

- Baumeister, R. F. (2005). The Cultural Animal. Human Nature, Meaning, and Social Life. Oxford et al.: Oxford University Press.

- Ben Zion, I. Z., Tessler, R., Cohen, L., Lerer, E., Raz, Y., Bachner-Melman, R., Gritsenko, I., Nemanov, L., Zohar, A. H., Belmaker, R. H., Benjamin, J. und Ebstein, R. P. (2006). Polymorphisms in the dopamine D4 receptor gene (DRD4) contribute to individual differences in human sexual behavior: desire, arousal and sexual function. Molecular Psychiatry 11: 782–786.

- Beck, H. (2015a). Das Leben ist ein Zoo. Frankfurter Allgemeine Verlag, Frankfurt.

- Beck, H. (2015b). Geld kann Schmerzen lindern. Psychologischer Trigger: Wie Geld das Denken und Verhalten steuert, in: politik & kommunikation III/2015, S.72 – 77.

- Beck, H. und Prinz, A. (2014). Wenn Geld wie Droge wirkt. Frankfurter Allgemeine Zeitung vom 22. 04. 2014.

- Benesch, C., Frey, B. S. und Stutzer, A. (2010). TV channels, self-control and happiness. The B.E. Journal of Economic Analysis & Policy 10:Iss. 1, Article 86.

- Bentall, R. P. (1992). A proposal to classify happiness as a psychiatric disorder. Journal of Medical Ethics 18: 94–98.

- Bentham. J. (2010 [1776]). A Fragment on Government. Cambridge: Cambridge University Press.

- Berg, M. und Veenhoven, R. (2010). Income inequality and happiness in 119 nations: In search for an optimum that does not appear to exist. In: Greve, B. (Hrsg.), Social Policy and Happiness in Europe. Cheltenham: Edward Elgar.

- Berger, D. (2005). Die Lust der Engel und der Tiere zugleich genießen: Die Anthropologie des Thomas von Aquin als Ausdruck der »media via« thomasischen Denkens. Trierer Theologische Zeitschrift 114: 11–27.

- Bergsma, A. und Veenhoven, R. (2011). The happiness of people with mental disorders in modern society. Psychology of Well-being: Theory, Research and Practice 1(2), https://psywb.springeropen.com/articles/10.1186/2211-1522-1-2 [28. 05. 2017].

- Bergsma, A., Poot, G. und Liefbroer, A. C. (2008). Happiness in the garden of Epicurus. Journal of Happiness Studies 9: 397–423.

- Bergsma, A., te Have, M., Veenhoven, R. und de Graaf, R. (2011). Most people with mental disorders are happy: A 3-year follow-up in the Dutch general population. Journal of Positive Psychology 6(4):253–259.

- Berteaut, S. (1970). Ich hab' gelebt, Mylord. Das unglaubliche Leben der Edith Piaf. Berlin, München, Wien: Scherz Verlag.

- Birnbacher, Dieter (1992). Der Utilitarismus und die Ökonomie. In: Biervert, Bernd, Held, Klaus und Wieland, Josef (Hrsg.), Sozialphilosophische Grundlagen ökonomischen Handelns, Frankfurt am Main: Suhrkamp, S. 65–85.

- Bjørnskov, C. (2006). Determinants of general trust: A cross-country comparison. Public Choice 130: 1–21.

- Bjørnskov, C. (2010). How comparable are the Gallup World Poll life satisfaction data? Journal of Happiness Studies 11: 41–60.

- Bjørnskov, C., Dreher, A. und Fischer, J. A. V. (2007). The bigger the better? Evidence of the effect of government size on life satisfaction around the world. Public Choice 130: 267–292.

- Bjørnskov, C., Dreher, A. und Fischer, J. A. V. (2010). Formal institutions and subjective well-being: Revisiting the cross-country evidence. European Journal of Political Economy 26(4): 419–430.

- Blanchflower, D. G. und Oswald, A. J. (2004). Money, sex and happiness: An empirical study. Scandinavian Journal of Economics 106(3):393–415.

- Blanchflower, D. G. und Oswald, A. J. (2007): Hypertension and happiness across nations. NBER Working Paper 12934, February 2007.

- Blanchflower, D. G. und Oswald, A. J. (2008). Hypertension and happiness across nations. Journal of Health Economics 27: 218–233.

- Blanchflower, D. G. und Oswald, A. J. (2008). Is well-being U-shaped over the life cycle? Social Science & Medicine 66: 1733–1749.

- Blanchflower, D. G. und Oswald, A. J. und Stewart-Brown, S. (2013). Is psychological well-being linked to the consumption of fruit and vegetables? Social Indicators Research 114: 785–801.

- Bonanno, G.A. (2004). Loss, trauma, and human resilience. American Psychologist 59(1): 20–28.

- Boothby, E. J., Clark, M. S. und Bargh, J. A. (2014). Shared experiences are amplified. Psychological Science 25(12): 2209–2216.

- Brehm, J. W. (1966). Theory of Psychological Reactance. New York: Academic Press.

- Brent, L. I., Chang, S. W., Gariépy, J. F. und Platt, M. L. (2014). The neuroethology of friendship. Annals of the New York Academy of Science 1316: 1–17.

- Brickman, P., Coates, D. und Janoff-Bulman, R. (1978). Lottery winners and accident victims: Is happiness relative? Journal of Personality and Social Psychology 36(8): 917–927.

- Brockmann, H. (2010). Why are middle-aged people so depressed? Evidence from West-Germany. Social Indicators Research 97: 23–42.

- Brody S. (2010). The relative health benefits of different sexual activities. Journal of Sexual Medicine 7: 1336–1361.

- Brody, S. und Costa, R. M. (2012). Sexual satisfaction and health are positively associated with penile-vaginal intercourse but not other sexual activities. American Journal of Public Health 102(1): 6–7.

- Brown, N. R. und Sinclair, R. C. (1999). Estimating number of lifetimesexual partners: Men and women do it differently. Journal of Sex Research 36(3): 292–297.

- Bruni, L. und Stanca, L. (2008). Watching alone: Relational goods, television and happiness. Journal of Economic Behavior & Organization 65(3–4): 506–528.

- Bryant, F. B., Smart, C. M. und King, S. P. (2005). Using the past to enhance the present: Boosting happiness through positive reminiscence. Journal of Happiness Studies 6:

227–260.

- Buchanan, M. (2002). Small Worlds. Frankfurt/New York: Campus. Buddelmeyer, H. und Powdthavee, N. (2015). Can Having Internal Locus of Control Insure against Negative Shocks? Psychological Evidence from Panel Data. Melbourne Institute Working Paper Series, Working Paper No. 12/15, University of Melbourne.

- Bundesamt für Arbeitsschutz und Arbeitsmedizin (2016). Gesamtunfallgeschehen. Unfalltote und Unfallverletzte in Deutschland 2014. https://www.baua.de/DE/Angebote/ Publikationen/Fakten/Unfallstatistik-2014.pdf?__blob=publicationFile&v=1 [28. 05. 2017].

- Bundesregierung (2016). Bericht der Bundesregierung zur Lebensqualität in Deutschland. Berlin: Presse- und Informationsamt der Bundesregierung.

- Bünger, B. und Prinz, A. (2010). Staatliche Glücksförderung? Karl Popper, Richard Layard und das Rauchen. Ordo. Jahrbuch für die Ordnung von Wirtschaft und Gesellschaft Bd. 61: 169–190.

- Burger, M., et al. (2015). Genetic distance and differences in happiness across nations: Some preliminary evidence. Journal of Happiness and Well-being 3(2): 142–158.

- Buss, D. M. und Schmitt, D. P. (1993). Sexual strategies: An evolutionary perspective on human mating. Psychological Review 100(2): 204–232.

- Cardwell, B. A., Henkel, L., Garry, M., Newman, E. J. und Foster, J. L. (2016). Monprobative photos rapidly lead people to believe claims about their own (and other people's) past. Memory and Cognition 44: 883–896.

- Carlisle M., Uchino, B. N., Sanbonmatsu, D. M., Smith, T. W., Cribbet, M. R., Birmingham, W., Light, K. C. und Vaughn, A. A. (2012).Subliminal activation of social ties moderates cardiovascular reactivity during acute stress. Health Psychology 31(2): 217–225.

- Carter, T. J. und Gilovich, T. (2010). The relative relativity of material and experiential purchases. Journal of Personality and Social Psychology 98(1): 146–159.

- Chancellor, J. und Lyubomirsky, S. (2014). Money for happiness: The hedonic benefits of thrift. In: Tatzel, M. (Hrsg.), Consumer's Dilemma: The Search for Well-being in the Material World. New York: Springer, S. 13 ff.

- Chen, H., Pine, D.S., Ernst, M., et al. (2013). The MAOA gene predicts happiness in women. Progress in Neuro-Psychopharmacology & Biological Psychiatry 40: 122–125.

- Cheng, T. C., Powdthavee, N. und Oswald, A. J. (2015). Longitudinal evidence for a midlife nadir in human well-being: Results from four data sets. Economic Journal DOI: 10.1111/ecoj.12256.

- Cheng, Z. und Smyth, R. (2015). Sex and happiness. Journal of Economic Behavior & Organization 112: 26–32.

- Chiao, J. Y. und Blizinsky, K. D. (2009). Culture-gene coevolution of individualism-collectivism and the serotonin transporter gene. Proceedings of the Royal Society B, DOI:10.1098/rspb.2009.1650.

- Christakis, N. A. und Fowler, J. H. (2007). The spread of obesity in a large social network over 32 years. New England Journal of Medicine 357(4): 370–379.

- Clark, A. E. und Oswald, A. J. (1996). Satisfaction and comparison income. Journal of Public Economics 61(3): 359–381.

- Clark, A. E. und Oswald, A. J. (2002). A simple statistical method for measuring how life events affect happiness. International Journal of Epidemiology 31: 1139–1144.

- Clark, A. E. und Senik, C. (2010). Who compares to whom? The anatomy of income comparisons in Europe. Economic Journal 120:573–594.

- Clark, A. E., Frijters, P. und Shields, M. A. (2008): Relative Income, Happiness, and Utility: An Explanation for the Easterlin Paradox and Other Puzzles. In: Journal of Economic Literature 2008, 46:1, 95–144.

- Colander, D. (2007). Edgeworth's hedonimeter and the quest to measure utility. Journal of Economic Perspectives 21(2): 215.225.

- Congleton, Roger D. (1989). Efficient status seeking: Externalities, and the evolution of status games. Journal of Economic Behavior and Organization 11: 175.190.

- Corneo, G. (2002). Work and Television. CEPR Discussion Paper No. 3373.

- Coyle, D. (2014). GDP. A Brief but Affectionate History. Princeton, N. J.: Princeton University Press.

- Crawford, M. und Popp, D. (2003). Sexual double standards: A review and methodological critique of two decades of research. Journal of Sex Research 40(1): 13.26.

- Csikszentmihalyi, M. (1992). Flow: Das Geheimnis des Glucks. Stuttgart: Klett-Cotta.

- Cummins, R. (2001). Personal income and subjective well-being: A review. Journal of Happiness Studies 1(2): 133.158.

- Daly, M. C., Oswald, A. J., Wilson, D. und Wu, S. (2010). The Happiness-Suicide Paradox. Federal Reserve Bank of San Francisco, Working Paper Series, Working Paper 2010.30.

- Daly, M. C., Oswald, A. J., Wilson, D. und Wu, S. (2011). Dark contrasts: The paradox of high rates of suicides in happy places. Journal of Economic Behavior & Organization 80(3): 435.442.

- De Neve, J.-E. (2011). Functional polymorphism (5-HTTLPR) in the serotonin transporter gene is associated with subjective well-being: Evidence from a US nationally representative sample. Journal of Human Genetics 56: 456.459.

- De Neve, J.-E., Christakis, N. A., Fowler, J. H. und Frey, B. S. (2012). Genes, economics, and happiness. Journal of Neuroscience, Psychology, and Economics 5(4): 193.211.

- De Neve, J.-E., Diener, E., Tay, L. und Xuereb, C. (2013). The objective benefits of subjective well-being. In: Helliwell, J., Layard, R. und Sachs, J. (Hrsg.). World Happiness Report 2013. New York: UN Sustainable Development Solutions Network.

- Deaton, A. (2010). Income, Aging, Health and Well-Being around the World: Evidence from the Gallup World Poll. In: David A. Wise (Hrsg.): Research Findings in the Economics of Aging; The University of Chicago Press; pp. 235 – 263.

- Deaton, A. (2012). The financial crisis and the well-being of Americans. Oxford Economic Papers 64: 1–26.

- Deaton, A. und Stone, A. A. (2013). Evaluative and hedonic wellbeing among those with and without children at home. Proceedings of the National Academy of Sciences of the United States of America, Vol. 111 no. 4, pp. 1328 – 1333.

- Demir, M., Doğan, A. und Procsal, A. D. (2013). I am so happy 'cause my friend is happy for me: Capitalization, friendship, and happiness among U.S. and Turkish college students. Journal of Social Psychology 153(2): 250–255.

- Department of Health UK (2014). Wellbeing. Why It Matters to Health Policy.

- Deutschland in Zahlen (2016). Köln: Institut der deutschen Wirtschaft.

- DeVoe, S. E. und Iyengar, S. S. (2010). Medium of exchange matters: What's fair for goods is unfair for money. Psychological Science 21:159–162.

- Dew, J. P. und Stuart, R. (2012). A financial issue, a relationship issue, or both? Examining the predictors of marital financial conflict. Journal of Financial Therapy 3(1): Article 4, 43–61.

- Di Tella, R. und MacCulloch, R. (2005). Partisan social happiness. Review of Economic Studies 72: 367–393.

- Di Tella, R., MacCulloch, R. J. und Oswald, A. J. (2003). The macroeconomics of happiness. Review of Economics and Statistics 85(4): 809–827.

- De Winter, L. (1998). Die erfundene Hölle, Spiegel Online. http://www. spiegel.de/ spiegel/print/d-8505946.html [07. 06. 2017].

- Diekmann, I. und Schoeps, J. H. (Hrsg.). Das Wilkomirski-Syndrom. Eingebildete Erinnerungen oder Von der Sehnsucht, Opfer zu sein. Pendo, Zürich 2002.

- Diener, E. (2010). »Aber natürlich kann Geld glücklich machen.« Interview in Psychologie heute, Mai, S. 30–36.

- Diener, E. und Chan, M. Y. (2011). Happy people live longer: Subjective well-being contributes to health and longevity. Applied Psychology: Health and Well-Being 3(1): 1–43.

- Diener, E. und Seligman, M. E. P. (2002). Very happy people. Psychological Science 13(1): 81–84.

- Diener, E. und Seligman, M.E.P. (2004). Toward an economy of wellbeing. Psychological Science in the Public Interest 5: 1–31.

- Diener, E., Gohm, C. L., Suh, E. und Oishi, S. (2000). Similarity of the relations between marital status and subjective well-being across cultures. Journal of Cross-Cultural Psychology 31(4): 419–436.

- Diener, E., Seligman, M. E. P. (2004). Toward an economy of well-being. Psychological Science in the Public Interest 5: 1–31.

- Dimberg, U. und Thunberg, M. (2012). Empathy, emotional contagion, and rapid facial reactions to angry and happy facial expressions. Psychological Journal 1(2): 118–127.

- Dincer, O. C. und Uslaner, E. M. (2010). Trust and growth. Public Choice 142: 59–67.

- Dodds, P. S. und Danforth, C. M. (2010). Measuring the Happiness of Large-Scale Written Expression: Songs, Blogs, and Presidents. Journal of Happiness Studies, August 2010, Volume 11, Issue 4, pp. 441 – 456.

- Dolan, P., Metcalfe, R. und Powdthavee, N. (2008). Electing happiness: Does happiness affect voting and do elections affect happiness? University of York, Discussion Paper No. 08/30.

- Dorn, D., Fischer, J. A. V., Kirchgässner, G. und Sousa-Poza, A. (2007). Is it culture or democracy? The impact of democracy and culture on happiness. Social Indicators Research 82: 505–526.

- Dorn, D., Fischer, J. A. V., Kirchgässner, G. und Sousa-Poza, A. (2008). Direct democracy and life satisfaction revisited: New evidence for Switzerland. Journal of Happiness Studies 9: 227–255.

- Dreher, A. und Öhler, H. (2011). Does government ideology affect personal happiness? A test. Economics Letters 111(2): 161–165.

- Dunbar, R. I. M. (1992). Neocortex size as a constraint on group size in primates. Journal of Human Evolution 20: 469–493.

- Dunbar, R. I. M. (1998). The social brain hypothesis. Evolutionary Anthropology 6: 178–190.

- Dunn, E. W., Gilbert, D. T. und Wilson, T. D. (2001). If money doesn't make you happy, then you probably aren't spending it right. Journal of Consumer Psychology, Vol. 21 (2011), pp. 115 – 125.

- Dunn, E. W. und Norton, M. I. (2013). Happy Money. The Science of Smarter Spending. New York: Simon & Schuster.

- Dunn, E. W. und Weidman, A. C. (2015). Building a science of spending: Lessons from the past and directions for the future. Journal of Consumer Psychology 25(1): 172–178.

- Easterlin, R. (1974). Does economic growth improve the human lot? In: David, P. und Reder, M. (Hrsg.), Nations and Households in Economic Growth. New York: Academic Press, S. 98–125.

- Easterlin, R. A. und Sawangfa, O. (2009). Happiness and domain satisfaction: New directions for the economics of happiness. In Dutt, A. K. und Radcliff, B. (Hrsg.) (2009), Happiness, Economics, and Politics: Towards a Multi-Disciplinary Approach. Northampton, MA: Edward Elgar, S. 70–94.

- Easterlin, R. A. (2006). Life cycle happiness and its sources. Journal of Economic Psychology 27(4): 463–482.

- Edgeworth, F. Y. (1879). The hedonical calculus. Mind, 4: 394–408.

- Edgeworth, F. Y. (1881). Mathematical Psychics: An Essay on the Application of Mathematics to the Moral Sciences. London: Paul.

- Encyclopedia Britannica (2016). Edith Piaf. https://www.britannica.com/ biography/ Edith-Piaf [13. 01. 2017].

- Engelhardt, H. T. (1986). The Foundation of Bioethics. London et al.: Oxford University Press.

- Epicurus. http://www.pursuit-of-happiness.org/history-of-happiness/epicurus/ [12. 10. 2016].

- Epikur (1988). Philosophie der Freude. (Hrsg.: Paul M. Laskowsky). Frankfurt am Main: Insel Verlag.

- Evans, J. (2012). What's the next big idea? Neo-Aristotelianism. http:// www. philosophyforlife.org/whats-the-next-big-idea-neo-aristotelianism/[26. 01. 2017].

- Ewers, M. (2016). Vertrauen und emotionale Stabilität als Determinanten von Erfolg und Lebenszufriedenheit. IW Trends 43(2):75–89.

- Fair, R. C. (1978). A theory of extramarital affairs. Journal of Political Economy 86(1): 45–61.

- Fajen, R. (2013). Erzählte Ataraxie. Boccaccio, Epikur und die Kunst desÜberlebens. Hallesche Universitätsreden, Bd. 5. Universitätsverlag Halle-Wittenberg.

- Fama, E. F. (1980). Agency problems and the theory of the firm. Journal of Political Economy 88(2): 288–307.

- Ferrer-i-Carbonell, A. und Ramos, X. (2010). Inequality aversion and risk attitudes. SOEPpapers No. 271, DIW Berlin.

- Ferrer-i-Carbonell, A. und van Praag, B. M. S. (2002). The subjective costs of health losses due to chronic diseases. An alternative model for monetary appraisal. Health Economics 11: 709–722.

- Fischer, J. A. V. (2011). Living under the »right« government: Does political ideology matter to trust in political institutions? An analysis for OECD countries. MPRA Paper 33344. München: Universitätsbibliothek.

- Fitoussi, J.-P., Sen, A. und Stiglitz, J. E. (2010). Mismeasuring Our Lives. New York: The New Press.

- Flavin, P. und Keane, M. J. (2012). Life satisfaction and political participation: Evidence from the United States. Journal of Happiness Studies 13(1): 63–78.

- Fors, F. (2010). Happiness in the extensive welfare state: Sweden in a comparative European perspective. In Greve, B. (Hrsg.), Happiness and Social Policy in Europe. Cheltenham et al.: Edgar Elgar, S. 120–135.

- Fowler, J. H. und Christakis, N. A. (2008). Dynamic spread of happiness in a large social network: Longitudinal analysis over 20 years in the Framingham Heart Study. British Medical Journal 337: a2338.

- Frank, R. H. (1987). Choosing the Right Pond: Human Behavior and the Quest for Status. New York, Oxford: Oxford University Press.

- Freud, S. (1930). Das Unbehagen in der Kultur. Studienausgabe Band IX, S. Fischer Verlag, Frankfurt am Main, Projekt Gutenberg, Zweites Kapitel. http://gutenberg. spiegel.de/buch/das-unbehagen-in-derkultur-922/2 [07. 06. 2017].

- Frey, B. S. (2010). Happiness. A revolution in economics. Cambridge, Massachusetts; London, England: MIT Press.

- Frey, B. S. und Benesch, C. (2008). TV, time and happiness. Homo Oeconomicus 25(3/4): 413–424.

- Frey, B. S. und Stutzer, A. (2000). Happiness, economy and institutions. Economic Journal 110(466): 918–938.

- Frey, B. S. und Stutzer, A. (2000). Happiness, economy and institutions. Economic Journal 110: 918–938.

- Frey, B. S. und Stutzer, A. (2006). Does marriage make people happy, or do happy people get married? Journal of Socio-Economics 35: 326–347.

- Frey, B. S., Benz, M. und Stutzer, A. (2004). Introducing procedural utility: Not only what, but also how matters. Journal of Institutional and Theoretical Economics 160: 377–401.

- Fricke, F. (2002). Verschiedene Versionen des Negativen Utilitarismus. Kriterion 15: 13–27.

- Friedrich Schiller Archiv (o. J.). Das Lied von der Glocke. http://www. friedrich-schiller-archiv.de/inhaltsangaben/das-lied-von-der-glocke-zusammenfassung-friedrich-schiller/2/ [08. 01. 2017].

- Frijters, P. und Beatton, T. (2012). The mystery of the U-shaped relationship between happiness and age. Journal of Economic Behavior & Organization 82: 525–542.
- Frijters, P. und Beatton, T. (2012). The mystery of the U-shaped relationship between happiness and age. Journal of Economic Behavior & Organization 82: 525–542.
- Frohnwieser, H. (o. J.). Ich wusste, dass ich mich zerstörte!« http://www.alk-info.com/index.php/portraets-hm/478-edith-piaf-und-alkoholder-spatz-von-paris-chanson-milord-morphium [13. 01. 2017].
- Gandelman, N. und Hernádez-Murillo, R. (2012). What do happiness and health satisfaction data tell us about relative risk-aversion? Universidad Ort, Uruguay.
- Gardner, J. und Oswald, A. J. (2006). Do divorcing couples become happier by breaking up? Journal of the Royal Statistical Society, Series A 169(2): 319–336.
- Gardner, J. und Oswald, A. J. (2007). Money and mental well-being: A longitudinal study of medium-sized lottery wins. Journal of Health Economics 26: 49–60.
- Gilbert, D. T. und Ebert, J. E. J. (2002). Decisions and revisions: The affective forecasting of changeable outcomes. Journal of Personality and Social Psychology, 82(4), 503–514.
- Gilovich, T., Kumar, A. und Jampol, L. (2015). A wonderful life: Experiential consumption and the pursuit of happiness. Journal of Consumer Psychology 25(1): 152–165.
- Gino, F. und Pierce, L. (2009). The abundance effect: Unethical behavior in the presence of wealth. Organizational Behavior and Human Decision Processes 109: 142–155.
- Girme, Y. U., Overall, N. C., Faingataa, S. und Sibley, C. G. (2016). Happily single. Social Psychological and Personality Science 7(2): 122–130.
- Gleeden (2016). Le partage des tâches ménagères: le secret des couples qui durent? http://pressroom.gleeden.com/fr/taches-menageres-couple/[20. 11. 2016].
- Goethe, Johann Wolfgang von (1986 [1808]). Faust. Der Tragödie erster Teil. Stuttgart: Reclam.
- Goodin, R. E., Rice, J. M., Bittman, M. und Saunders, P. (2005). The timepressure illusion: Discretionary time vs. free time. Social Indicators Research 73: 43–70.
- Goos, H. (2003). Stirb langsam. Wie ein kroatischer Musiklehrer sieben Unglücke überlebte. Der Spiegel, Heft 25, S. 131. http://www.spiegel. de/spiegel/print/d-27390339.html [07. 06. 2017].

- Gossen, H. H. (1854). Entwickelungen der Gesetze des menschlichen Verkehrs, und der daraus fließenden Regeln für menschliches Handeln. Braunschweig: Friedrich Vieweg & Sohn.

- Gottman, J. M. (1993). A theory of marital dissolution and stability. Journal of Family Psychology 7(1): 57–75.

- Goudie, R. J. B., Mukherjee, S., De Neve, J. E., Oswald, A. J. und Wu, S. (2014). Happiness as a driver of risk-avoiding behavior: Theory and empirical study of seatbelt wearing and automobile accidents. Economica 81(324): 674–697.

- Graham, L. und Oswald, A. J. (2010). Hedonic capital, adaptation and resilience. Journal of Economic Behavior & Organization 76(2): 372–384.

- Granovetter, M. (1973). The strength of weak ties. American Journal of Sociology 78: 1360–1380.

- Granovetter, M. (1983). The strength of weak ties: A network theory revisited. Sociological Theory 1: 203–233.

- Greenwood, J., Seshadri, A. und Yorukoglu, M. (2005). Engines of liberation. Review of Economic Studies 72(1): 109–133.

- Greve, B. (2010). Happiness and social policy in Denmark. In: Greve, B. (Hrsg.), Happiness and Social Policy in Europe. Cheltenham et al.: Edgar Elgar, S. 136–145.

- Gribble, J. N., Miller, H. G., Rogers, S. M. und Turner, C. F. (1999). Interview mode and measurement of sexual behaviors: Methodological issues. Journal of Sex Research 36(1): 16–24.

- Guare, J. (1990). Six Degrees of Separation. A Play. New York.

- Guven, C. (2012). Reversing the question: Does happiness affect consumption and savings behavior? Journal of Economic Psychology 33: 701–717.

- Guven, C., Senik, C. und Stichnoth, H. (2012). You can't be happier than your wife: Happiness gaps and divorce. Journal of Economic Behavior & Organization 82: 110–130.

- Hakim, C. (2012). The New Rules: Internet Dating, Playfairs and Erotic Power. Gibson Square Books.

- Halpern, C. T., Joyner, K., Udry, J. R. und Suchindran, C. (2000). Smart teens don't have sex (or kiss much either). Journal of Adolescent Health 26(3): 213–225.

- Harden, K. P. und Mendle, J. (2011). Why Don't Smart Teens Have Sex? A Behavioral Genetic Approach. Child Development 82(4): 1327–1344.

- Harsch, W. (1995). Die psychoanalytische Geldtheorie. Frankfurt am Main: Fischer.

- Hasselbach, P. (2005). Schlaf, Gesundheit und Krankheit: Ergebnisse einer Längsschnittuntersuchung an älteren Menschen. Dissertation an der Fakultät für Verhaltens- und empirische Kulturwissenschaften, Universität Heidelberg.

- Haubl, R. (2012). Geld in Paarbeziehungen. Forschung Frankfurt 2/2012: 64–66.

- Haupt, Friederike (2017). Nach dem Burnout kommt jetzt der Freakout. Frankfurter Allgemeine Zeitung vom 06. 02. 2017. http://www.faz.net/aktuell/politik/zur-massenhysterie-in-sozialen-netzwerken-14779783-p2.html?printPagedArticle=true#pageIndex_2[06. 02. 2017].

- Hawkins, A. J. und Fackrell, T. A. (2009). Should I Keep Trying to Work It Out? http://divorce.usu.edu/files/uploads/ShouldIKeepTryingtoWorkItOut. pdf [08. 12. 2016].

- Hawkins, A. J., Fackrell, T. A. und Harris, S. M. (2009). Should I Try to Work It Out? http://strongermarriage.org/files/uploads/Divorce/Should.I.Keep.Trying2013.pdf [08. 12. 2016].

- Helliwell, J. F. und Huang, H. (2008). How's your government? International evidence linking good government and well-being. British Journal of Political Science 38: 595–619.

- Helliwell, J. F. und Huang, H. (2013). Comparing the happiness effects of real and on-line friends. PLOS One 8(9): e72754.

- Helliwell, J. F. und Wang, S. (2011). Trust and wellbeing. International Journal of Wellbeing 1(1): 42–78.

- Helliwell, J. F., Huang, H. und Wang, S. (2013). Social capital and wellbeing in times of crisis. Journal of Happiness Studies, DOI 10.1007/s10902-013-9441-z.

- Helliwell, J. F., Huang, H. und Wang, S. (2016). New Evidence on Trust and Well-being. NBER Working Paper No. 22450.

- Helliwell, J., Layard, R. und Sachs, J. (Hrsg.) (2015). World Happiness Report 2015. worldhappiness.report.

- Helliwell, J., Layard, R. und Sachs, J. (Hrsg.) (2016). World Happiness Report Update 2016. worldhappiness.report.

참고문헌

- Herbst, C. M. und Ifcher, J. (2016). The increasing happiness of US parents. Review of Economics of the Household 14(3): 529–551.

- Higgins, J. A., Mullinax, M., Trussell, J., Davidson, J. K. und Moore, N. B. (2011). Sexual satisfaction and sexual health among university students in the United States. American Journal of Public Health 101(9):1643–1654.

- Hough, A. (2010). Frano Selak: »World's luckiest man« gives away his lottery fortune. The Telegraph Online. http://www.telegraph. co.uk/news/newstopics/ howaboutthat/7721985/Frano-Selakworlds-luckiest-man-gives-away-his-lottery-fortune.html[07. 06. 2017].

- Hurtz, S. (2015). Hacker erbeuten Nutzerdaten von Seitensprung-Portal. Süddeutsche Online. http://www.sueddeutsche.de/digital/ashley-madison-hacker-erbeuten-nutzerdaten-von-seitensprung-portal-1.2573878 [07. 06. 2017].

- Huxley, A. (1976). Schöne neue Welt. München et al.: Piper

- Hyman, L. (2014). Happiness and memory: Some sociological reflections. Sociological Research Online, http://www.socresonline.org. uk/19/2/3.html [20. 01. 2017].

- Kahneman, D. (2011). Thinking, Fast and Slow. London et al.: Penguin. Iyengar, S. und Lepper, M. (2000). When choice is demotivating: Can one desire too much of a good thing? Journal of Personality and Social Psychologiy, Vol. 79, S. 995–1006. John, H. und Ormerod, P. (2007). Happiness, Economics and Public Policy, The Institute of Economic Affairs, London.

- Kahneman, D. und Deaton, A. (2010). High income improves evaluation of life but not emotional well-being. PNAS 107(38): 16489–16493.

- Kahneman, D., Diener, E. und Schwarz, N. (Hrsg.) (1999). Well-being: The Foundations of Hedonic Psychology. New York: Russell Sage Foundation.

- Kahneman, D., Krueger, A. B., Schkade, D. A., Schwarz, N. und Stone, A. A. (2004). A survey method for characterizing daily life experience: The Day Reconstruction Method. Science 306: 1776–1780.

- Kahneman, D., Krueger, A. B., Schkade, D., Schwarz, N. und Stone, A.(2004). Toward national well-being accounts. American Economic Review, Papers &Proceedings 94(2): 429–434.

- Karlsson, M., Lyttkens, C. H. und Nilsson, T. (2016). Die Zusammenhänge zwischen ungleicher Einkommensverteilung und schlechter Gesundheit liegen weiter im Dunkeln. http://www.laborundmore. com/archive/529390/Die-Zusammenhaenge-zwischen-ungleicher-Einkommensverteilung-und-schlechter-Gesundheit-liegen-weiterim-Dunkeln.html [11. 04. 2016].

- Kaufman, L. und Quigley, M. (2015). How friendships make you happier, healthier. http://www.huffingtonpost.com/mary-quigley/friendshipsmake-your-hap_b_8238262. html [11. 12. 2016].

- Keeney, R. L. (2008). Personal decisions are the leading cause of death. Operations Research 56(6): 1335–1347.

- Kelly, J. R., Iannone, N. E. und McCarty, M. K. (2016). Emotionalcontagion of anger is automatic: An evolutionary explanation. British Journal of Social Psychology 55(1): 182–191.

- Kierkegaard-Zitat: Knischek, S. (Hrsg.) (2002). Lebensweisheiten berühmter Philosophen. Höfen: Humboldt, S. 319.

- Kim, J. und Hicks, J. A. (2015). Happiness begets children? Evidence for a bi-directional link between well-being and number of children. Journal of Positive Psychology, http://dx.doi.org/10.1080/17439760.2015.1025420.

- Kinari, Y., Ohtake, F., Kimball, M., Morimoto, S. und Tsutsui, Y. (2015). Happiness before and after an election: An analysis based on a daily survey around Japan's 2009 election. ISER Discussion Paper No. 924.

- Kirchgässner, G., Feld, L. P. und Savioz, M. R. (1999). Die direkte Demokratie. München, Genf: Vahlen, Helbing & Lichtenhahn.

- Kirchler, E. (1988). Diary reports on daily economic decisions of happy versus unhappy couples. Journal of Economic Psychology 9: 327–357.

- Kirchler, E. (1995). Studying economic decisions within private households: A critical review and design for a »couple experiences diary«. Journal of Economic Psychology 16: 393–419.

- Kirsch, G. (2004). Neue Politische Ökonomie. 5. Aufl., Stuttgart: Lucius und Lucius.

- Klawitter, N. (2012). Leben und Sterben des heiligen Teufels. Spiegel Online. http://www.spiegel.de/einestages/mythos-rasputin-a-947474. html [07. 06. 2017].

- Kleinbrahm, K. (2001). Zu dir oder zu mir? Wie Kultur die Gene beeinflusst. FAZ Online.

http://www.faz.net/aktuell/gesellschaft/genetikzu-dir-oder-zu-mir-wie-kultur-die-gene-beeinflusst-130295.html [07. 06. 2017].

- Knischek, S. (2002). Lebensweisheiten berühmter Philosophen. Höfen: Humboldt.

- Knutson, B., Adams, Ch. M.; Fong, G. W. und Hommer, D. (2001). Anticipation of Increasing Monetary Reward Selectively Recruits Nucleus Accumbens. In: The Journal of Neuroscience, 2001, Vol. 21 RC159, pp. 1–5.

- Kohler, H.-P., Behrmann, J. R. und Skytthe, A. (2004). Partner + children=happiness? The effects of partnerships and fertility on well-being. Population and Development Review 31(3): 407–445.

- Koschnitzke, L. (2014). Haushalt bleibt Frauensache. Zeit Online: http://www.zeit.de/karriere/2014-03/hausarbeit-frauen-international-vergleich[17. 11. 2016].

- Köszegi, B. und Rabin, M. (2007). Mistakes in choice-based welfare analysis. American Economic Review 97(2): 477–481.

- Kouchaki, M., Smith-Crowe, K., Brief, A. P. und Sousa, C. (2013). Seeing green: Mere exposure to money triggers a business decision frame and unethical outcomes. Organizational Behavior and Human Decision Processes 121(1): 53–61.

- Kristoffersen, I. (2010). The metrics of subjective well-being: Cardinality, neutrality and additivity. Economic Record 86(272): 98–123.

- Krueger, A. B. und Schkade, D. A. (2008). The reliability of subjective well-being measures. Journal of Public Economics 92: 1833–1845.

- Kuehnle, D. und Wunder, C. (2015). Using the Life Satisfaction Approach to Value Daylight Savings Time Transitions. Evidence for Britain and Germany. SOEPpapers 744.

- Kumar, A. und Gilovich, T. (2015). Some »thing« to talk about? Differential story utility from experiental and material purchases. Personality and Social Psychology Bulletin 41(10): 1320–1331.

- Kurz, H. D. (2008), William Petty. In: Heinz D. Kurz (Hrsg.): Klassiker des ökonomischen Denkens, Band 1: Von Adam Smith bis Alfred Marshall, Verlag C.H. Beck, München, S. 31–45.

- Kushlev, K., Dunn, E. W., Lucas, R. E. (2015). Higher Income Is Associated With Less Daily Sadness but not More Daily Happiness. Social Psychological and Personality

Science November 1, 2016 (7), pp. 828 – 836.

- Lampert, T., et al. (2005). Armut, soziale Ungleichheit und Gesundheit. Robert Koch Institut: Berlin.

- Lampert, T., et al. (2013). Sozioökonomischer Status und Gesundheit. Bundesgesundheitsblatt 5/6: 814–821.

- Lampert, T. und Kroll, L. E. (2014). Soziale Unterschiede in der Mortalität und Lebenserwartung. Hrsg. Robert Koch-Institut, Berlin. GBE kompakt 5(2).

- Landeghem, B. v. (2008). Human well-being over the life cycle: Longitudinal evidence from a 20-year panel. LICOS Discussion Paper Series, Discussion Paper No. 213/2008.

- Landeghem, B. v. (2012). A test for the convexity of human well-being over the life cycle: Longitudinal evidence from a 20-year panel, Journal of Economic Behavior & Organization 81(2): 571–582.

- Laskowsky, P. M. (Hrsg.) (1988). Epikur. Philosophie der Freude. Frankfurt am Main: Insel Verlag.

- Layard, R. (2005). Die glückliche Gesellschaft. Frankfurt/New York: Campus.

- Layard, R., Chrisholm, V., Patel, V. und Saxena, S. (2013). Mental Illness and Unhappiness. CEP Discussion Paper No. 1239.

- Leipert, C. (1978). Gesellschaftliche Berichterstattung. Eine Einführung in Theorie und Praxis sozialer Indikatoren. Berlin, Heidelberg, New York: Springer.

- -Lelieveld, G.-J., Moor, B. G., Crone, E. A., Karremans, J. C. und van Beest, I. (2013). A penny for your pain? The financial compensation of social pain after exclusion. Social Psychological and Personality Science 4(2): 206–214.

- Lemke, H. (2010). Epikurs Gemüsegarten und seine philosophischen Früchte. EPIKUR – Journal für Gastrosophie, 01/2010: 1–15.

- Lepenies, P. (2013). Die Macht der einen Zahl. Eine politische Geschichte des Bruttoinlandsprodukts. Berlin: Suhrkamp.

- Lewis, A. E. (1972). 5 Held in Plot to Bug Democrats' Office Here. Washington Post Online. http://www.washingtonpost.com/wp-dyn/content/article/2002/05/31/AR2005111001227.html [07. 06. 2017].

- Lewis, D. M., Conroy-Beam, D., Al-Shawaf, L., Raja, A., DeKay, T. und Buss, D. M. (2011). Friends with benefits: The evolved psychology of same- and opposite-sex friendship. Evolutionary Psychology 9(4):543–563.

- Li, N. P. und Kanazawa, S. (2016). Country roads, take me home ... to my friends: How intelligence, population density, and friendship affect modern happiness. British Journal of Psychology 107(4): 675–697.

- Liberini, F., Redoano, M. und Proto, E. (2017). Happy voters. Journal of Public Economics 146: 41–57.

- Liberman, V., Boehm, J. K., Lyubomirski, S. und Ross, L. D. (2009). Happiness and memory: Affective significance of endowment and contrast. Emotion 9(5): 666–680.

- Lietaer, B. (2000). Mysterium Geld. Emotionale Bedeutung und Wirkungsweise eines Tabus. Riemann Verlag.

- Liebermann, D. (2016). Wanderprophet und Wunderheiler. Deutschlandfunk Online. http://www.deutschlandradiokultur.de/grigorijrasputin-wanderprophet-und-wunderheiler.932.de.html?dram:article_id=375135 [07. 06. 2017].

- Liljeros, F., Edling, C. R., Amaral, L. A. N., Stanley, H. E. und Åberg, Y.(2001). The web of human sexual contacts. Nature 411: 907–908.

- Lingenhöhl, D. (2009). Kollektiv gegen die Depression. Spektrum Online. http://www.spektrum.de/news/kollektiv-gegen-die-depression/1012449 [07. 06. 2017].

- Liu, B., Floud, S., Pirie, K., Green, J., Peto, R. und Beral, V., for the Million Women Study Collaborators (2016). Does happiness itself directly affect mortality? The prospective UK Million Women Study. The Lancet 387(10021): 874–881.

- Loewenstein, G., Krishnamurti, T., Kopsic, J. und McDonald, D. (2015). Does increased sexual frequency enhance happiness? Journal of Economic Behavior & Organization 116: 206–218.

- Loewenstein, G. und Prelec. D. (1992). Anomalies in intertemporal choice: Evidence and an interpretation. Quarterly Journal of Economics May (1992), S. 573–597

- Luhmann, N. (2000). Vertrauen: Ein Mechanismus der Reduktion sozialer Komplexität. 4. Aufl., Stuttgart: Lucius & Lucius.

- Luttmer, E. F. P. (2005). Neighbors as negatives: Relative earnings and well-being. Quarterly Journal of Economics 120(3): 963–1002.

- Lutz, A., Greischar, L. L., Rawlings, N. B., Ricard, M. und Davidson, R.J.(2004). Long-term meditators self-induce high-amplitude gamma synchrony during mental practice.

Proceeedings of the National Academy of Sciences of the United States of America, Vol. 101 no. 46, pp. 16369–16373, doi: 10.1073/pnas.0407401101.

- Lykken, D. und Tellegen, A. (1996). Happiness is a stochastic phenomenon. Psychological Science 7(3): 186–189.

- MacDonald, J. M., Piquero, A. R., Valois, R. F. und Zullig, K. J. (2005). The relationship between life satisfaction, risk-taking behaviors, and youth violence. Journal of Interpersonal Violence 20(11): 1495–1518.

- Mankiewicz, P. D., Gresswell, D. M. und Turner, C. (2013). Happiness in severe mental illness: Exploring subjective wellbeing of individuals with psychosis and encouraging socially inclusive multidisciplinary practice. Mental Health and Social Inclusion 17(1): 27–34.

- Marchand, W. R., Dilda, V. und Jensen, C. R. (2005). Neurobiology of mood disorders. Hospital Physician September 2005: 17–26.

- Margolis, R. und Myrskylä, M. (2013). Family, money, and health: Regional differences in the determinants of life satisfaction over the life course. Advances in Life Course Research 18(2): 115–126.

- Martín-María, N., Caballero, F. F., Olaya, B., Rodríguez-Artalejo, Haro, J. M., Miret, M. und Ayuso-Mateos, J. L. (2016). Positive affect is inversely associated with mortality in individuals without depression. Frontiers in Psychology 7: Article 1040.

- Matzig, G. (2015). Von Zaunkriegern und Vorort-Berserkern. Süddeutsche Online. http://www.sueddeutsche.de/panorama/nachbarschaftsstreit-unter-promis-von-zaunkriegern-und-vorort-berserkern-1.2306300 [07. 06. 2017].

- McCarthy, N. (2014). High rate of acceptance for marital indiscretions in France. https://www.statista.com/chart/1782/respondents-saying-that-married-people-having-an-affair-is-morally-unacceptable/[18. 12. 2016].

- McMahon, D. (2004). From the happiness of virtue to the virtue of happiness: 400 B.C.–A.D. 1780. Daedalus 133(2): 5–17.

- McMahon, D. (2006). Happiness. A History. New York: Atlantic Monthly Press.

- Mérö, L. (2009). Die Biologie des Geldes. Reinbek bei Hamburg: Rowohlt.

- Mick, D. G., Broniarczyk, S. M. und Haidt, J. (2004). Choose, choose, choose, choose, choose, choose, choose: Emerging and prospective research on the deleterious effects of living in consumer hyperchoice. Journal of Business Ethics 52: 207–211.

- Mill, J. S. (1859). On Liberty. London: J. W. Parker and Son.

- Mill, J. S. (1997 [1861]). Utilitarism. In: Kelbrook, A. (Hrsg.), Mill. Plain Texts from Key Thinkers. London: Parma Books, S. 7–68.

- Mill, J. S. (1997 [1861]). Utilitarism. In: Kelbrook, A. (Hrsg.), Mill. Plain Texts from Key Thinkers. London: Parma Books, S. 7–68.

- Miron, A. M. und Brehm, J. W. (2006). Reactance theory – 40 years later. Zeitschrift für Sozialpsychologie 37: 9–18.

- Moodie, C. (2016). Moving out: Lindsay Lohan leaves her London home after bailiff dispute and heads for £400-a-night hotel (before a beach break in Bali). Daily Mail Online. http://www.dailymail.co.uk/tvshowbiz/article-3972820/Lindsay-Lohan-leaves-London-homebailiff-dispute-heads-400-night-hotel.html [07. 06. 2017].

- Mueller, A. S. und Abrutyn, S. (2015). Suicidal Disclosures among Friends: Using Social Network Data to Understand Suicide Contagion. Journal of Health and Social Behavior 56(1): 131–148.

- Muise, A., Schimmack, U. und Impett, E. A. (2016). Sexual frequency predicts greater Well-Being, But More is Not Always Better. Social Psychological and Personality Science 7(4):, DOI: https://doi.org/10.1177/1948550615616462

- Mujcic, R. und Oswald, A. J. (2016). Evolution of well-being and happiness after increases in consumption of fruit and vegetables. American Journal of Public Health 106(8): 1504–1510.

- Musick, K., Meier, A. und Flood, S. (2016). How parents fare: Mothers' and fathers' subjective well-being in time with children. American Sociological Review 81(5): 1069–1095.

- Myers, D. G (2000). The Funds, Friends, and Faith of Happy People. American Psychologist, Vol. 55 (1), pp. 56 – 67.

- Myrrhe, A. (2013). Die Abgründe der Edith Piaf. Tagesspiegel Online. http://www.tagesspiegel.de/weltspiegel/sonntag/zum-50-todestagdie-abgruende-der-edith-piaf/8858790.html [07. 06. 2017].

- N. N. (2016). Sex can help fix many of our problems. https://steptohealth.com/sex-can-help-fix-many-of-our-problems/[18. 12. 2016].

- Næss, S., Blekesaune, M. und Jakobsson, N. (2015). Marital transitions and life satisfaction: Evidence from longitudinal data from Norway. Acta Sociologica 58(1): 63–78.

- Nelson, S. K., Kushlev, K., English, T., Dunn, E, W. und Lyubomirsky, S.(2013). In defense of parenthood. Children are associated with more joy than misery. Psychological Science 24(1), 3–10.

- Nietzsche, F. (2013). Menschliches. Aphorismen. Hrsg. Von Kai Sina. Stuttgart: Reclam

- Nozick, Robert (2006 [englisch 1974]). Anarchie, Staat und Utopia. Olzog: München. OECD (o. J.). What are equivalence scales? http://www.oecd.org/els/soc/OECD-Note-EquivalenceScales.pdf [08. 12. 2016]. OECD (verschiedene Jahre). Society at a Glance. Paris. OECD.org.

- Oishi, S. und Kesebir, S. (2012). Optimal social-networking strategy is a function of socioeconomic conditions. Psychological Science 23(12):1542–1548.

- Oishi, S., Schimmack, U. und Diener, E. (2001). Pleasures and subjective well-being. European Journal of Personality 15(2): 2001, 153–167.

- Okbay, A. (2016). Genetic variants associated with subjective well-being, depressive symptoms, and neuroticism identified through genomewide analyses. Nature Genetics, Advamce Online Publication, DOI: 10.1038/ng3552.

- Oswald, A. J. und Wu, S. (2010). Objective confirmation of subjective measures of human well-being: Evidence from the U.S.A. Science 327: 576–579.

- Ott, J. C. (2010). Good governance and happiness in nations: Technical quality precedes democracy and quality beats size. Journal of Happiness Studies 11: 353–368.

- Ott, J. C. (2011). Governement and happiness in 130 nations: Good governance fosters higher level and more equality of happiness. Social Indicators Research 102: 3–22.

- Ouweneel, P. (2002). Social security and well-being of the unemployed in 42 nations. Journal of Happiness Studies 3(2): 167–192.

- Pacek, A. C. und Radcliff, B. (2008). Welfare policy and subjective wellbeing across nations: An individual-level assessment. Social Indicators Research 89(1): 179–191.

- O.V. (1999). Fragments of a fraud. The Guardian Online. https://www.the guardian.com/theguardian/1999/oct/15/features11.g24 [07. 06. 2017].

- O.V. (2002). Begründung des Direktoriums der Gesellschaft für die Verleihung des

Internationalen Karlspreises zu Aachen an den Euro – getragen durch die Europäische Zentralbank. http://www.karlspreis. de/de/preistraeger/der-euro-2002/begruendung-des-direktoriums[07. 06. 2017].

- O.V. (2007). Where money seems to talk. In: Economist, July 14th, pp. 59 – 60
- O.V. (2008). Halloween ist »Ausdruck der Spaßgesellschaft«. Welt.de. https://www.welt. de/vermischtes/article2654483/Halloween-ist-Ausdruck-der-Spassgesellschaft.html [07. 06. 2017].
- O.V. (2009). If you're happy, then we know it: Scientists build »hedonometer«. Phys.org, July 2009, http://phys.org/news/2009-07-yourehappy-scientists-hedonometer.html#jCp [07. 06. 2017].
- O.V. (2011). How Osama bin Laden Was Located and Killed. The New York Times Online. http://www.nytimes.com/interactive/2011/05/02/world/asia/abbottabad-map-of-where-osama-bin-laden-was-killed.html?ref=asia&_r=0 [07. 06. 2017].
- O.V. (2015a). Auto schleudert durch Hauswand bis ins Wohnzimmer.RP Online. http://www.rp-online.de/nrw/staedte/xanten/autoschleudert-durch-hauswand-bis-ins-wohnzimmer-aid-1.5525182[07. 06. 2017].
- O.V. (2015b). Jeder Dritte ist neidisch: Was ist eigentlich Neid und was kann man dagegen tun?, Bild Online. http://www.bild.de/ratgeber/2015/vergleich/neid-umfrage-jeder-dritte-ist-neidisch-42494136.bild.html [07. 06. 2017].
- O.V. (2016a). Dann lieber arm! Unglaublich, wie viel Pech diese Lottogewinner am Ende hatten! Express Online. http://www.express.de/23768530 [07. 06. 2017].
- O.V. (2016b). Die letzten 83 Minuten des King of Pop. Bild Online. http://www.bild. de/unterhaltung/leute/michael-jackson/die-letzten-achtzig-minuten-des-king-of-pop-46458352.bild.html [07. 06. 2017].
- O.V. (2016c). Kaufsucht – der Weg in den Ruin. Mitteldeutscher Rundfunk.http://www. mdr.de/exakt/die-story/exakt-kaufsucht100.html
- O.V. (2016d). Spektakulärer Unfall. Auto durchbricht Hauswand.Kölnische Rundschau, http://www.rundschau-online.de/24623778[07. 06. 2017].
- O.V. (2016e). Als Zuckerberg den Pazifik wegmauerte. N24 Online. http://www.n24.de/ n24/Nachrichten/Panorama/d/8753924/als-zuckerberg-den-pazifik-wegmauerte.html [07. 06. 2017].

- O.V. (2016f). Claudia Schiffer: Nachbar-Streit mit Willi Weber geht vor Gericht. The Huffington Post. http://www.huffingtonpost.de/2016/07/29/claudia-schiffer-willi-weber-streit-geht-vor-gericht_n_11255712.html [07. 06. 2017].

- O.V. (o.D.). Starprofil: Lindsay Lohan, Bunte.de. http://www.bunte.de/starprofile/lindsay-lohan.html [07. 06. 2017].

- Palmer, B. W., Martin, A. S., Depp, C. A., Glorioso, D. K. und Jeste, D. V.(2014). Wellness within illness: Happiness in schizophrenia. Schizophrenia Research 159: 151–156.

- Philippsohn, S. und Hartmann, U. (2009). Determinants of sexual satisfaction in a sample of German women. Journal of Sexual Medicine 6(4):1001–1010.

- Philipsen, D. (2015). The little big number. How GDP became to rule the world and what to do about it. Princeton, N. J. et al.: Princeton University Press.

- Pierce, L., Rogers, T., Snyder, J. A. (2016). Losing hurts: The happiness impact of partisan electoral loss. Journal of Experimental Political Science 3(1): 44–59.

- Pischke, J.-S. (2011). Money and Happiness: Evidence from the Industry Wage Structure. NBER Working Paper No. 17056.

- Plante, T. G. (2016). Six ways to cope with the 2016 presidential election results. Psychology Today. https://www.psychologytoday.com/blog/do-the-right-thing/201611/six-ways-cope-the-2016-presidentialelection-results [03. 02. 2017].

- Plickert, Ph. und Beck, H. (2014). Kanzlerin sucht Verhaltensforscher.Faz.net. http://www.faz.net/aktuell/wirtschaft/wirtschaftspolitik/kanzlerin-angela-merkel-sucht-verhaltensforscher-13118345.html[07. 06. 2017].

- Poeck, K. und Hacke, W. (2001). Neurologie. 11. Aufl., Berlin Heidelberg:Springer, S. 539.

- Popper, K. R. (1975). Die offene Gesellschaft und ihre Feinde II. Falsche Propheten. 4. Aufl. München: Francke Verlag.

- Popper, K. R. (1996). Alles Leben ist Problemlösen: Über Erkenntnis, Geschichte und Politik. München: Piper.

- Pouwels, B. J. (2011). Work, Family and Happiness. Dissertation, Universität Utrecht.

- Powell, K., Wilcox, J., Clonan, A., Bissell, P., Preston, L., Peacock, M. und Holdsworth, M. (2015). The role of social networks in the development of overweight and obesity among adults: A scoping review. BMC Public Health 30(15): 996.

- Prinz, A. (2013). Should the state care for the happiness of its citizens?, in: Brockmann, H. und Delhey, J. (Hrsg.), Human Happiness and the Pursuit of Maximization. Dordrecht et al.: Springer, S. 177–190.

- Prinz, A. und Bünger, B. (2011). The Usefulness of a Happy Income Index. Working Paper, Universität Münster.

- Prinz, A. und Bünger, B. (2015). The political pursuit of happiness: A Popperian perspective on Layard's happiness policy. In Søraker, J. H., van der Rijt, J.-W., de Boer, J., Wong, P.-H. und Brey, P. (Hrsg.), Well-Being in Contemporary Society. Cham et al.: Springer, S. 177–196.

- Prinz, A. und Pawelzik, M. (2006). Warum macht Konsum nicht glücklich? In: Koslowski, P. und Priddat, B. P. (Hrsg.), Ethik des Konsums, München: W. Fink, S. 35–58.

- ProCon (o. J.). Percentage of men (by country) who paid for sex at least once: The Johns Chart. http://prostitution.procon.org/view.resource. php?resourceID=004119 [18. 12. 2016].

- Proto, E. und Oswald, A. (2017). Genetic distance and national happiness. Economic Journal DOI: 10.1111/ecoj.12383. Quintus Horatius Flaccus (1953). Die Satiren und Briefe des Horaz. Lateinisch und deutsch. München: Ernst Heimeran Verlag.

- Rauner, M. (2015). Die Fliege im Klo – und die Stupser der Kanzlerin. Zeit Online. http://www.zeit.de/zeit-wissen/2014/06/nudging-politik-verhaltensforschung-psychologie [07. 06. 2017].

- Rayo, L. und Becker, G. S. (2007a). Evolutionary efficiency and happiness. Journal of Political Economy 115: 302–337.

- Rayo, L. und Becker, G. S. (2007b). Habits, peers, and happiness: An evolutionary perspective. American Economic Review 97(2): 487–491.

- Reinberger, S. (2014). Angst im Genom. Spektrum der Wissenschaft, Spektrum.de. http://www.spektrum.de/news/wie-die-umwelt-unsererbgut-veraendert/1302426 [07. 06. 2017].

- Reumschusse, A. (2012). Kaufsucht . ein ruinoser Trip wie unter Drogen, Welt Online. https://www.welt.de/gesundheit/psychologie/article111351771/Kaufsucht-einruinoeser-Trip-wie-unter-Drogen.html [07. 06. 2017].

● Roeser, K., Knies, J. und Kubler, A. (2013). Schlaf und Lebenszufriedenheit in Abhangigkeit vom Arbeitszeitmodell. Somnologie . Schlafforschung und Schlafmedizin 17(3): 205.211.

● Rossi, R. J. und Gilmartin, K. J. (1980). The Handbook of Social Indicators: Sources, Characteristics, and Analysis. New York & London: Garland STPM Press.

● Roth, G. (2003). Fuhlen, Denken, Handeln. Wie das Gehirn unser Verhalten steuert. Frankfurt am Main: Suhrkamp.

● Rowe, J. B., Eckstein, D., Braver, T. und Owen, A. M. (2008). How does reward expectation influence cognition in the human brain? Journal of Cognitive Neuroscience 20(11): 1.13.

● Røysamb, E., Tambs, K., Reichborn-Kjennerud, T., Neale, M. C. und Harris, J. R. (2003). Happiness and health: Environmental and genetic contributions to the relationship between subjective well-being, perceived health, and somatic illness. Journal of Personality and Social Psychology 85(6): 1136.1146.

● Rozer, J. und Kraaykamp, G. (2013). Income inequality and subjective well-being: A cross-national study on the conditional effects of individual and social characteristics. Social Indicators Research 113: 1009.1023.

● Ryan, R. M. und Deci, E. L. (2001). On happiness and human potentials: A review of research on hedonic and eudaimonic well-being. Annual Reviews of Psychology 52:141.166.

● Sager, G. (2008). Gib dem Affen Kuchen. Spiegel Online. http://www.spiegel. de/ einestages/tierischer-geburtstag-a-946849.html [07. 06. 2017].

● Samuelson, P. (1938). A note on the pure theory of consumers' behavior. Economica 5(17): 61.71.

● Saum-Aldehoff, T. (2007). Big Five . Sich selbst und andere erkennen. Schäfer, A. (2015). Demokratie? Mehr oder weniger. Faz.net. http:// www.faz.net/aktuell/politik/die-gegenwart/wahlbeteiligung-demokratie-mehr-oder-weniger-13900793.html [07. 06. 2017].

● Schaninger, C. M. und Buss, W. C. (1986). A longitudinal comparison of consumption and financial handling between happily married and divorced couples. Journal of

Marriage and Family 48(1): 129–136.

- Scheibehenne, B. (2008). The Effect of Having Too Much Choice. Dissertation, Berlin. http://edoc.hu-berlin.de/dissertationen/scheibehenne-benjamin-2008-01-21/HTML/ [07. 06. 2017].

- Schiller, F. (1800). Das Lied von der Glocke. https://de.wikisource.org/wiki/Das_Lied_ von_der_Glocke_%281800%29 [11. 01. 2017].Schmitt, M., Kliegel, M. und Shapiro, A. (2007). Marital interaction in middle and old age: A predictor of marital satisfaction? International Journal of Aging and Human Development 65(4): 283–300.

- Schmoll, T. (2013). Leben wie Gott – aber nicht in Frankreich, Stern Online. http://www. stern.de/panorama/gesellschaft/steuerfluechtling-depardieu-leben-wie-gott---aber-nicht-in-frankreich-3203816.html [07. 06. 2017].

- Schneider, S. (2016). Income inequality and subjective wellbeing: Trends, challenges, and research directions. Journal of Happiness Studies 17(4): 1719–1739.

- Schröder, C. (2016) Wie die Kaufsucht Menschen in den Ruin treibt. Deutschlandradio. http://www.deutschlandradiokultur.de/exzessives-shopping-wie-die-kaufsucht-menschen-in-den-ruin.976.de.html?dram:article_id=357745 [07. 06. 2017].

- Schwandt, H. (2013). Unmet aspirations as an explanation for the age Ushape in human wellbeing. Centre for Economic Performance, CEP Discussion Paper No. 1229.

- Schwartz, B. (2000). Self-determination. The tyranny of freedom. American Psychologist 55(1): 79–88.

- Schwartz, B. (2006). Anleitung zur Unzufriedenheit. Warum weniger glücklicher macht. Berlin: Ullstein.

- Schwarz, N. (1987). Stimmung als Information: Untersuchungen zum Einfluß von Stimmungen auf die Bewertung des eigenen Lebens. Heidelberg: Springer.

- Schwarz, N. und Strack, F. (1999). Reports of subjective well-being: Judgment processes and their methodological implications. In: Kahneman, D., Diener, E. und Schwarz, N. (Hrsg.), Well-being: The Foundations of Hedonic Psychology. New York: Russell Sage Foundation, S. 61–84.

- Scitovsky, T. (1976). The Joyless Economy. London et al.: Oxford University Press.

- Scitovsky, T. (1981). The desire for excitement in modern society. Kyklos 34: 1–13.

- Seligman, M. E. P. (2001). Pessimisten küsst man nicht: Optimismus kann man lernen.

München: Droemer Knaur.

- Seligman, M. E. P. (2002). Authentic Happiness. New York: Free Press. Semyonov, M., Lewin-Epstein, N. und Maskileyson, D. (2013). Where wealth matters more for health: The wealth-health gradient in 16 countries. Social Science & Medicine 81: 10–17.

- Senik, C. (2008). Ambition and jealousy: Income interactions in the "old" Europe versus the "new" Europe and the United States. Economica 75: 495–513.

- Senik, C. (2014). The French unhappiness puzzle: The cultural dimension of happiness. Journal of Economic Behavior & Organization 106: 379–401.

- Seo, D. C. und Huang, Y. (2012). Systematic review of social network analysis in adolescent cigarette smoking behavior. Journal of School Health 82(1): 21–27.

- Seyfarth, R. M. und Cheney, D. L. (2012). The evolutionary origin of friendship. Annual Review of Psychology 63: 153–177.

- Shontell, A. und Lenke, M. (2016). Dieser Mönch gilt als der glücklichste Mensch der Welt – und das ist sein Geheimnis, Business Insider Deutschland. http://www.businessinsider.de/so-werdet-ihrgluecckliche-menschen-2016-1 [07. 06. 2017].

- Simmel, G. (1920). Philosophie des Geldes. Reprint 2001, Köln: Parkland.

- Skandia (2012). Skandia International Wealth Sentiment Monitor. Autumn 2012. www.skandiainternational.com.

- Soto, C. und Luhmann, M. (2013). Who can buy happiness? Personality traits moderate the effects of stable income differences and income fluctuations on life satisfaction. Social Psychological and Personality Science 4(1): 46–53.

- Stark, O. (1987). Cooperating adversaries. Kyklos 40(4): 515–528.

- Statista (2016). Average number of sexual partners in selected countries worldwide in 2005. https://www.statista.com/statistics/248856/average-number-of-sexual-partners-in-selected-countries-worldwide/[18. 12. 2016].

- Statista (o.D.), Wahlbeteiligung bei den Bundestagswahlen in Deutschland von 1949 bis 2013. https://de.statista.com/statistik/daten/studie/2274/umfrage/entwicklung-der-wahlbeteiligung-bei-bundestagswahlen-seit-1949/ [07. 06. 2017].

- Stavrova, O., Fetchenhauer, D. und Schlösser, T. (2012). Cohabitation, gender, and happiness. Journal of Cross-Cultural Psychology 43(7):1063–1081.

- Stieger, S., Götz, F. M. und Gehrig, F. (2015). Soccer results affect subjective well-being, but only briefly: a smartphone study during the 2014 FIFA World Cup. Frontiers in Psychology 12(6): 497.

- Stillman, T. F., Baumeister, R. F., Lambert, N. M., Crescioni, A. W., De-Wall, C. N. und Fincham, F. D. (2009). Alone and without purpose:Life loses meaning following social exclusion. Journal of Experimental Social Psychology 45(4): 686–694.

- Stockrahm, S. (2013). Zwei Chaoten knacken die DANN. Zeit Online. http://www.zeit. de/wissen/geschichte/2013-04/dna-struktur-entdeckung-crick-watson/komplettansicht [07. 06. 2017].

- Stone, A. A., Schwartz, J. E., Broderick, J. E. und Deaton, A. (2010). A snapshot of the age distribution of psychological well-being in the United States. PNAS 107(22): 9985–9990.

- Stone, A. A., Schwartz, J. E., Schwarz, N., Schkade, D., Krueger, A. und Kahneman, D. (2006). A population approach to the study of emotion: Diurnal rhythms of a working day examined with the Day Reconstruction Method. Emotion 6(1): 139–149.

- Stone, R. (1984). The Accounts of Society. Nobel Prize Lecture. http://www.nobelprize. org/nobel_prizes/economic-sciences/laureates/1984/stone-lecture.html [02. 11. 2016].

- Storbeck, J. und Clore, G. L. (2005). With sadness comes accuracy; with happiness, false memory. Psychological Science 16(10): 785–791.

- Stubbe, J. H., Posthuma, D., Boomsma, D. I. und De Geus, E. J. C. (2005). Heritability of life satisfaction in adults: A twin-family study. Psychological Medicine 35: 1581–1588.

- Stutzer, A. und Frey, B. S. (2006). Does marriage make people happy, or do happy people get married? Journal of Socio-Economics 35: 326–347.

- Sujarwoto, S. (2016). Does democracy make you happy? Multilevel analysis of self-rated happiness in Indonesia. Journal of Government and Politics 7(1): 26–49.

- Sunstein, C. R. und Thaler, R. H. (2009). Nudge: Wie man kluge Entscheidungen anstößt. Düsseldorf: Econ.

- Taab, D. (2016). 18-Jähriger mit Papas Auto unterwegs. Nicht zum ersten Mal krachte ein Auto ins Haus. Kölnische Rundschau Online, http://www.rundschau-online. de/23571622 [07. 06. 2017].

- Tange, E. G. (2001). Der boshafte Zitatenschatz. Frankfurt am Main: Eichborn.

- Thomas von Aquin (1991 [1265–1273]). Die wahre Lust des Christen. In: Panajotis

Kondylis (Hrsg.), Der Philosoph und die Lust. Frankfurt am Main: Keip Verlag, S. 96–105.

- Thompson, M. (2011). Inside the Osama bin Laden Strike: How America Got Its Man. Time Magazine Online. http://content.time.com/time/nation/article/0,8599,2069249,00. html [07. 06. 2017].

- Uhde, N. (2010). Soziale Sicherheit und Lebenszufriedenheit: Empirische Ergebnisse. Perspektiven der Wirtschaftspolitik 11(4): 407–439.

- Ulloa, B. F. L., Møller, V. und Sousa-Poza, A. (2013). How does subjective well-being evolve with age? A literature review. Journal of Population Ageing 6(3): 227–246.

- United Nations (2017), World Happines Report 2017, New York.

- Valente, T. W., Fujimoto, K., Chou, C. P. und Spruijt-Metz, D. (2012). Adolescent Affiliations and Adiposity: A Social Network Analysis of Friendships and Obesity. Journal of Adolescent Health 45(2):

- Van Boven, L. und Gilovich, T. (2003). To do or to have? That is the question. Journal of Personality and Social Psychology 85: 1193–1202.

- Van Landeghem, B. (2012). A test for the convexity of human well-being over the life cycle. Journal of Economic Behavior & Organization 81: 571–582.

- van Praag, B. M. S., Frijters, P. und Ferrer-i-Carbonell, A. (2003). The anatomy of subjective well-being. Journal of Economic Behavior & Organization 51: 29–49.

- Veenhoven, R. (1996). Happy Life Expectancy. A comprehensive indicator of quality of life in nations. Social Indicators Research 39: 1–58.

- Veenhoven, R. (2000). Well-being in the welfare state: level not higher, distribution not more equitable, Journal of Comparative Policy Analysis 2(1): 91–125.

- Veenhoven, R. (2003). Hedonism and happiness. Journal of Happiness Studies 4: 437–457.

- Veenhoven, R. (2008). Healthy happiness. Effects of happiness on physical health and the consequences for preventive health care. Journal of Happiness Studies 9: 449–469.

- Veenhoven, R. (2016). Happy Life Years in 159 nations 2005–2014. World Database of Happiness. Rankreport Happy Life Years. http://worlddatabaseofhappiness.eur.nl/hap_nat/findingreports/RankReport_HappyLifeYears.php [20. 12. 2016].

- Verme, P. (2011). Life satisfaction and income inequality. Review of Income and Wealth

57(1): 111–137.

- Vohs, K. D., Mead, N. L. und Goode, M. R. (2008). Merely activating the concept of money changes personal and interpersonal behaviour. Current Directions in Psychological Science 17(3): 208–212.

- Wagner, G., Frick, J. R. und Schupp, J. (2007). The German Socio-Economic Panel Study (SOEP). Scope, Evolution and Enhancements. Schmollers Jahrbuch 127(1): 139–169.

- Waite, L. J., Luo, Y. und Lewin, A. C. (2009). Marital happiness and marital stability: Consequences for psychological well-being. Social Science Research 38: 201–212.

- Waldvogel, J. (2009). Scroogenomics. Why You Shouldn't Buy Presents for the Holidays. Princeton and Oxford: Princeton University Press.

- Wangdi, K. (2011). Do Bhutan's Anti-Smoking Laws Go Too Far?, Time Magazine. http://www.time.com/time/world/article/0,8599,2057774,00. html [07. 06. 2017].

- Ward, G. (2015). Is happiness a predictor of election results? Centre for Economic Performance Discussion Paper No. 1343.

- Ward, J. (2012). The Student's Guide to Social Neuroscience. Hove and New York: Psychology Press.

- Weidman, A. C. und Dunn, E. W. (2015). The unsung benefits of material things: Material purchases provide more frequent momentary happiness than experiential purchases. Social Psychological and Personality Science 7(4): 390–399.

- Weimann, J., Knabe, A. und Schöb, R. (2012). Geld macht doch glücklich. Wo die ökonomische Glücksforschung irrt. Stuttgart: Schaeffer-Pöschel Verlag.

- Weiner, E. (2009). Will democracy make you happy? Foreign Policy. http://foreignpolicy. com/2009/10/08/will-democracy-make-youhappy/[26. 01. 2017].

- Weiss, A., Bates, T. C. und Luciano, M. (2008). Happiness is a personal(ity) thing. Psychology Science 19(3): 205–210.

- Weiss, A., King, J. E. und Enns, R. M. (2002). Subjective well-being is heritable and genetically correlated with dominance in chimpanzees (Pan troglodytes). Journal of Personality and Social Psychology83(5): 1141–1149.

- Weiss, A., King, J. E., Inoue-Murayama, M., et al. (2010). Evidence for a midlife crisis in great apes consistent with the U-shape in human well-being. PNAS 109(49): 19949–19952.

- Weitz-Shapiro, R. und Winters, M. S. (2011). The link between voting and life satisfaction in Latin America. Latin America Politics and Society53(4): 101–126.

- Whillans, A. V., Weidman, A. C. und Dunn, E. W. (2016). Valuing time over money is associated with greater happiness. Social Psychological and Personality Science 7(3): 213–222.

- Wiest, M., Schüz, B., Webster, N. und Wurm, S. (2011). Subjective wellbeing and martality revisited: Differential effects of cognitive and emotional facets of well-being on mortality. Health Psychology 30(6): 728–735.

- Wilkinson, R. und Picket, K. (2009). The Spirit Level. Why More Equal Societies Almost Always Do Better. London: Penguin.

- Winkelmann, L. und Winkelmann, R. (1998). Why are the unemployed so unhappy? Evidence from panel data. Economica 65(257): 1–15.

- Winkelmann, R. (2014). Happiness and unemployment. IZA World of Labor 2014: 94.

- World Values Survey (2010–2014). http://www.worldvaluessurvey.org/WVSOnline.jsp.

- World Values Survey (verschiedene Jahre). http://www.worldvaluessurvey.org/wvs.jsp.

- WVS 2010–2012 Wave (2012). Official Questionnaire. http://www.worldvaluessurvey.org/WVSDocumentationWV6.jsp.

- Yamamura, E., Tsutsui, Y., Yamane, C., Yamane, S. und Powdthavee, N.(2013). Trust and happiness: Comparative study before and after the Great East Japan Earthquake. Social Indicators Research 123: 919–935.

- Yehuda, R., et al. (2009). Gene expression patterns associated with PTSD following exposure to the attacks on the World Trade Center attacks. Biological Psychiatry, Vol. 66, pp. 708–711.

- Zaleskiewicz, T., Gasiorowska, A., Kesebir, P., Luszczynska, A. und Pyszczynski,T. (2013). Money and the fear of death: The symbolic power of money as an existential anxiety buffer. Journal of Economic Psychology 36: 55–67.

- Zastrow, V. (2004). »Wir waren die Asozialen«, Frankfurter Allgemeine Zeitung, Faz.net. http://www.faz.net/aktuell/politik/gerhard-schroeder-wir-waren-die-asozialen-1193698. html [07. 06. 2017].

- Zhou, X., Vohs, K. D. und Baumeister, R. F. (2009). The symbolic power of money. Reminders of money alter social distress and physical pain. Psychological Science 20(6):

700–706.

- Zimmermann, A. und Easterlin, R. A. (2008). Aspirations, attainments, and satisfaction: Life cycle differences between American women and men. Journal of Happiness Studies 9(4): 601–619.

주석

1부

1   Goos (2003)

2   Lutz, Greischar, Rawlings, Ricard und Davidson (2004); Shontellund Lenke (2016)

3   Baer, Lykins und Peters (2012)

4   O.V. (1989)

5   O.V. (2016f)

6   O.V. (2016e)

7   Matzig (2015)

8   O.V. (1989)

9   O.V. (2015b)

10   Stockrahm (2013)

11   Stubbe et al. (2005)

12   Chen, Pine, Ernst et al. (2013)

13   Weiss, King und Enns (2002)

14   Chen, Pine, Ernst et al. (2013)

15   Okbay et al. (2016)

16   De Neve (2011); De Neve et al. (2012)

17   United Nations (2017), 그러나 2017년 유엔행복리포트에서는 덴마크가 처음으로 노르웨이에 의해 2등으로 밀려났다.

18   Proto und Oswald (2017)

19   Burger et al. (2015)

20   Proto und Oswald (2017)

21   Chiao und Blizinsky, 2009; Lingenhöhl (2009)

22   Kleinbrahm (2001)

23   Senik (2014)

24   Myers (2000)

25   Freud (1930)

26   Oswald und Wu (2010)

27   Ryan und Deci (2001)

28   예를 들어 Saum-Aldehoff (2007) 참조

29   Ewers (2016)

30   Weiss, Bates und Luciano (2008)

31   Kurz (2008) 참조

32   Di Tella, MacCulloch und Oswald (2003)

33   Winkelmann und Winkelmann (1998)

34   Knutson, Adams, Fong und Hommer (2001)

35   Blanchflower und Oswald (2007)

36   O. V. (2016b)

37   Bates (2009)

38   Dodds und Danforth (2010); www.Hedonometer.org. Weitere Literatur: O.V. (2009)

39   O.V. (2011)

40   O.V. (1980); o.V. (1998b)

41   이 설문지의 작성자들은 '삶의 만족도를 묻는 질문이 행복감에 관한 질문에 영향을 미친다
      면 어떻게 될까?'라는 잠재된 문제를 제거했다. 삶의 만족도를 묻는 질문이 직장에서의 갑갑
      한 상황, 재정, 회사에 대해 생각하게 만들고, 이런 불쾌한 생각이 행복감을 묻는 질문의 응
      답에 당연히 영향을 미칠 수 있다. 그러므로 설문지 작성자들은 두 질문을 연이어 하지 않고
      두 질문 사이에 다른 질문 몇 가지를 일부러 끼워넣었다.

42   스텔라 리백 상 홈페이지: http://www.stellaawards.com/2003.html
      알려진 것보다 약간 더 복잡했던 리백 소송에 관한, 보다 상세한 배경설명을 이곳에서 확인
      할 수 있다.

43   Clark und Oswald (2002); Ferrer-i-Carbonell und van Praag (2002);van Praag, Frijters
      und Ferrer-i-Carbonell (2003)

44   이 책에 반영된 환율은 2017년 5월 28일 수치를 따른 것이다.

45   Ferrer-i-Carbonell und van Praag (2002), S. 720, Tabelle 8

2부

1   Zhou et al. (2009); Lelieveld et al. (2013); Zaleskiewicz et al. (2013)

2   Vohs et al. (2008); Kouchaki et al. (2013); Gino und Pierce (2009); DeVoe und Iyengar
     (2010); vgl. dazu auch Beck (2015b)

3   Beck und Prinz (2014)

4   O.V. (2016a)

5   Brickman, Coates & Janoff-Bulman (1978)

6   Gardner und Oswald (2007)

7   Schmoll (2013)

8   이스털린 역설에 관한 논쟁은 다음의 책에서 조망할 수 있다: Clark, Frijters und Shields (2008)

9   O.V. (2007); Deaton (2010)

10   Weimann, Knabe und Schöb (2012)

11   Deaton,(2010)

12   John und Ormerod (2007)

13   Kushlev, Dunn und Lucas (2015)

14   Cummins (2001)

15   Skandia (2012)

16   이 책에 반영된 환율은 2017년 5월 28일 수치를 따른 것이다.

17   Skandia (2012) S. 6

18   Kahneman und Deaton (2010)

19   Chancellor und Lyubomirsky (2014)

20   Guven (2012)

21   Luttmer (2005); Clark und Senik (2010); Pischke (2011)

22   Soto und Luhmann (2013)

23   이 연구에 관한 전반적인 정보는 Schneider (2006)을 참조하라.

24   예를 들어 Wilkinson und Picket (2009); Verme (2001) 참조하라.

25   예를 들어 Berg und Veenhoven (2010); Rözer und Kraaykamp (2003) 참조하라.

26   Rözer und Kraaykamp (2013)

27   Senik (2008)

28   Senik (2008)

29   Whillans et al. (2016)

30   Diener und Seligman (2002)

31   Kaufman und Quigley (2015)

32   Stillman et al. (2009)

33   Li und Kanazawa (2016)

34   Rayo und Becker (2007a, b)

35   Congleton (1989)

36   Seyfarth und Cheney (2012)

37   Brent et al. (2014)

38   Lewis et al. (2011)

39 Adams, Santo und Bukowski (2011)

40 Carlisle et al. (2012)

41 Marcus Tullius Cicero, zit. nach Knischek (2002), S. 159

42 Social brain hypothesis; Dunbar (1998)

43 Demir, Doğan und Procsal (2013)

44 Dimberg und Thunberg (2012); Kelly, Iannone und McCarty (2016)

45 Fowler und Christakis (2008)

46 청소년 영역에 대해서는 Alexander et al. (2001)을 참조하라. 반면 Seo und Huang (2012)는 연구결과분석에서, 사회적으로 고립된 청소년들은 다른 청소년보다 더 빨리 흡연을 시작한다는 결과를 도출해냈다.

47 Christakis und Fowler (2007)

48 Valente et al. (2009)

49 Powell et al. (2015)

50 Mueller und Abrutyn (2015)

51 Daly et al. (2010)

52 Boothby et al. (2014)

53 Taab (2016)

54 O.V. (2016d)

55 O.V. (2015a)

56 Haubl (2012)

57 Haubl (2012); Kirchler (1995)

58 Schaninger & Buss (1986); Kirchler (1988)

59 이것과 이하의 내용에 대해서는 특히 Kirchler (1988)을 참조하라.

60 Dew und Stuart (2012)

61 Hurtz (2015)

62 Gleeden (2016)

63 Greenwood et al. (2005)

64 Kahneman et al. (2004)

65 Koschnitzke (2014)

66 Kahneman et al. (2004)

67 Goodin et al. (2005)

68 유튜브에서 하워드 빌을 볼 수 있다. Network-Howard Beale, Die Wahrheit und as Fernsehen(진실과 텔레비전) http://www.youtube.com/watch?v=W832WwZla80

69 이것은 아래의 주소에서 볼 수 있다. Howard Beale Announces His Upcoming Final Broadcast, Youtube.de. https://www.youtube.com/watch?v=cBv8wb0p6Rc

70   Corneo (2002)

71   Frey und Benesch (2008)

72   Benesch, Frey und Stutzer (2010)

73   Bruni und Stanca (2008)

74   O.V. (o.D.)

75   Moodie (2016)

76   O.V. (2008)

77   Fajen (2013) S. 14

78   Quintus Horatius Flaccus (1953), S. 149

79   Loewenstein und Prelec (1992)

80   Iyengar und Lepper (2000)

81   Schwartz (2000); Mick, Broniarczyk und Haidt (2004), Scheibehenne (2008)은, '그러나 이 스프에 소금을 약간 쳐야한다'라며, 수많은 실험이 잼 실험결과를 재도출하는 데 실패했음을 제시한다. 그러나 이 실험결과의 파급효과가 너무 커서, 이 결과를 통계적 유사사실로 폄하할 수가 없다. 그러나 무엇이 결정적 요인인지 불명확하다. Scheibehenne, Benjamin (2008)

82   Schwartz (2000)

83   Schwartz (2006)

84   Gilbert und Ebert (2002)

85   O.V. (2016c); Reumschüsse (2012)

86   Dunn, Gilbert und Wilson (2001)

87   Van Boven und Gilovich (2003)

88   Carter und Gilovich (2010)

89   Gilovich, Kumar und Jampol (2015)

90   Kumar und Gilovich (2015)

91   Dunn und Norton (2013)

92   Csikszentmihalyi (1992)

93   Roth (2003), S. 364

94   Roth (2003)

95   Rowe et al. (2008)

96   Veenhoven (2003)

97   Berger (2005)

98   Oishi und Kesebir, 2012

99   Dunbar (1992)

100   Helliwell und Huang (2013)

101   Tomasello (2009); Stark (1987)

102   Granovetter (1973), (1983)

103   Fama (1980)

104   Beck (2015a)

105   Ward (2012), S. 157 f.

106   Ward (2012), S. 157

107   Luhmann (2000)

108   Wagner, Frick & Schupp (2007)

109   Ewers (2016)

110   Yamamura (2013)

111   Helliwell, Huang und Wang (2013)

112   O.V. (2002)

113   Bjørnskov (2006)

114   Dincer und Uslaner (2010)

115   Helliwell und Huang (2016)

116   Helliwell und Huang (2008)

117   Klawitter (2012); Liebermann (2016)

118   Lampert und Kroll (2014)

119   Semyonov, Lewin-Epstein und Maskileyson (2013), S. 12

120   Keeney (2008)

121   Keeney (2008)

122   Lampert et al. (2005), (2013)

123   Karlsson, Lyttkens und Nilsson (2016)

124   Department of Health, UK, 2014, S. 11

125   Department of Health, UK, 2014, S. 11

126   Layard et al. (2013)

127   Veenhoven (2008)

128   De Neve et al. (2013)

129   Blanchflower und Oswald (2008)

130   Røysamb et al. (2003)

131   Blanchflower, Oswald und Stewart-Brown (2013)

132   Mujcic und Oswald (2016)

3부

1 Zastrow (2004)

2 Bonanno (2004)

3 Engelhardt (1986)

4 Myers (2000)

5 Buddelmeyer und Powdthavee (2015)

6 Buddelmeyer und Powdthavee (2015)

7 Graham und Oswald (2010)

8 Goudie et al. (2014)

9 Ferrer-i-Carbonell und Ramos (2010); Gandelman und Hernádez-Murillo (2012)

10 MacDonald et al. (2005)

11 Scitovsky (1976), (1981)

12 Oishi, Schimmack und Diener (2001)

13 한국어 가사 번역은 아래 블로그를 참고했다.
http://blog.daum.net/_blog/BlogTypeView.do?blogid=02MVH&articleno=1078025&categoryId=77677&regdt=20101020214039

14 Bartetzko (2013)

15 Frohnwieser (o. J.)

16 Encyclopedia Britannica (2016); Berteaut (1970), S. 11; Myrrhe (2013)

17 Marchand, Dilda, Jensen (2005)

18 Ulloa, Møller und Sousa-Poza (2013)

19 Margolis und Myrskylä (2013)

20 Van Landeghem (2008)

21 Van Landeghem (2012); Cheng, Powdthavee und Oswald (2015)

22 Zimmermann und Easterlin (2008)

23 Blanchflower und Oswald (2008)

24 Stone et al. (2010)

25 Frijters und Beatton (2012)

26 Brockmann (2010)

27 Nietzsche (2013), S. 64

28 Schwandt (2013)

29 Sager (2008). 꼭 근황이 알고 싶다면, 아래의 유튜브 주소에서 '포기'를 볼 수 있다.
https://www.youtube.com/watch?v=f6ST0SS7Io0

30 Weiss et al.

31   Kahneman (2011), S. 397

32   O.V. (1999); de Winter (1998); o.V. (1998a)

33   Poeck und Hacke (2001)

34   Kahneman (2011), Kap. 35

35   Hyman (2014)

36   Liberman et al. (2009)

37   Alloway (2010); Alloway und Horton (2016).

38   이것과 이하 내용에 대해서는 Alloway und Horton (2016)을 참조하시오.

39   Bryant, Smart und King (2005)

40   Storbeck und Clore (2005)

41   Lewis (1972)

42   Weiner (2009)

43   Frey, Benz und Stutzer (2004)

44   이하 내용에 대해서는 Kirchgässner, Feld und savioz (1999)를 참조하시오.

45   Frey und Stutzer (2000)

46   Dorn et al. (2008)

47   Dorn et al. (2007)

48   Helliwell und Huang (2008); Bjørnskov, Dreher und Fischer (2010); Ott (2010), (2011); Sujarwoto (2016)

49   6차 세계가치관조사의 자료를 토대로 직접 계산한 결과다.
       (http://worldvaluessurvey.org/WVSOnline.jsp)

50   Dreher und Öhler (2010)

51   Fischer (2011)

52   Pierce, Rogers und Snyder (2016)

53   Pierce, Rogers und Snyder (2016)

54   Kinari et al. (2015)

55   Statista (o.D.)

56   Schäfer (2015)

57   Frey (2010), Kap. 10 und 14; Barker und Martin (2011)

58   Dolan, Metcalfe und Powdthavee (2008)에서 영국 자료를 확인할 수 있고, Weitz-Shapiro und Winters (2011)에서 남아메리카 자료를 확인할 수 있다.

59   Liberini, Redoano und Proto (2017)

60   Bagues und Esteve-Volartz (2016)

61   Ward (2015)

62   Deaton (2012)

63   Friederike Haupt in der Frankfurter Allgemeinen Zeitung (Montag, 06. 02. 2017)

64   Plante (2016)

65   Huxley (1976)

66   단락은 Bünger und Prinz (2010), Prinz (2013), Pinz und Bünger (2015)의 상세한 분석을
      토대로 했다.

67   Popper (1975), S. 291 f.

68   Popper (1975), S. 292

69   Fricke (2002)

70   Layard (2005), S. 131

71   Evans (2012)

72   이하 내용은 Layard (2005), 2부 127쪽 이하 내용을 참조하시오.

73   Wangdi (2011)

74   이 책의 두 저자는 엄격한 비흡연자이다.

75   Layard (2005), S. 131

76   Brehm (1966); Miron und Brehm (2006)

77   Sunstein und Thaler (2009)

78   Rauner, Max (2015)

79   두 저자 중 한 명이 자신의 학부에서 기꺼이 이것을 시험해볼 터이다.

80   Plickert und Beck (2014)

81   Bünger und Prinz (2010) 참조

82   이 질문에 관해서는 특히 Prinz (2013)을 참조하시오.

83   이하 내용은 Prinz (2013)을 참조하시오.

84   Ouweneel (2002)

85   Veenhoven (2000)

86   Greve (2010), Fors (2010)

87   Pacek und Radcliff (2008)

88   Uhde (2010)

89   Bjørnskov, Dreher und Fischer (2007)

90   Hough (2010)

옮긴이
배명자

서강대학교 영문학과를 졸업하고, 출판사에서 편집자로 8년간 근무했다. 이후 대안교육에 관심을 가지게 되어 독일 뉘른베르크 발도르프 사범학교에서 유학했다. 현재 바른번역에서 번역가로 활동 중이다. 『내가 죽어야 하는 밤』 『마법을 믿지 않는 마술사 안톤 씨』 『고무보트를 타고 상어 잡는 법』 『부자들의 생각법』 『나는 떠났다, 그리고 자유를 배웠다』 『지구에서 여자로 산다는 것』 『소금의 덫』 『테크놀로지의 종말』 『독일인의 사랑』 『닥터스』 등 50여 권을 우리말로 옮겼다.

인생의 진짜 목표를 찾고 사랑하는 법

내 안에서 행복을 만드는 것들

초판 1쇄 인쇄 2018년 6월 15일
초판 1쇄 발행 2018년 6월 21일

지은이 하노 벡 · 알로이스 프린츠
옮긴이 배명자
펴낸이 김선식

경영총괄 김은영
책임편집 봉선미 **디자인** 김누 **크로스교** 양예주 **책임마케터** 최혜령, 김민수
콘텐츠개발5팀장 박현미 **콘텐츠개발5팀** 이호빈, 봉선미, 양예주, 김하나리, 김누
마케팅본부 이주화, 정명찬, 최혜령, 이고은, 김은지, 김민수, 유미정, 배시영, 기명리
전략기획팀 김상윤
저작권팀 최하나, 추숙영
경영관리팀 허대우, 권송이, 윤이경, 임해랑, 김재경, 한유현
외부스태프 표지 일러스트 곽명주

펴낸곳 다산북스 **출판등록** 2005년 12월 23일 제313-2005-00277호
주소 경기도 파주시 회동길 357 3층
전화 02-704-1724
팩스 02-703-2219 **이메일** dasanbooks@dasanbooks.com
홈페이지 www.dasanbooks.com **블로그** blog.naver.com/dasan_books
종이 (주)한솔피앤에스 **출력 · 인쇄** (주)갑우문화사

ISBN 979-11-306-1736-7 03180

다산북스(DASANBOOKS)는 독자 여러분의 책에 관한 아이디어와 원고 투고를 기쁜 마음으로 기다리고 있습니다. 책 출간을 원하는 아이디어가 있으신 분은 이메일 dasanbooks@dasanbooks.com 또는 다산북스 홈페이지 '투고원고'란으로 간단한 개요와 취지, 연락처 등을 보내주세요. 머뭇거리지 말고 문을 두드리세요.